57

Conserver la Couverture

9326

L'ESSAI LOYAL

JOURNAL DE FIDUS

III

L'ESSAI LOYAL

PARIS

NOUVELLE LIBRAIRIE PARISIENNE
ALBERT SAVINE, ÉDITEUR
12, rue des Pyramides, 12

1890

L'ESSAI LOYAL

JUIN-OCTOBRE 1871

Rentrée à Paris. — Les élections. — Manifeste du comte de Chambord. — L'opinion : les impérialistes, les légitimistes, les communards. — Irritation de l'Assemblée contre M. Thiers. — La résidence de Camden. — M. Thiers et Mme la princesse Mathilde. — L'Empire et les États-Unis. — Les conditions d'alliance de l'Autriche et de l'Italie au moment de la guerre. — Palinodie de M. Jules Simon.

1er *juin* 1871. — Rentrée à Paris. Ma maison n'est pas brûlée ; mais, vis-à-vis, deux sont entièrement détruites, et tout ce qu'elles renfermaient est anéanti : le marchand de mercerie perd, outre ses marchandises, trois cent mille francs, ses économies. M. Saint-Genest, le pharmacien, un des hommes les plus charitables du quartier, est ruiné ; c'est un de ceux qu'il secourait qui a mis le feu à sa maison.

8. — Je n'ai encore rencontré que peu de personnes de retour. J'ai seulement eu, au-

jourd'hui, à Versailles, un entretien avec M. Conti, l'ancien secrétaire de l'Empereur, député à l'Assemblée, et nous sommes tombés rapidement d'accord sur le mal qu'ont fait les concessions de l'Empire, et la nécessité de prendre une voie absolument opposée, si l'on veut se rattacher les catholiques. M. Conti m'a affirmé que telles sont les intentions de l'Empereur.

« L'Empereur est même plus *clérical* que beaucoup de catholiques, m'a-t-il dit : il y a quelques années, il voulait exiger le *mariage religieux avant le mariage civil.* Il a fallu lutter contre lui, pour qu'il abandonnât cette idée, qui, du reste, est contraire aux mœurs actuelles, et n'aurait plus la même utilité qu'il y a un siècle, presque personne, parmi ceux qui se respectent, ne se regardant comme marié, s'il ne l'est à l'église. »

20. — Élections à Paris, pour nommer vingt et un députés. Parmi les nombreuses affiches des candidats, qui couvrent les murs, deux sont particulièrement remarquables : l'une, qui proclame la *Légitimité ;* l'autre, la *Terreur et 93.* Dans la première, on déclare que les rois ont fait tout ce qui est *bien* en France .. que la République n'a fait que du *mal.* Dans la seconde, on demande : *du pain et la Constitution de 93* et, en-grosses lettres, sont

écrits ces mots : *le Droit, la Légalité ; tôt ou tard la Force.* C'est ainsi que sont guéris ou abattus les communistes.

2 juillet. — Les élections n'ont pas été bonnes ; Paris a nommé cinq communistes ou adhérents à la Commune ; l'armée a particulièrement mal voté, afin de faire pièce au Gouvernement.

6. — Le commerce de Paris reprend peu, on ne fait rien qu'au comptant ; cependant, les commandes de l'étranger et de la province arrivent en grand nombre, ce qui donne du travail aux ouvriers. L'esprit des commerçants, d'ailleurs, n'a pas changé : ils ont déjà oublié leurs malheurs, leurs angoisses : ils prétendent aujourd'hui n'avoir pas demandé la guerre et, il y a un an, Paris retentissait de leurs cris belliqueux !

Ce qui contribue à inquiéter, c'est la mollesse du Parquet, qui relâche une quantité d'insurgés. Un homme qui a mis le feu aux Greniers d'abondance a été arrêté trois fois et relâché ; il vient enfin de l'être, une quatrième fois, et on le garde. (Je tiens ce détail d'un agent de la police secrète.) Les communistes sont tout aussi arrogants qu'avant leur châtiment ; ils espèrent, ils préparent une *revanche,* et c'est ce qui maintient tout le monde dans l'anxiété.

12. — Le manifeste du comte de Chambord, qui repousse le drapeau tricolore, a jeté ses partisans dans le plus grand trouble ; il a été comme une pierre lancée parmi des poules dans une basse-cour ; tous se sont enfuis dans tous les sens. Mais, bientôt, le calme s'est rétabli : plusieurs qui s'étaient scandalisés sont revenus ; des dissidents même, qui n'avaient jamais été légitimistes, ont admiré, et seraient prêts à accepter ce roi qui ne transige pas ; les Orléanistes ont été les plus désappointés. Je ne crois pas, à moins d'incidents inattendus, que ce manifeste ait un résultat heureux pour le comte de Chambord : les préjugés contre les Bourbons sont trop puissants et trop anciens dans le peuple. Des démarches avaient été faites, avant la publication, près du Prince, pour qu'il retirât la déclaration relative au drapeau. Poussé à bout, il aurait répondu, comme le Pape : *Non possumus!* On dit, d'autre part, que l'Impératrice a fort admiré ce manifeste, ce qui fait dire qu'elle est *légitimiste*. Même au milieu de nos tristesses, nous plaisantons encore.

24. Les élections municipales ont été, au quart, mauvaises, — et, de plus, il y a encore cinquante membres à élire sur quatre-vingts, — trente seulement ayant été nommés au premier scrutin. Il est probable que le second scrutin nous amènera un plus mauvais résultat.

30. — A l'occasion des élections, M. Gagne a publié une pièce de vers intitulée : *Lamentation poétique déclamée sur le théâtre Les Ruines de Paris.* On y trouve les vers suivants :

Étouffons les partis de qui les haines fauves
Font dresser les cheveux sur les fronts les plus chauves !
. . . .
Créons l'archi-République plébiscitaire.
. . . .
Faisons un paradis de l'enfer de Paris !
Si nous ne sortons pas des fours du provisoire,
Pires que tous les fours du sombre purgatoire,
Par le législatif et par l'exécutif
Nous entrerons tous dans l'enfer définitif.

Ces fous ont parfois du bon sens.

1er *août.* — Le mécontentement général contre M. Thiers s'accroît tous les jours, parmi l'armée surtout, mécontente qu'il se mêle de tout ; dans un couloir de l'Assemblée, où le général du Temple a reproché à M. Thiers son despotisme, un député a ajouté : « Vous nous réduirez à redemander les *libertés* de l'Empire ! » Les soldats ne se cachent pas de dire que « cela ne peut durer ainsi, qu'on ne sait qui gouverne ; qu'avant trois mois le *petit*

Prince (Impérial) sera ici, et que *nous avons bien mangé du pain sous le père, nous en mangerons bien sous le fils* ». — D'autre part, les généraux et militaires qui espèrent en M. Gambetta, se pressent déjà autour de lui; à l'Assemblée, ils lui font une sorte de cour, et en sont aux salutations, aux inclinations et adulations, qui annoncent et accompagnent le lever d'un nouvel astre.

2. — Les élections municipales ont jeté l'effroi dans Paris, on prévoit que le Conseil ne va être que la Commune légale; M. Say, le préfet, est désolé d'avoir à présider une telle Assemblé·. Quelques membres du Conseil, tels que M. Beudant, qui s'était affiché *candidat républicain modéré*, ne dissimulent pas maintenant leurs craintes : « Je suis bien fâché d'être nommé, disait-il hier. J'aimerais autant ne pas l'avoir été; *ces coquins-là vont nous faire la loi!* » C'est-à-dire, ces Girondins, plus nombreux que les Jacobins, tremblent déjà à l'idée seule de se trouver en leur présence et sont tout prêts à céder.

6. — Réunion, chez moi, des principaux habitants du quartier, afin d'organiser *la ligue pour la défense du quartier*, dont j'ai eu l'idée.

Beaucoup de gens, et bien plus que je

n'aurais cru, ne dissimulent pas leurs sentiments bonapartistes. Hier, à l'audience de la chambre d'appel correctionnelle, un officier, interrogé comme témoin, a répondu : « Un tel, *major au service de l'Empereur.* » Le tribunal n'a pas soufflé ; président, conseillers, avocat général, tous, me dit l'avocat qui plaidait dans l'affaire, sont impérialistes.

M. Dunant, fondateur et président de la *Société de secours aux blessés*, est venu me voir hier : il était resté à Paris, pendant la Commune ; il allait et venait sans cesse de Paris à Versailles, et a eu occasion de voir plusieurs fois MM. Thiers, Barthélemy Saint-Hilaire, etc. ; il leur a exposé, trois semaines avant l'assaut, que tout se préparait pour l'incendie, que tout était miné et que Paris serait brûlé. M. Thiers n'y croyait pas, il en souriait comme d'une impossibilité : « Venez avec moi à Paris, s'écriait, impatienté, M. Dunant. Venez, monsieur Saint-Hilaire, je vous ferai voir, et vous ne douterez plus ! » M. Thiers pouvait traiter avec la Commune, en l'achetant ; elle y était, en majorité, disposée. Mais il préférait prendre Paris de force ; l'effet devait être plus grand, — et le massacre aussi ! Il a bien essayé, mais il a marchandé, et tout a échoué. D'un autre côté, M. Dunant eut affaire à Vermorel et à Courbet, près de qui il s'interposa, en faveur de l'archevêque et de M. Deguerry, sans pouvoir rien obtenir : « Oui, s'écria Vermorel, nous brûlerons Paris ! — Mais les femmes, les enfants ! — Ils périront, ils s'enseveliront sous les ruines de Paris ! » C'était dans une salle de l'Hôtel de Ville, et au milieu d'officiers, de gardes nationaux, etc. *Il parlait ainsi pour la galerie ;* il quitta M. Dunant, en lui serrant la main, de manière à le lui faire comprendre. Quant à Courbet, il était enchanté de voir M. Dunant : « Je veux vous consulter sur un décret que je prépare pour demain. » Il s'agissait de la suppression des *livrées*, de l'interdiction des *soutanes,* des robes d'avocat, etc. « Qu'en pensez-vous ? — Et la liberté, qu'en faites-vous ? dit M. Dunant. — La liberté ! bah ! c'est pour le principe ! Cela produira *bon effet !* » Comme M. Thiers, le citoyen Courbet pensait à l'*effet !*

M. Ernoul, qui fait partie de plusieurs commissions de l'Assemblée, me dit qu'on est exaspéré contre M. Thiers : les députés travaillent dans les commissions, étudient et préparent soigneusement un projet; M. Thiers arrive, qui trouve tout mal, dérange tout, veut tout refaire, critique tout et traite les députés comme des petits garçons.

10. — Tout le monde est inquiet : le commerce de détail marche, mais les affaires ne reprennent pas; il y a des fiacres dans Paris,

mais pas de voitures particulières, ou presque point. Le provisoire nous obsède, et aussi la crainte d'une nouvelle insurrection. Les communistes ne dissimulent pas leurs espérances; on fait l'éloge de la Commune ouvertement, dans les lieux publics, dans les omnibus; la haine du populaire, de l'ouvrier contre les bourgeois, se manifeste toutes les fois qu'elle en trouve l'occasion; la fureur et la rage contre l'armée sont au comble; on tire, on jette des pierres, journellement, sur des officiers et des soldats. Et les craintes sont les mêmes dans toute la France; on signale particulièrement le peu de monde qu'il y a aux bains de mer; on se réserve, on ménage, et l'on attend.

11. — M. Jules Simon, qui est allé à Brest, pour faire relâcher les communistes les moins coupables, ne les a pas choisis avec un grand discernement: les soixante qu'il a graciés sont revenus aussi irrités et aussi déterminés qu'auparavant; en arrivant à Paris, les *frères et amis* leur ont fait une ovation sur le boulevard Saint-Michel; on a crié: *Vive la Commune!* La police a été sur le point de les arrêter de nouveau. Les menaces de l'*Internationale* sont plus violentes que jamais; elle annonce qu'aucun des inculpés de Versailles ne sera exécuté, une révolution nouvelle les enlèvera

de prison, pour les replacer au pouvoir, plus enragés que jamais, et résolus, cette fois, à ne rien épargner. Plusieurs villes de province les aideront ; à Nantes, le conseil municipal est tout communiste, on l'appelle le *Conseil des bêtes*, parce qu'on y trouve Le Loup (maire), Le Chat, Poisson, etc. Ce sont des bêtes, en effet, des êtres sans raison.

13. — Après-demain, 15 août, fête de l'Empereur, une messe sera célébrée à Saint-Augustin, à onze heures, et dite par le curé, M. Langénieux : manifestation bonapartiste, on s'y donne rendez-vous.

15. — La manifestation a été fort nombreuse. L'église était pleine ; beaucoup de dames, d'anciens fonctionnaires, M. Rouher en tête, MM. Pinard, comte de Casabianca, Busson-Billault, Béhic, Cl. Duvernois, anciens ministres ; Ch. Abbatucci, conseiller d'État ; comte de Nieuwerkerke, directeur général des beaux-arts ; une quantité d'écrivains, de journalistes, d'artistes, toute la rédaction du *Peuple Français*, du *Constitutionnel* ; G. Seigneur, du *Monde* ; des officiers *en uniforme* ; plusieurs jeunes gens, des *violettes* à leur boutonnière ; des députés ; général Castelnau, comte de Bouville, de Saulcy, Vandal, Aguado, Benedetti, etc. Tout s'est passé avec le plus

grand calme ; à la sortie, on s'abordait, on se serrait la main, on se faisait part de ses espérances ; on n'avait écrit à personne, tout avait été convenu de vive voix. Si l'on eût voulu, on aurait eu des ouvriers en assez grand nombre, mais on avait craint du trouble. Le gouvernement, cependant, n'était pas sans redouter quelque mouvement ; les postes étaient doublés, et les officiers consignés chez eux.

16. — Il paraît que M. Langénieux avait refusé d'abord de dire la messe, sous prétexte que les fonctions du prêtre sont étrangères à la politique ; mais M. Lefèvre, ancien préfet, qui s'était chargé de cette négociation, parvint à le convaincre qu'une messe pour une fête n'était pas un acte politique, et M. Langénieux céda.

18. — Le Prince Impérial, à l'occasion de sa fête, a écrit au Pape, et lui a dit que, s'il régnait un jour, *il le rétablirait en son pouvoir*. Il demanda à l'Empereur l'autorisation d'envoyer la lettre. L'Empereur la lut attentivement, réfléchit un moment, puis dit : « Je n'y vois pas d'inconvénient. » Le Pape, en réponse, a fait présent au Prince Impérial d'une mosaïque représentant la *Résurrection*.

Un homme qui ne s'illusionne pas et qui voit les choses dans leur vérité, c'est l'Empereur. Plusieurs personnes venues récemment de

Chislehurst nous ont fait part de son état de santé, qui est excellent, et d'esprit, qui est très ferme et très net. A l'un de ces visiteurs (M. l'abbé....., chanoine de Saint-Denis), il rappelait la rentrée à Paris du roi Charles V, après la Jacquerie : les Parisiens vinrent au-devant de lui, au nombre de 30,000 hommes en armes, avec des bannières, et poussant des cris d'enthousiasme: « S'il avait été vaincu, dit l'Empereur, ces 30,000 hommes armés auraient été contre lui ! » — A la bonne heure! voilà juger sainement 'le peuple. Quand on le connaît tel, on est propre à le gouverner.

24. — M. Francis Aubert, du *Peuple Fran-çais*, ayant vu, à la vitrine de Goupil, l'indigne gravure de la *Bataille de Sedan*, par M. E. Bayard, s'est retourné vers un soldat qui la regardait, et lui a dit brusquement : « Étiez-vous à Sedan? — Oui, Monsieur. — Est-ce comme cela que l'Empereur s'est comporté? — Au contraire ! il était sous le feu des boulets pendant plusieurs heures ! » M. Aubert est entré dans la boutique: « Combien vendez-vous cette saleté ? — 20 francs. — Les voilà ! » Il a pris la gravure et l'a déchirée, en en jetant les morceaux sur le parquet. Tout le reste de la journée, la gravure n'a pas reparu à la vitrine de Goupil.

23. — On signe, dans les bureaux du *Peuple Français*, une adresse au Prince Impérial, pour sa fête du 25 août (Louis). J'ai su, à Marnes, de témoins oculaires, que beaucoup de soldats, licenciés et partant en congé, ont quitté Marnes, le 22, au matin, en criant : *Vive l'Empereur !* en présence de leurs officiers. Les officiers ont été mis aux arrêts.

24. — Les manifestations bonapartistes et les cris de *Vive l'Empereur !* se sont renouvelés hier, au camp de Marnes : on est fort mécontent à Versailles.

M. H. Lasserre, étant allé voir M. le comte de Chambord, ces jours-ci, le Prince lui a dit qu'il ne voulait revenir que par la volonté nationale. Là-dessus, il a interrogé M. Lasserre, qui lui a répondu : « S'il faut dire la vérité, le plébiscite aurait les conséquences suivantes : la majorité serait en premier lieu pour Napoléon III ; en second lieu, pour la République ; en troisième, pour les Orléans, et en quatrième, pour Votre Majesté. » M. Lasserre ajoute qu'il est revenu avec la conviction que « le Prince est une intelligence ordinaire et honnête ; et un bon roi, ajoute-t-il, est un honnête homme, qui a des ministres intelligents »

25. — On ne saurait croire, si l'on en était témoin, quels progrès font les idées de restau-

ration impériale : les marchands, les ouvriers mêmes demandent si l'Empereur ne va pas bientôt revenir, « pour remettre l'ordre et faire reprendre les affaires ». On le dit tout haut et partout. Les soldats ne se gênent pas davantage et les mêmes cris qu'à Marnes s'entendent à Meudon, dans le corps d'armée qui y est cantonné. M. Lefebvre-Duruflé, ancien ministre et sénateur, me dit que la Normandie a le même esprit ; les paysans s'inquiètent du moment « où finira enfin c'te maudite République, et où l'Empereur sera de retour ». M. Lefebvre-Duruflé organise, du reste, chez lui, dans l'Eure et la Seine-Inférieure, des groupes bonapartistes, qui serviront de centres, à un moment opportun. Les manifestes de l'opinion impérialiste, journaux, publications populaires, brochures, dessins, sont répandus à profusion dans les campagnes et les villes : on en demande partout.

28. — M. Ernoul, député, m'a paru fort irrité contre M. Thiers, et exprime les passions et les opinions de la droite : « M. Thiers, m'a-t-il dit, n'est pas malade, comme le disent les journaux, il se porte fort bien, mais il est malade moralement. Il ne pense qu'à son pouvoir et, pour le garder, il joue le jeu du temps de Louis-Philippe, le jeu de bascule des deux fractions de l'Assemblée ; pour maintenir

la droite, qui forme la majorité, il feint de s'appuyer sur la gauche. » Comme je disais à M. Ernoul que M. Thiers est *l'esprit le plus révolutionnaire de ce temps-ci*, et que je citais un mot de lui pour le prouver : « Il nous a dit pis, peut-être, ces jours-ci, a-t-il ajouté : dans une commission de quinze membres, il a dit : Pour moi, *l'idéal du gouvernement, c'est l'unité de pouvoir dans une main forte, et une opposition assez forte pour le renverser.* » M. Ernoul est un de ceux qui ne veulent voter la prolongation des pouvoirs de M. Thiers qu'après avoir fait voter par l'Assemblée le transport des ministères à Versailles : « La province le veut, et nous, nous voulons faire subir cet échec à M. Thiers, comme une leçon. » D'ailleurs, les députés savent que M. Thiers ne se retirera pas du pouvoir, malgré ses menaces : il aime le pouvoir et le veut garder. Il n'a pas de grandeur dans les idées, il ne songe qu'à faire ce que l'Empire n'a pas fait, ou à refaire ce qu'a détruit la Commune, une plus grande armée que l'Empire, des monuments à relever. Du reste, homme avide, il voulait avoir 1,500,000 francs de son hôtel ; il a exigé 100,000 francs de plus, pour frais de représentation ; il touche, en ce moment, 750,000 francs, M. Ernoul a terminé, en s'écriant : « Nous n'avons pas de gouvernement, voilà la vérité ! »

26 *septembre*. — MM. Abbatucci et le comte de Bouville, de retour de Chislehurst, confirment les bonnes dispositions de l'Empereur relativement à la question religieuse. Pour donner une idée des sentiments de l'Empereur vis-à-vis de l'Italie, M. de Bouville me dit que, pendant qu'ils y étaient, arriva un gros personnage Italien ; il fut reçu très poliment et froidement, et, vers quatre heures et demie, on lui demanda s'il ne craignait pas de *laisser passer l'heure du train*, ce qui le fit partir, tandis qu'on gardait MM. Abbatucci et de Bouville à dîner. « Il paraît que Chislehurst est très modeste, dis-je. — Plus que modeste ! A dîner, nous étions servis par *deux* domestiques, qui composent *tout le personnel mâle* de la maison ; il n'y a qu'un cheval pour le Prince Impérial ; l'Impératrice vint avec nous à Londres, elle prit à la gare un fiacre. Si l'Empereur liquidait sa fortune, il n'aurait pas plus de 150,000 à 200,000 francs de rente : voilà ce qu'il a retiré de dix-huit ans de règne. Néanmoins, il a toujours la main ouverte : j'ai été, ajouta M. de Bouville, l'intermédiaire de plusieurs demandes ; il a donné 1,000 francs tout de suite, chaque fois, sans hésiter, sans compter. »

7 *octobre*. — Des délégués des maçons de l'Indre sont allés trouver M. Conti, et lui ont dit : « Nous avons su que l'Empereur était très gêné, nous avons fait une souscription ; nous vous apportons pour lui 90,000 francs. » M. Conti ayant fait observer qu'il n'était pas autorisé à recevoir cette somme, les maçons ont insisté et l'ont laissée, en ajoutant : « Qu'ils s'étaient entendus pour faire à l'Empereur une liste civile, tout le temps où il serait gêné ; que, pour leur compte, ils donneraient 150,000 francs. Quant aux 90,000 francs, si l'Empereur ne voulait pas les prendre, ils désireraient qu'ils fussent employés pour la propagande bonapartiste. »

La situation de l'industrie Parisienne est très pénible, les ouvriers manquent, beaucoup ont été tués, un grand nombre sont sur les pontons, d'autres déportés, d'autres en fuite, d'autres se sont réfugiés et établis en province, l'étranger nous en a aussi enlevé. On explique de cette façon la stagnation des affaires. Tout cela est fort exagéré : il y avait 600,000 ouvriers à Paris, en 1869, il n'y en a pas 50,000 de moins, l'industrie ne peut donc languir faute de bras. Ceux qui parlent ainsi sont les communistes, qui réclament la levée de l'état de siège et l'amnistie, pour avoir la liberté de recommencer. Si le commerce ne reprend pas, c'est par défaut de crédit, c'est-à-dire, de confiance, tout le monde redoutant une nouvelle catastrophe. — La monnaie a presque disparu, on ne voit plus que du papier; l'or se vend 25 francs les mille francs.

8. — Le succès du journal l'*Ordre*, le nouveau journal impérialiste, est grand, on le voit dans toutes les mains. La *Gazette de Paris* est aussi un nouveau journal impérialiste, mais plus caché; il prend des précautions, c'est un tirailleur qui s'avance, en se dissimulant derrière les buissons.

10. — Visite de Mlle..., demoiselle d'honneur de l'Impératrice, qu'elle va retrouver à Chislehurst. Elle sera traitée seulement en amie, sans appointements, l'Empereur étant dans l'impuissance de payer. La maison de Chislehurst (Camden) est si petite, que Mlles d'Albe, nièces de l'Impératrice, ont dû coucher toutes deux dans le même lit, pendant que le duc de Huescar, leur oncle, a séjourné dans le cottage. Cela n'empêche pas nombre de gens de parler des millions que l'Empereur a volés et emportés !

26. — M. Clément Duvernois, ministre en 1870, et aujourd'hui directeur de l'*Ordre*, m'a communiqué les faits suivants, qui jettent une vive lumière sur les événements d'Italie :

« Au moment où commençait la guerre, M. de Beust mit pour condition à l'alliance de l'Autriche *l'abandon du pouvoir temporel par la France* et *l'occupation de Rome par les Piémontais*. L'Empereur refusa : de là, retard, puis échec de l'alliance de l'Autriche, qui aurait pu changer la face des choses. En apprenant la rupture de ces négociations, l'Italie s'émut et envoya M. Vimercati près de l'Empereur, à Metz. M. Vimercati pressa vivement l'Empereur et offrit *cent mille hommes*, qui marcheraient immédiatement. L'Empereur fut inébranlable, et M. Vimercati partit avec un refus. Ainsi, l'on reproche à l'Empereur d'avoir abandonné le Pape, pour se défendre lui-même, et, au contraire, il est tombé, parce qu'il n'a pas voulu abandonner la papauté.

Permission a été donnée à M. Georges Seigneur, fervent catholique et ardent impérialiste, de se servir de ces faits, pour éclairer *l'Univers*, avec qui il est en relation, sans en autoriser la publication, mais en donnant l'assurance que, d'ici à peu de temps, ils seraient révélés, avec pièces à l'appui [1].

---

[1] 20 *février* 1873. La *Lettre d'un ancien ministre du 2 janvier*, publiée dans l'*Univers*, et dans laquelle il déclare que l'Autriche, au moment de la guerre, offrit son alliance à la France, à condition que Rome fût livrée à l'Italie, et que l'Empereur repoussa cette condition déshonorante, est de M. Émile Ollivier. Un article de la *Gazette d'Augsbourg*,

28. — Voici deux faits intéressants de l'histoire contemporaine, qui me sont racontés par des hommes autorisés : M. Thiers alla, vers 1835 ou 1836, à Florence, y vit la princesse Mathilde, et revint si épris de sa beauté et de ses qualités, qu'il forma le projet de la faire épouser au duc d'Orléans. Il trouvait dans cette alliance de grands avantages, celui, entre autres, de dorer le blason bourgeois de Louis-Philippe d'un rayon de la gloire impériale. Il emporta le portrait de la princesse, le montra au duc d'Orléans, et celui-ci, après examen, accueillit la proposition. Mais Louis-Philippe jugea l'affaire trop grave pour se décider seul ; un conseil de famille fut convoqué, et là, sur l'opposition de plusieurs membres, dont le plus ardent fut le duc de Nemours, l'affaire fut définitivement rejetée. M. Thiers témoigna toujours beaucoup d'intérêt à la princesse et, quand elle eut des démêlés avec son mari, le prince Demidoff, ce fut M. Thiers qui agit près de la cour de Saint-Pétersbourg, pour qu'on fît une position honorable à la princesse. Ce petit fait a été raconté par M. Thiers au docteur Bertrand de Saint-Germain, un de ses médecins, qui est aussi le mien.

du 14, a complété et confirmé cette révélation, qui n'en était plus une pour moi, depuis le récit que M. Cl. Duvernois m'avait fait en 1871.

De son côté, M. Lefebvre-Durullé m'a expliqué comment l'alliance, tant souhaitable, des Etats Confédérés du Sud, révoltés alors contre les Etats-Unis du Nord, ne put être conclue avec la France. Cette alliance nous eût couverts sur nos frontières du Mexique, et ainsi fait réussir l'expédition. La seule condition qu'imposait l'Empire était celle-ci : s'engager à abolir l'esclavage. Les Etats Confédérés refusèrent ; on se rejeta alors sur une condition plus modeste : s'engager à ne plus vendre des familles esclaves qu'en bloc, sans séparer la femme, le mari et les enfants. Refus absolu et sans retour des Confédérés. L'alliance ne se fit pas, et le Mexique, où Juarez était encouragé par les discours de l'opposition, de M. J. Favre et ses complices, fut perdu pour nous.

30. — Des brochures impérialistes paraissent chaque jour ; on annonce, pour être prochainement publiée, une brochure de M. Perron, auteur de *Ils en ont menti*, et qui sera intitulée : *L'Empire, c'est le salut*. Elle paraîtra tout à coup, M. Perron redoutant que M. Thiers ne renouvelle les violences qu'il a employées, pour empêcher la publication de *Ils en ont menti*. Il envoya à Poissy, où s'imprimait la brochure, des sergents de ville, des soldats et un commissaire, qui brisèrent les *formes*, à coups de marteau ; la publica-

tion fut retardée de plus de deux mois. Les journaux de M. Thiers font feu tous les jours contre l'Empire et les *menées bonapartistes*, ce qui prouve notre force.

31. — M. J. Simon a eu une entrevue avec Mgr l'archevêque d'Alger : il lui a manifesté les meilleurs sentiments, lui a déclaré qu'il était revenu de bien des erreurs, que les événements l'avaient éclairé (comme M. J. Favre), qu'il comprenait l'importance de l'alliance de l'Eglise et de l'Etat, et que, désormais, il la défendrait avec énergie. Quand l'archevêque s'est retiré, M. J. Simon s'est vivement incliné sur sa main et a baisé son anneau pastoral. Cela ne l'empêche pas de patronner les ennemis de la Religion : voilà M. Poupin qui vient d'être promu, au ministère des beaux-arts relevant de l'instruction publique, à un poste supérieur, et dont les appointements sont doublés. Or, M. Poupin est à la tête d'une publication anti-religieuse par excellence, une bibliothèque populaire à 25 centimes le volume, et dont les derniers tomes ont pour but, l'un de prendre la défense du divorce, et l'autre les droits des enfants naturels.

NOVEMBRE-DÉCEMBRE 1871

Réception de M. Jules Janin à l'Académie. — Le conseil des ministres la veille de la déclaration de guerre. — M. le comte de Chambord et les orléanistes. — Premiers bruits d'une fusion légitimiste-impérialiste. — Le comte de Chambord à Chambord. — Déclaration du comte de Chambord sur le drapeau blanc.

5 novembre. — Il paraît certain que les complots contre M. Thiers sont réels ; on aurait tiré plus d'une fois sur lui. Ce sont les parents des communistes fusillés à l'attaque de Paris ou déportés qui, pour les venger, n'hésitent pas devant l'assassinat. Ils n'ont, d'ailleurs, perdu aucune espérance, et le déclarent très haut : « A bientôt la revanche ! » Voilà ce qu'on entend dire publiquement.

9. — Aujourd'hui, a eu lieu la réception, à l'Académie, de M. Jules Janin par M. Camille Doucet. Voici quelques détails passés sous silence par les journaux : plusieurs personnes étaient venues avec des bouquets de violettes à la boutonnière ; on savait que M. Camille Doucet ferait l'éloge de l'Empire, ce devait être une manifestation. Le discours de M. Jules Janin a été lourd, embarrassé, chargé de citations, obscur ; pas de traits d'esprit. Ce brillant écrivain, si alerte, si vif, est fatigué. Il a eu peu de succès : un ou deux applaudissements froids, de politesse. M. Camille Doucet a été charmant, aimable, fin, délicat, louant avec tact, mesure, esprit ; à tout instant des bravos. A la fameuse phrase attendue, à la louange de l'Empereur, ont éclaté les applaudissements les plus vifs ; deux ou trois coups de sifflet et quelques *chut* s'efforcent de protester, une deuxième salve de bravos les couvre ; ils reprennent, une troisième salve longue, persistante, les écrase et les fait taire. Ce fut comme un combat au théâtre. M. Doucet était radieux, les orléanistes crispés : « Ces Français, disait une dame étrangère, ils applaudissent avec fureur ce qu'ils ont renversé hier ! » Hélas ! c'est vrai. Quand la Révolution sera-t-elle précipitée au fond de l'abîme, et nous retrouverons-nous possesseurs de notre raison ?

10. — La situation semble intolérable à tout le monde. Les troupes sont mécontentes ; celles campées à Meudon, encore sous la tente, souffrent, nombre de soldats sont malades ; en

vain M. Thiers vient souvent les voir, jamais un cri de : *Vive M. Thiers !* « Ils crieront : *Vive l'Empereur !* dès qu'il reparaîtra, disait-on à une femme de Meudon. — Ah ! dit-elle, ils le crient bien déjà assez ! » La crise monétaire accroît encore le mécontentement : pas de monnaie, on ne peut se procurer les choses les plus indispensables, le petit peuple se plaint fort. On s'indigne aussi du procès de l'assassinat du général Lecomte et de Clément Thomas ; le maire, M. Clémenceau, qui n'est que témoin, devrait, dit-on, être accusé ; on appelle ce procès : *l'Affaire Clémenceau.* M. Georges Seignour a défendu aujourd'hui, au Palais, M. C..., accusé d'avoir distribué des brochures impérialistes ; il ne pouvait le faire absoudre, la loi étant formelle, mais il a obtenu le *minimum* de la peine, 30 francs d'amende ; M. G. Seignour a parlé avec le plus grand respect et même avec éloge de l'Empire ; le président, M. Glandaz, approuvait de la tête ; il a continué et dit tout ce qu'il avait préparé.

21. — M. Louvet, ministre en 1870, m'a raconté aujourd'hui ce qui s'était passé, la veille de la déclaration de guerre, au conseil des ministres, et son récit m'a si vivement impressionné, que je l'écris en rentrant, et, j'ose le dire, aussi exactement que possible.

Depuis plusieurs jours déjà, on entrevoyait que la guerre était imminente et, quoiqu'elle parût presque inévitable, les ministres et l'Empereur cherchaient les moyens de l'éviter, et c'est pour chercher ces moyens, au dernier moment, pour ainsi dire, que le conseil des ministres s'était réuni aux Tuileries. *Il dura huit heures;* on ne voulait pas se séparer avant d'avoir éloigné ce calice amer. Tous étaient désolés, et le manifestaient par leurs paroles et leur attitude. On savait que l'Empereur et l'Impératrice étaient, sur cette guerre qu'on imposait à la France, d'opinion différente. L'Empereur n'ignorait pas que, si elle ne se faisait pas aujourd'hui, elle n'était que reculée; que la Prusse la voulait; qu'il faudrait s'y résoudre, et il tremblait, en en envisageant les conséquences. Il était malade, son corps fatigué laissait parfois son esprit abattu et sans ressort. Il aurait donc désiré éviter la guerre ou l'ajourner le plus qu'il pouvait; mais il se disait aussi que c'était un bien triste legs qu'il laissait à son fils, une charge bien pesante et peut-être accablante, si cette guerre, et cela était certain, éclatait pendant une minorité; et alors, plutôt que de laisser après lui l'éventualité d'une telle catastrophe, dans laquelle la France pouvait être morcelée, ruinée, il acceptait parfois l'idée de soutenir cette guerre lui-même.

L'Impératrice, elle, ne redoutait pas la guerre, mais dans un autre but : elle voyait avec peine, avec effroi même, les concessions faites par l'Empereur à l'opinion libérale, le retour du parlementarisme, l'influence de plus en plus dominante de la Chambre des députés et, dans la Chambre, de l'opposition, la formation d'un ministère libéral, et les suites que devaient avoir ces premières concessions. Elle était encouragée dans cette répulsion, que, je n'ai pas besoin de le dire, j'approuve entièrement, par quelques hommes pénétrés du sentiment de l'autorité, tels que M. Granier de Cassagnac, et elle envisageait la guerre comme un moyen de changer le courant politique et de revenir au gouvernement de 1852, qui avait fait la grandeur et la sécurité de la France. Avec la guerre, le ministère libéral était renversé et, si l'Empereur était vainqueur, et elle n'en doutait pas, il reprendrait tout son pouvoir d'autrefois, se débarrasserait des libéraux, aux applaudissements de la nation, et recommencerait une ère nouvelle d'autorité, de force et de prospérité.

L'Empereur croyait être sûr, d'après ce qu'on lui disait, que l'on était prêt et, sous le rapport matériel, c'était vrai ; une seule chose le préoccupait : si l'on était obligé de faire la guerre, il n'y avait pas *un homme*, un homme capable de la diriger.

C'est dans cette situation que se réunit le conseil des ministres ; il fallait prendre une décision ; on ne pouvait retarder davantage, et chacun se tourmentait, ne voyant comment on pourrait échapper à cette fatale nécessité. Tout à coup, il était déjà tard (de 5 à 6 heures), M. le duc de Gramont dit : « Voici ce que je propose : convoquer un Congrès des grandes puissances, qui réglera le différend et imposera sa décision. Quelle qu'elle soit, nous serons à couvert, la guerre sera évitée ; si le Congrès veut que le prince de Hohenzollern règne en Espagne, nous n'avons pas à le redouter, on sait ce qu'est le peuple Espagnol, il ne le supportera pas, ce règne sera court, et, quant à nous, nous n'aurons rien à nous reprocher. Remettons donc la décision de cette grande affaire à un Congrès. Ce n'est plus la guerre, c'est la paix ! »

A peine cette proposition est-elle faite, la physionomie du conseil change, tous sont enthousiasmés : « C'est le salut ! » dit l'Empereur. Il y a unanimité pour l'approuver, il ne faut pas chercher davantage : le Congrès ! « Monsieur Ollivier, ajoute l'Empereur, il faut faire immédiatement part de cette résolution aux Chambres ; la séance dure encore ; vous avez le temps d'aller à la Chambre des députés. Entrez dans ce salon à côté, rédigez une courte déclaration, vous nous la lirez, et irez aussitôt la communiquer à la Chambre. Moi, cependant, je vais faire dire au président de continuer la séance. »

M. Ollivier entre dans le salon, y reste assez longtemps et, soit fatigue, soit mauvaise disposition, lui qui, d'ordinaire, était un si habile improvisateur, revient avec une déclaration absolument manquée, qui n'est approuvée par personne, que lui-même trouve insuffisante ; ce qui fait décider que l'on ajournera au lendemain, que M. Ollivier fera à loisir ce qui est nécessaire, et que la lecture en aura lieu à la séance de la Chambre. On envoie donc dire au président qu'il peut lever la séance, et le conseil se sépare, en prenant rendez-vous pour le lendemain matin, à neuf heures.

Hélas ! le lendemain, tout devait être perdu, et une mauvaise disposition d'un ministre, une demi-heure de retard, devaient décider du sort de l'Empire, de l'Empereur, de son fils et de la France.

L'Empereur, en sortant des Tuileries, en voiture découverte, pour se rendre à Saint-Cloud, fut acclamé par la foule qui stationnait sur la place et sur les quais ; cette foule, sans en comprendre la portée, demandait la guerre.

En arrivant à Saint-Cloud, l'Empereur tomba dans un autre milieu : l'Impératrice était entourée de plusieurs personnes, qui étaient venu apporter la nouvelle du fameux article inséré dans les journaux Allemands, et où l'on racontait que le roi de Prusse avait congédié M. Benedetti, en lui disant « *qu'il n'avait plus rien à ajouter* ». M. de Bismarck avait fait répandre et publier dans toute l'Allemagne ce récit faux, afin de tout compromettre, de forcer la main à la France, et décider la guerre. Et il avait atteint son but : les députés et les sénateurs qui entouraient l'Impératrice, et que l'on avait retenus à dîner, étaient indignés ; c'était à qui exprimerait avec le plus de force la nécessité où l'on était de répondre à cette insolence par une déclaration de guerre : « Il était impossible de reculer ; hésiter serait honteux ! »

L'Impératrice accueillait ces paroles ardentes avec son âme chaleureuse et sa fierté d'Espagnole : il ne manquait dans ce salon de Saint-Cloud que la *Marseillaise*.

Voilà la nouvelle qu'apprit, en arrivant, le malheureux Empereur, qui était parti si rasséréné, si plein de confiance et d'espérance, des Tuileries. Il aperçut tout de suite les conséquences de ce nouvel incident : le Congrès était désormais impossible, la déclaration ne pouvait être faite ; d'autres résolutions devaient être prises, d'autres moyens cherchés ; et pourrait-on éviter la guerre ? Et il s'en était fallu de si peu ! Si la déclaration avait été faite à six heures, à la Chambre, c'était fini ! Maintenant, tout commençait !

Désolé, assombri, pendant tout le dîner il resta silencieux, au milieu du tumulte des paroles belliqueuses. Aussitôt après, il entra dans son cabinet, et convocation fut envoyée à tous les ministres de se rendre à Saint-Cloud, le soir même, à onze heures. Dans ce nouveau conseil, on verrait quelles mesures prendre, par quel moyen échapper à cette nouvelle mise en demeure et, s'il se pouvait, quelles démarches pour éviter la guerre.

Le conseil a lieu, en effet; mais, autre fatalité, par diverses circonstances, les ministres ne s'y trouvent pas tous : M. Louvet, fait inexpliqué, est oublié, il ne vient pas; M. Segris, souffrant, avait, après dîner, voulu prendre l'air, s'était fait conduire au Bois de Boulogne et ne reçoit la lettre de convocation qu'à une heure du matin, en rentrant. Ces deux ministres étaient les plus résolus pour la paix. Eux absents, les autres cèdent à la pression de l'opinion extérieure, s'épouvantent de la responsabilité qu'ils courent, s'ils acceptent de dévorer cette humiliation, cette insulte faite à la France, et décident, entre eux, que la guerre sera déclarée. Et le matin, à neuf heures, quand les deux ministres, absents la veille au soir, arrivent au conseil, ils en entraînent, il est vrai, deux autres; mais le reste, c'est-à-dire la majorité, huit (avec les membres du conseil privé) restent inébranlables et l'emportent et, quoique avec regret, mais en s'y regardant comme obligés, font décider la guerre.

L'Empereur accepta, sans vouloir imposer sa volonté et son opinion contraire, cette résolution de ses ministres. Il y accéda, navré, les regards fixes et comme attachés au sombre avenir qui apparaissait devant lui. Dès lors, résigné, il décida qu'il prendrait part personnellement à la guerre, malgré son état de souffrance, et quelle souffrance! (C'était, depuis plusieurs années, la maladie dont il mourut) et, quand il partit de Saint-Cloud, à ses tristes adieux, à son silence, et déjà à sa résignation, il semblait qu'il savait qu'il ne reverrait plus ce palais, qu'il s'en allait pour ne plus revenir.

22. — M. le comte de Chambord est un peu agacé de la conduite de quelques-uns de ses *fidèles* qui, à Lucerne, l'ont fort pressé d'*abdiquer* pour faire place aux Orléans. Il aurait même dit qu'il était mieux traité par les bonapartistes que par les légitimistes. Il est très vrai que les journaux impérialistes se distinguent par le ton respectueux avec lequel ils parlent de lui. Ils croient qu'il n'est

pas à redouter et que le danger n'est pas de ce côté; il ne faut donc pas en savoir plus de gré qu'il ne convient aux journaux de l'Empire.

24. — La fusion occupe plus que jamais l'attention, et elle est moins que jamais prête à se faire. Des lettres de Lucerne apprennent que les légitimistes purs sont indignés des prétentions de MM. les princes d'Orléans, et surtout de leur idée de faire abdiquer le comte de Chambord. M. le comte de Chambord est toujours très convenable pour les impérialistes, et le mot qu'on lui attribue est confirmé; en parlant du Prince Impérial : « Mon cœur est là! » aurait-il dit. Ce mot aurait même été prononcé il y a trois ans, et M. Conti m'affirme que le Pape lui aurait conseillé, au besoin, de *transmettre ses droits au Prince Impérial.*

25. — MM. Huguet, propriétaire de l'*Avenir libéral*, et Gibiat, du *Pays*, sont allés trouver M. Thiers, pour obtenir que leurs journaux reparaissent. M. Gibiat, qui possède aussi le *Constitutionnel*, a été assez bien accueilli; M. Huguet a reçu une forte semonce. M. Thiers accepte, a-t-il assuré, « qu'on le critique, qu'on l'attaque personnellement : il l'a été

toute sa vie ; mais l'*autorité*, le *pouvoir !* il ne l'entend pas ! » Il est presque amusant d'entendre ce révolutionnaire défendre l'autorité. Il me semble même qu'au fond il raisonne peu : comme M. Huguet lui objectait la présence au pouvoir de quelques hommes du 4 septembre, qu'il y garde, et qui sont loin d'inspirer de la confiance : « Je les conserve, a répondu M. Thiers, parce qu'ils ont donné des *gages à l'ordre !* » Autre sujet de surprise quand on sait à qui ce mot s'applique ! — On ne sait encore si ces journaux reparaîtront et à quelles conditions.

Grand est le désarroi gouvernemental : demain auront lieu des élections municipales complémentaires ; on ne doute pas qu'elles ne soient mauvaises ; les hommes d'ordre s'abstiendront. On veut changer les mœurs de ce peuple, l'obliger à s'occuper de politique ; sa nature y répugne : il nomme un gouvernement pour être gouverné et, après, s'en aller à ses affaires. Tant qu'on ne le comprendra pas, nous serons le jouet des ambitieux qui, eux, veulent, non être gouvernés, mais gouverner. Les députés déjà arrivés à Versailles sont furieux contre M. Thiers, et effrayés de l'avenir.

28. — M. le comte de Bouville me raconte un incident instructif, dont il a été presque té-

moin, se trouvant à cette époque dans le pays.

On sait que, peu de temps après la Commune, M. le comte de Chambord vint à Chambord, mais qu'il n'y passa que *trente-six heures*, et repartit, sans passer par Paris. Quelques jours après, paraissait le fameux manifeste, où il déployait si largement et si fièrement le *drapeau blanc*. Or, quelle était la cause de ce départ précipité? M. le comte de Chambord avait annoncé son voyage : il devait séjourner *un mois* à Chambord; toute la noblesse des environs était sur pied. A cette occasion, le maître du principal hôtel de Blois, l'hôtel d'Angleterre, eut l'idée d'arborer à son portail un écusson — soi-disant de France (c'étaient, en réalité, les armes d'Angleterre). Le soir, le commissaire de police vint le prévenir — sans lui donner d'ordre — qu'il y avait une grande fermentation dans le quartier populaire, que les ouvriers disaient que le comte de Chambord allait venir en ville; qu'ils iraient, eux, à son hôtel, arracher son écusson, saccager, etc; qu'il serait donc responsable du tumulte et des suites que son imprudence aurait causés. L'hôtelier enleva son écusson; mais nombre d'ouvriers sortirent de la ville et rencontrèrent des bandes de paysans, qui venaient se joindre à eux, « contre les nobles et le comte de Chambord ». Les voitures mêmes de plusieurs gentilshommes qui revenaient de Chambord furent insultées. Le lendemain, le comte de Chambord partait, et rédigeait son abdication dans cette proclamation où il s'enveloppait du drapeau blanc, comme d'un linceul : il avait vu son impopularité.

M. le général vicomte Pajol, ancien aide de camp de l'Empereur, dont il est à la fois l'ami et un des serviteurs les plus fidèles et les plus intelligents, part pour Chislehurst, le 30, et se charge de mes notes pour Sa Majesté. Il me dit que le roi Victor-Emmanuel a fait offrir à l'Empereur *un million*, sans conditions, le sachant plus que gêné, et que l'Empereur, qui avait été aussi froissé qu'indigné de la conduite de l'Italie à Rome, a refusé.

8 *décembre*. — Il revient de plusieurs côtés que la fameuse déclaration de M. le comte de Chambord sur le drapeau blanc a été inspirée par Mme la comtesse de Chambord, qui, sans enfants et sans avenir, mais voulant garder sa position et ne pas sembler abdiquer, a poussé le Prince à poser cette condition inacceptable. Tout est ainsi réservé et sauvé, surtout l'honneur. Quant à la réalité, on la laisse s'en aller à vau-l'eau, en souriant.

9. — J'ai reçu, par M. Conti, une lettre que l'Empereur m'a fait l'honneur de m'écrire, en réponse à la lettre et aux notes que je lui avais envoyées. Il me dit qu'il est « bien touché des preuves de dévouement que je lui donne », et il daigne approuver les *vœux* hardis que j'avais pris la liberté de lui exprimer. Il a bien vu qui lui parle et qu'il peut compter sur celui qui parle ainsi.

Du 15 au 19. — Dans la séance du 14, l'Assemblée était indignée de l'illégalité flagrante avec laquelle étaient ajournées les élections de la Corse. Le vote allait être fatal à M. Thiers, quand M. de Meaux a parcouru les groupes et annoncé que M. Thiers en faisait une question personnelle, qu'il se retirerait. Cette menace, renouvelée pour la dixième fois, a eu son effet; la Chambre a cédé, comme presque toutes les Assemblées. — Maintenant nouvelle question : M. Thiers ne veut pas permettre aux princes d'Orléans de siéger comme députés; ceux-ci en appellent à l'Assemblée; ce peut être un conflit, où M. Thiers disparaîtra; mais, aussi, telle est son envie de dominer, qu'il peut accepter le coup de pied le plus rude, et rester. En attendant, il règne en despote effronté : il défend à la justice de poursuivre les coupables; un juge d'instruction des conseils de guerre n'a pas permission de traduire en justice M. Ranc, ancien membre de la Commune, aujourd'hui du Conseil municipal de Paris, et ce juge indigné donne sa démission de fonctions qu'il lui est interdit de remplir. Sous une monarchie, pareil arbitraire soulèverait la presse; à cette heure, peu de journaux protestent.

21. — Dans le temps où nous vivons, il passe de singulières idées par la tête des gens : voilà des personnes raisonnables qui parlent *d'adoption du Prince Impérial par le comte de Chambord :* « Je conseillerais à M. le comte de Chambord, disait hier M. Louis Veuillot, quand il sera roi, *d'adopter le Prince Impérial;* il est bien élevé et il vaut mieux que ces Orléans révolutionnaires. »

D'autre part, des légitimistes avouent, avec regret, que beaucoup d'entre eux sont disposés à se rallier à l'Empire, comprenant bien que le comte de Chambord *ne veut pas régner.*

31. — L'année se termine avec de grandes espérances : les Orléans se sont bien abaissés par de fausses démarches, et ont fort perdu dans l'opinion. M. le comte de Chambord semble avoir peu d'envie de régner, on ne pense plus guère à lui. Il ne reste que la République, en présence de l'Empire. Presque personne ne prend la République au sérieux ;

on n'en attend que du mal. L'Empire appelle l'attention de tous, on le regarde comme inévitable, soit qu'on le craigne on qu'on l'espère. Comment ? Quand ? Dieu seul décidera et fera agir les hommes pour le but que lui seul connaît.

JANVIER-MARS 1872

Du 1er au 5 janvier 1872. — Le premier de l'an a été mauvais pour le commerce, on a peu acheté; dès le 2, plusieurs des petites boutiques des boulevards étaient fermées ; le 3, une grande partie enlevée. Ce renouvellement de l'année a été également triste en province : d'Angers, de Nantes, de Tours, on nous écrit qu'il n'y a nulle fête, nulle réunion ; des faillites ont signalé à Nantes la fin de l'année. Le trouble est plus grand encore dans d'autres parties de la France, à Marseille, à Toulouse, etc.

6. — M. Rouher m'avait dit un mot singu-

..er, mercredi : « *Je ne connais pas Paris.* »
Il a cru devoir me l'expliquer, et l'explication
n'est pas moins remarquable : « Vous ne
savez pas quelle a été ma vie ; je ne sors
jamais, il y a vingt-trois ans que je n'ai vu
le boulevard des Italiens et le Palais-Royal ;
je ne vais jamais au théâtre, jamais dîner en
ville, on ne me voyait jamais aux soirées des
Tuileries. Je mène la vie de famille, comme
en province, où j'ai passé une grande partie de mon existence, et dont j'aimais les
mœurs. Ne pensant pas rester si longtemps
dans la politique, et ne voulant pas commencer
de grandes relations que je serais plus tard
obligé d'abandonner, je me suis fait cette vie
d'intérieur et de retraite, qui convient à un
homme dont la carrière est l'étude du droit et
les affaires. J'ai ainsi passé les huit ans que
j'ai été ministre d'État. Aujourd'hui, je reste
chez moi ; deux fois par semaine, je monte en
fiacre, et vais à ma campagne de Cerçay, où
je trouve la même retraite. J'y demeurerais
toujours volontiers, si Paris n'était pas, quand
on le veut, une autre retraite. » M. Rouher
m'a, en passant, manifesté des sentiments très
religieux, ne voulant pas, a-t-il dit, se faire
passer pour plus religieux qu'il n'est, mais la
« religion et le droit se tiennent ; l'un et l'autre
donnent des idées d'ordre ». Je ne suis plus
étonné, après l'avoir entendu, de la netteté,

de la fermeté, de la force et de la sûreté de son jugement. Tous les hommes qui ont dirigé les affaires se sont formés dans le silence et la retraite, pendant au moins un certain temps. M. Rouher a, d'ailleurs, le plus parfait mépris pour ce Paris, un certain Paris où il a vu tant de saletés, de fortunes mal acquises, de fraudes, de lâcheté, d'hypocrisie, de vantardise, de mensonges, etc. Je regrettais presque qu'il parlât ainsi, parce que, moi qui en pense au moins autant de mal, en l'approuvant, je semblais faire acte de flatterie. En le quittant, j'avais autant d'estime pour l'homme que de considération pour l'orateur.

L'Empereur a souscrit pour *dix mille francs*, en faveur des familles des gendarmes tués sous la Commune; mais les journaux légitimistes n'ont pas osé mettre son nom sur la liste.

On connaît les dispositions d'une partie de l'armée : le général Bourbaki, à Lyon, est resté fidèle, et l'on peut compter sur lui. L'Empereur n'a jamais eu plus de confiance dans l'avenir : M. le prince Murat, qui arrive de Chislehurst, et que j'ai vu chez M. Rouher, en a été frappé; l'Empereur ne doute pas de sa restauration et lui, si réservé, qui hésitait et semblait incertain, il y a quelques mois, exprime aujourd'hui son opinion par ce mot : « Je sais que je suis la solution. »

De son côté, M. Gambetta dit audacieusement : « Il n'y a que l'Empire et moi ! »

10. — La fusion des deux branches de la maison de Bourbon est plus que jamais compromise. MM. les princes d'Orléans, qui ne voient là qu'une affaire, veulent prendre leurs précautions et exiger des garanties. Ainsi, l'état maladif de Mme la comtesse de Chambord leur fait craindre que, si elle mourait, M. le comte de Chambord ne se remarie et ait des enfants. Alors, à quoi bon leur soumission ! Ils ont, en conséquence, fait sonder M. le comte de Chambord, à Lucerne, et demandé quelles seraient ses intentions, le cas échéant. M. le comte de Chambord en aurait parlé à Mme la comtesse de Chambord qui, indignée, se serait écriée : « Que ne me tue-t-on tout de suite ! » Cette révélation, et d'autres détails, non moins pénibles, n'ont pas peu contribué à faire repousser par les députés légitimistes la proposition de M. de Falloux, de porter M. le duc d'Aumale à la présidence de la République. On a vu là l'abandon des principes et de la personne du roi, avec un but d'ambition à peine dissimulée.

23. — M. le comte de Chambord est toujours l'objet d'obsessions ; d'un autre côté, — j'entends du côté des impérialistes, — on lui

prête différents mots significatifs. A un légitimiste dévoué, mais politique, qui le pressait
de s'entendre avec les Orléans, à qui il suffirait
de céder le drapeau tricolore, *sous peine de
faire les affaires de l'Empire*, il aurait répondu : « Je n'ai pas confiance en mes cousins ! »
Un autre jour, il aurait dit : « Si je règne,
j'adopterai le Prince Impérial. » On assure
même qu'il ne serait pas éloigné de faire une
sorte d'alliance des deux familles, par l'*union
du Prince Impérial et de sa nièce, fille de la
duchesse de Parme*. Tout cela est un peu du
monde des cancans, mais il faut les mentionner pour avoir une idée de la situation.

5 février. — M. Thiers, cependant, ne se
trouble pas. Il croit à sa durée comme président; bien plus, à la durée de sa vie ; il croit
presque à son immortalité : « Le cardinal
Fleury, disait-il récemment, est devenu ministre à soixante-treize ans, et l'a été seize ans,
et son ministère n'a pas été un des temps les
moins heureux de la France. » M. Thiers se
flatte de pouvoir rivaliser avec le cardinal
Fleury.

14. — Voici un récit qui m'est fait sur le
début de la guerre (il ne m'est pas permis d'en
nommer l'auteur), et dont je n'ai pas besoin de
signaler l'intérêt.

M. de Bismarck, qui préparait et cherchait partout des motifs d'agression contre la France, avait connu la colère du général Prim contre l'Empereur, qui, selon lui, avait arrêté sa carrière au moment de la guerre du Mexique, où il prétendait se tailler une principauté et peut-être une royauté ; Mme Prim, surtout, était implacable dans son ressentiment. Ce fut Prim dont M. de Bismarck se servit pour lancer la candidature Hohenzollern ; Prim eut la promesse de dix millions. L'Empereur le sut. Quand il vit la guerre menaçante, il pensa que le meilleur moyen de l'éviter était de faire échouer en Espagne la candidature Hohenzollern et compta, pour cela, sur Prim même; seulement il s'agissait de détacher Prim de M. de Bismarck.

L'Empereur avait, autrefois, rendu un important service au chef d'une grande maison financière qui, par suite d'opérations fâcheuses, pouvait être poursuivi : l'Empereur était intervenu; le financier avait dit à l'Empereur : « Vous m'avez sauvé ! Si vous avez un jour besoin de moi, pour quoi que ce soit, appelez-moi. »

A ce moment, l'Empereur pensa au financier; il le fit venir à Saint-Cloud : J'ai eu le bonheur de vous rendre un petit service, lui dit-il, vous vous êtes mis à ma disposition; le jour est arrivé ! Vous allez partir pour Madrid : le maréchal Prim est acheté par M. de Bismarck pour dix millions. Il faut qu'il se détache de lui. Vous lui offrirez quinze millions ; s'il le faut, vous irez jusqu'à vingt. Comment je trouverai cette somme, je ne sais ; mais dussé-je emprunter, je l'aurai. Vous allez partir tout de suite, sans retourner chez vous. Vous trouverez, à la porte du parc, un train qui vous mènera à la gare d'Orléans. Dès votre arrivée à Madrid, vous irez chez le maréchal Prim ; vous ferez tout pour le décider, et vous reviendrez immédiatement. »

Le financier connaissait Prim, lui avait prêté de l'argent ; Prim ne pouvait pas ne pas le recevoir. Il le reçut, en effet, et écouta avec autant d'attention que d'étonnement la communication de l'Empereur. Il ne pouvait comprendre comment l'Empereur savait qu'il eût reçu dix millions de M. de Bismarck. Le financier lui exposa d'abord les motifs d'abandonner la candidature Hohenzollern : la France n'était pas si faible qu'elle dût forcément être écrasée par la Prusse ; un jour elle pourrait se venger de l'Espagne, etc. Rien n'y fit : Prim était inébranlable. Le financier fit alors avancer les arguments irrésistibles et parla des *quinze* et même des *vingt* millions. Prim, alors, comprit ; mais, avant de se décider : « Il faut, dit-il, que

j'en parle à Mme Prim, revenez demain matin. »
A 9 heures, le négociateur revenait : « Cela
est impossible, dit Prim, j'ai eu une scène
affreuse avec ma femme : Cet homme, a-t-elle
dit (l'Empereur), m'a empêché d'être reine ! Si
vous vous arrangiez avec lui, c'est moi,
s'écria-t-elle, en tirant un poignard qu'elle
portait sur elle, qui vous punirais ! Il faut
qu'il soit anéanti ! » Prim avait eu peur ; il n'y
avait rien à faire.

Le financier repartit aussitôt et rendit compte
de son message à l'Empereur : « Dieu s'est
détourné, pour un temps, de la France et de
moi, dit-il gravement. Quels malheurs vont
nous accabler ! » C'était le 14 juillet. Ses efforts
pour éloigner la guerre avaient échoué ; il
fallut se résigner à la soutenir, et c'est ce que
fit l'Empereur, avec tristesse et sans confiance [1].

16. — Aujourd'hui ont été célébrées les
funérailles de M. Conti : affluence immense,
ministres, sénateurs, députés, généraux, préfets, écrivains : tout le personnel de l'Empire
s'y trouvait ; nombre de soldats et de gardes
de Paris en uniforme. A la sortie, on a crié :
Vive M. Rouher ! quand M. Rouher est monté
en voiture ; un homme a voulu protester, il a

---

[1] 1881 — On m'assure que ce financier serait un M. Guil-
lon ou Guyon.

été assez malmené par la foule la plus décorée qu'il ait jamais vue. Quelques-uns ont commencé à crier : *Vive l'Empereur !* mais nous nous sommes empressés de les faire taire. La tenue à l'église a été parfaite, la *manifestation* était bien plus considérable encore que celles du 15 août et du 13 novembre.

17. — M. le cardinal de Bonnechose est aussi zélé et fidèle impérialiste qu'on le peut désirer. Voici ce qu'il m'a raconté : A Rouen, il eut l'occasion de voir fréquemment, à partir du 5 décembre, le général de Manteuffel, qui y commandait les troupes Prussiennes. M. de Manteuffel lui exprima le désir qu'on avait d'en finir le plus tôt possible : si la guerre se prolongeait, elle deviendrait atroce ; mais avec qui traiter? On n'avait nulle foi en ce gouvernement de l'Hôtel de Ville. Le Cardinal s'étonna que l'on ne pensât pas à l'Empereur. — Mais « l'Empereur est prisonnier, l'Impératrice absente ». Il proposa la réunion des anciennes Chambres, qui avaient tout droit, qui traiteraient, et dont le traité serait ratifié par l'Empereur. Le comte de Manteuffel accueillit chaleureusement cette idée, affirma au cardinal qu'elle aurait le même succès près du roi de Prusse et de M. Bismarck, et le pressa vivement d'aller à Versailles, en lui donnant tous les laissez-passer désirables. Malheureu-

sement, le Cardinal ne put partir; il était suspect aux représentants du gouvernement de Paris, qui, s'il était parti, l'auraient appelé traître (ils prétendaient déjà qu'il avait donné des millions aux Prussiens). M. de Manteuffel, obligé de marcher contre Faidherbe, le pressait en vain; il fut obligé d'attendre. Enfin, arriva à Rouen un nouveau commandant, qui imposa une contribution de 26 millions. Désolation de la ville : l'occasion était excellente, le Cardinal s'offrit pour aller solliciter une réduction près du roi de Prusse. Il se rendit à Versailles, tout en rouge, et y fut reçu avec la considération, le respect qu'il eût pu attendre de princes Français catholiques : M. de Bismarck, le Roi, le Prince Royal, furent parfaits pour lui. Il obtint du Roi la réduction des deux tiers de la contribution ; on rendit même aux cantons qui avaient déjà payé ce qu'ils avaient versé de trop. M. de Bismarck avait été très franc : « Nous avons besoin d'argent, avait-il d'abord répondu, nous n'en avons plus, voilà pourquoi nous imposons les villes. » Le Roi fut plus gracieux et accorda plus qu'on n'espérait. Mais le Cardinal avait à traiter un sujet bien plus important, la proposition faite à M. de Manteuffel. Elle fut accueillie avec la même faveur ; seulement il était trop tard. Les Prussiens avaient été obligés d'ouvrir des négociations avec les gens de l'Hôtel de Ville, pour qui ils avaient autant d'aversion que de mépris. Là-dessus, il y avait accord entre le Roi et M. de Bismarck. L'un et l'autre voyaient avec effroi ce triomphe de la Révolution, et comprenaient que le pouvoir des rois était partout menacé. Ils avaient passé en revue les prétendants avec lesquels ils pourraient traiter, et dont la stabilité était désirable : le Roi, par principe, eût penché vers le comte de Chambord, mais il savait qu'il ne serait pas accepté par la nation, qu'il était donc impossible; les Orléans lui inspiraient un dédain qu'il ne dissimulait pas; il ne voyait dans l'avenir que l'Empereur, dont le retour devait être profitable à la France et aux rois, et que la France tôt ou tard serait heureuse de rappeler. Seulement, il n'appartenait pas à la Prusse de prendre l'initiative : « Ce peuple est si susceptible, disait M. de Bismarck, que, si nous proposons de convoquer les anciennes Chambres, ce sera une raison pour qu'il s'y oppose. Il faut que cette convocation vienne de vous-mêmes. » Or, cette convocation n'avait pu être faite, les membres des deux Chambres étant dispersés ou se cachant. La Prusse avait donc été obligée d'entrer en pourparlers avec le gouvernement Parisien, tout en ne doutant pas de ce qui devait arriver de ce Gouvernement.

La vérité est que M. de Bismarck ne voulait pas le rétablissement de l'Empire ; la République, avec son anarchie inévitable et son impuissance, convenait bien mieux à l'affermissement de la grandeur de la Prusse.

Le Cardinal profita de ses entrevues avec le roi de Prusse pour traiter la question du Pape : il fit observer au Roi qu'il allait devenir Empereur d'Allemagne, et qu'en cette qualité, il avait des devoirs à remplir envers ses sujets catholiques, qui s'étaient montrés très fidèles et dévoués, ce que s'empressa de reconnaître le Roi. Le Roi, défenseur du principe d'autorité, devait donc tenir à protéger le Souverain Pontife, représentant le plus élevé de ce principe ; il ne pouvait ne pas trouver indigne que le Pape fût prisonnier de Victor-Emmanuel, et mis dans l'impossibilité de communiquer librement avec les évêques, avec les pasteurs de ses sujets catholiques. Le roi adhéra entièrement à ces principes : « Mais, dit-il, je ne peux pourtant pas envoyer, moi protestant, une armée à Rome, pour rétablir le pouvoir temporel du Pape, et chasser les Italiens, qui se sont faits nos alliés ! » Il savait, d'ailleurs, le peu d'estime qu'on devait avoir de l'Italie. Le Cardinal lui dit qu'il le comprenait, mais puisque le Roi sentait la vérité du principe, il devait sentir aussi qu'il y avait quelque chose à faire : « Oui, dit le Roi, et voilà ce qui se fera : quand la paix sera conclue, l'Empereur rentré, et l'ordre rétabli, on convoquera un Congrès pour ce sujet et quelques autres, et l'on remettra le Pape en possession de son indépendance temporelle, par la restitution de ses États. » M. de Bismarck parla dans le même sens, quoiqu'il soit moins pénétré que le Roi du sentiment de l'autorité, mais par intelligence des conséquences politiques que doit avoir une telle conduite. Le Cardinal vit aussi le Prince Royal, qui fut plein de convenance et de bonne volonté ; il avait quelques préjugés, que combattit et ruina assez facilement le Cardinal, parce qu'ils provenaient de l'ignorance. Il lui expliqua l'origine des droits du Saint-Père depuis Constantin, Pépin, etc., et fut très satisfait de lui.

Du 26 au 28. — Le gouvernement est décidé à agir vigoureusement contre l'Empire ; il ne craint que l'Empire, il poursuit ses partisans par tous les moyens, il a supprimé le *Gaulois* et *l'Avenir ;* le *Gaulois* a reparu le lendemain, sous le titre de *l'Étoile,* il a supprimé *l'Étoile.* Le *Gaulois* avait cinq titres déposés et autorisés, et cinq cautionnements tout prêts ; après cette double suppression, il n'a pas osé risquer de s'en servir. La *Patrie* devait être aussi supprimée, elle n'a échappé que grâce à l'intervention de M. de Soubeyran, qui y a un intérêt, près de M. Pouyer-Quertier, avec qui il est lié. Cependant, on n'inquiète pas les journaux communistes, qui sont abominables. De plus, avis a été donné aux impérialistes de s'abstenir de venir désormais dans les bureaux de l'ancien *Peuple Français*, où se réunissaient tous les jours, de 2 à 5 heures, des préfets, conseillers d'État et journalistes de l'Empire. Outre les rédacteurs du *Peuple Français*, on y voyait des rédacteurs de la *Patrie*, du *Constitutionnel*, du *Gaulois*, du *Figaro*, du *Pays*, de l'*Ordre*, de l'*Avenir libéral*, etc. On y distribuait les brochures, c'est là que se rédigeait la correspondance impérialiste. Du reste, nulle conspiration : la porte était ouverte ; entrait qui voulait, et il y est venu parfois des écrivains peu favorables à l'Empire. Le gouvernement sait bien que là n'est pas le danger, mais il a peur et se fait garder ; depuis plusieurs nuits, les postes sont doublés et même triplés dans quelques endroits.

M. le cardinal de Bonnechose a reçu récemment plusieurs députés catholiques, et leur a dit que la déclaration de déchéance avait été, à la fois, contraire au droit, à la justice et à la générosité ; qu'elle était inique, impolitique et indigne. Les députés ont avalé cette admonestation sans sourciller, et s'en sont allés,

réfléchissant à leur sottise et à leur lâche conduite de l'an passé.

29. — Les orléanistes préparent un placard, qui va paraître mardi, où sont retracés,
dans des dessins coloriés, les actes principaux
du règne de Louis-Philippe et l'histoire
abrégée des Princes d'Oléans, avec une
légende explicative en quelques lignes. On
tirera ce placard à 200,000 exemplaires, et on
espère, en le distribuant dans les campagnes,
que les paysans le suspendront à la muraille
de leurs chaumières, *comme l'histoire de
Napoléon le Grand!* En laissant de côté cette
illusion, on ne peut s'empêcher de remarquer l'audace de MM. d'Orléans, qui parlent
de fusion, qui signent des *manifestes,* pour
abuser les légitimistes, mais qui se gardent
bien d'associer, dans ce tableau historique
destiné à populariser leur famille, Louis XVIII
et Charles X, et encore moins le chef actuel,
Henri V. Si les légitimistes n'ouvrent pas les
yeux, ils ne peuvent pas se plaindre de ne pas
être avertis.

1er *mars.* — Je suis allé aujourd'hui à Versailles et j'ai assisté à la séance de l'Assemblée. J'y ai revu plusieurs des hommes de
1848, que je n'avais pas aperçus, depuis la
veille du coup d'État du 2 décembre ; MM.

Grévy, Em. Arago, Schœlcher, Arnaud (de l'Ariège). M. Grévy a un peu vieilli; sa figure, sans mouvement, a toujours la même placidité. Il a la tournure bourgeoise, l'attitude, le costume et l'encolure qui conviennent à une Chambre démocratique; il préside en redingote et a tout à fait l'air paterne, quand on vient lui frapper sur l'épaule et lui demander des billets. M. Em. Arago a fortement grisonné et son nez, qui aussi a pris de l'ampleur, le fait de plus en plus ressembler à un corbeau. M. Schœlcher, lui, semble immortel, comme la mort, ou comme un croquemort, dont il a la tristesse et le costume : c'est le même crâne chauve jusqu'au cou, aplati comme entre deux planches sur les côtés, et porté sur un col blanc qui fait le tour de sa tête, et la sépare d'une redingote noire hermétiquement boutonnée jusqu'en haut; il a l'air vidé. M. Arnaud (de l'Ariège) est la tête la plus crépue, la plus blanche et la plus hypothétique de l'Assemblée. M. Louis Blanc le Sophiste a peu vieilli, de loin du moins, mais m'a paru plus raide et plus professeur que jamais. Voici M. J. de Lasteyrie et son invariable abat-jour vert, qui l'a fait appeler la *Lampe-Carcel;* MM. de Dampierre, de Vogué, blanchis, mais toujours gentilshommes de manières et de tenue ; M. Laurier, blondasse figure d'avoué ; M. Gambetta, qui se roule sur son

banc, comme sur une banquette d'estaminet,
gros, gras, rouge, factieux, paresseux, luxu-
rieux. M. Picard, venu récemment de Bruxelles,
est fort plantureux et de joyeuse humeur; il ne
m'a pas paru cet « abcès qui ne crève pas »,
comme l'appelle M. Norbert Billiart; il rit toujours en circulant parmi ses collègues. Le vail-
lant général Ducrot a une physionomie sévère,
un teint bronzé et les grosses moustaches qui
conviennent à son emploi; de M. J. Simon, je
n'ai aperçu que le dos voûté. M. Saint-Marc
Girardin s'élevait, entre ses collègues, avec la
figure satisfaite d'un homme qui espère, qui
croit devenir bientôt ministre; M. Vitet, grand,
maigre, attristé, austère, représente le restant des doctrinaires peu gais, qui professent,
laissent tomber un mot grave et passent, avec
un regard de dédain pour tous ces gens-là.

Les membres de la droite, MM. Baragnon,
A. de Richemont, Dahirel, etc., allaient, venaient, agités, cherchant quelque chose,
d'ailleurs avec assez d'entrain. Quelques-uns
de la gauche avaient de singulières mines,
avec leur barbe hérissée, leur costume lâche
et leur tenue d'estaminet; on se demandait
d'où ils étaient sortis, ou plutôt on le savait : des échappés de la défunte Commune,
ou qui seraient membres de la Commune
future.

Mais ceux qui m'ont le plus intéressé, ce

sont les Princes d'Orléans : tous deux, le duc d'Aumale et le Prince de Joinville, sont assis à côté l'un de l'autre. Il fallait savoir que c'étaient des Princes ; on ne s'en serait jamais douté, à voir le duc d'Aumale donnant des poignées de main à ses voisins, qui ne s'inclinaient pas plus que devant le premier venu ; se levant et se dérangeant, pour laisser passer ceux qui s'assoient sur le même banc que lui, classant les rapports et amendements qu'il reçoit de la main des huissiers, causant, se penchant, pour écouter ceux de derrière ou de devant, traitant les députés comme des égaux, et traité par eux en collègue. Ce n'était qu'un député, et il fallait faire un effort, pour se persuader que l'on avait devant soi un prétendant, peut-être un futur roi.

On a beau dire, et je l'entendais exprimer par mes voisins de tribune, ce n'est pas là l'idée qu'on se fait d'un Prince. On suppose, on veut autre chose, et cette égalité acceptée si couramment choque plus qu'elle ne charme et ne retient. Le Prince de Joinville, qui est sourd, avait la même attitude, mais parlait peu.

Je comparais, en les examinant, la tenue de ces Princes avec celle du Prince Louis-Napoléon, à l'Assemblée de 1848. Le Prince Louis-Napoléon n'avait pas accepté sa position de député comme définitive ; cela était évident, rien qu'à le voir. Il venait rarement à la Chambre, comme un homme qui se promène, qui est passé par là, et qui y est entré un moment, pour voir le spectacle. Il s'asseyait au bout d'un banc, près de M. Vieillard, son ancien précepteur, s'entretenait à voix basse avec lui, recevait les salutations de quelques amis, avec cordialité, en souriant, mais avec dignité, comme en audience, comme s'il était déjà à l'Élysée. Il n'y avait pas à s'y tromper, c'était un prétendant, un Prince; tous les yeux étaient tournés vers lui, on examinait chacun de ses mouvements, on se demandait ce qu'il disait, ce qu'il préparait, ce qu'il pensait. Il se levait, au bout de peu d'instants, et se retirait, d'un pas tranquille, saluant poliment sur son passage, la figure impassible, impénétrable. Quand il était sorti, une certaine agitation se faisait dans la salle : quelqu'un était venu, était parti, qui, dans ce peu d'instants, avait occupé tous les esprits, et ce quelqu'un, tout le monde sentait qu'il ne ressemblait pas à tout le monde; on ne le disait pas, mais tous se le disaient : Celui-là sera Empereur ! (J'ai envoyé à Chislehurst ce petit croquis, qui a beaucoup amusé.)

18. — Plusieurs des personnes qui sont allées à Chislehurst, à l'occasion du 16 mars, anniversaire de la naissance du Prince Im-

périal, sont de retour, et racontent la réception des visiteurs à Camden-Place. M. ***, un
jeune homme à qui j'avais remis une lettre
d'introduction pour le baron Corvisart, n'o-
met aucun détail de sa propre réception. Il
arriva à une heure et demie, en même temps
que nombre de visiteurs et de chariots chargés de paquets de toute sorte. Devant le cottage, sur la pelouse, étaient l'Empereur, l'Impératrice (une canne à la main), le Prince
Impérial, et plusieurs personnes de leur maison. M. le baron Corvisart le présenta à l'Empereur, et « alors, me dit-il, je parlai avec la
plus grande liberté d'esprit à l'Empereur, à
l'Impératrice et au Prince Impérial réunis en
groupe, et qui semblaient des propriétaires à
la campagne, causant avec leurs hôtes ».
L'Impératrice le félicita de son zèle, qui l'a-
vait poussé à quitter Paris pour une courte
visite : « Cela coûte peu, quand on aime, »
répondit-il très bien. Elle le questionna sur
le commerce de Paris; elle savait la gêne où
il est. Le Prince Impérial s'informa de l'armée, de la garde Impériale. L'Empereur parla
peu : une grande bonté, un amour presque
passionné pour son fils, voilà les traits qui
frappent le plus en lui. Des marchands, des
paysans étaient venus, et lui disaient tout ce
qu'ils voulaient. Le jeune Conneau fit à la
conduite de M. Trochu une allusion qui mon-

tra quels sentiments inspire ce Judas, émule de Deutz et de Liborio Romano : *Breton*, il a trahi ; *catholique*, il s'est parjuré ; *soldat*, il a lâché pied.

L'Empereur parla de M. Thiers avec une modération et une impartialité qu'on pourrait appeler *historique*, tandis que le nom de M. Trochu n'inspirait à tous que le mépris.

On se mit en marche pour l'église, l'Empereur en tête, avec l'Impératrice et le Prince Impérial, et tous les visiteurs à la suite. Des constables faisaient ranger la foule qui, de tous les environs, se pressait pour voir le cortège. Toutes les maisons étaient pavoisées. Mais ce qui saisissait le plus, c'est le sentiment de respect profond, marqué, pour l'Empereur. On a dit, du reste, à mon jeune ami, que tout ce que l'on raconte de l'admiration des Anglais pour l'Empereur n'a rien d'exagéré. Il y eut grand'messe, chant de jeunes filles et de Sœurs, quête pour les écoles de Chislehurst et *Te Deum* ; puis, l'on revint à Camden, où les visiteurs causèrent encore une demi-heure avec l'Empereur et le Prince, puis prirent congé. Mon jeune homme est revenu enthousiasmé de son voyage, touché de la cordiale et simple réception de la famille Impériale. Son impression la plus vive, me dit-il, c'est « qu'il a vu, à

Chislehurst, moins un Empereur et une Impératrice, *qu'un père et une mère* ».

20. — Retour de M. Georges Seigneur de Chislehurst, où il était allé chargé d'une mission. Il y a passé quatre jours et a eu, en plusieurs fois, cinq heures de conversation avec l'Empereur, particulièrement sur les affaires religieuses. Il revient très satisfait des sentiments et des intentions qu'on lui a manifestés. Les entretiens ont porté sur le passé, le présent et l'avenir : il y a des choses que l'Empereur l'a autorisé à répéter, d'autres qui ne doivent être dites qu'à certaines personnes.

Pour le passé, l'Empereur a avoué qu'il avait eu plusieurs mouvements de faiblesse et d'hésitation dans la question Romaine et les affaires religieuses. Cela tenait à plusieurs causes : son ignorance sur certains points, particulièrement sur les *Articles organiques*, leur portée, leur signification absolue, leurs conséquences ; l'influence de plusieurs hommes qui l'entouraient, Mgr Darboy, M. Émile Ollivier, etc. Mgr Darboy, dont le cardinal de Rouen m'avait parlé avec tristesse, en déplorant la fausseté de son jugement, avait été jusqu'à écrire à l'Impératrice une lettre, où il demandait que l'Empereur prît des mesures coercitives contre le Concile. L'Impératrice l'a confirmé à M. G. Seigneur, et a ajouté qu'elle lui montrerait la lettre à un prochain voyage. M. Ollivier était insuffisamment instruit en religion ; M. le comte Daru partageait les idées des catholiques libéraux du journal le *Français*. Livré à ces influences, l'Empereur a pu faire fausse route, avec de droites intentions.

D'autre part, comme dans toutes les cours, on éloignait systématiquement certaines personnes. L'Empereur a déploré d'avoir même ignoré le nom de quelques-uns des hommes les plus éminents, qui l'auraient éclairé et eussent modifié ses idées, du R. P. dom Guéranger, abbé de Solesmes, entre autres, une des lumières théologiques de France, dont la parole a la plus grande autorité dans le clergé, et qui, ce qu'on ne sait pas en général, a toujours défendu l'Empereur. C'est par ces diverses causes que s'expliquent plusieurs mesures, dont l'Empereur reconnaît les résultats fâcheux.

Quant au présent, l'Empereur a déclaré, avec force, douleur et indignation, qu'il était étranger aux intrigues entre l'Italie et la Prusse, où est mêlé le Prince Napoléon, qui auraient pour but d'amener le retour de l'Empereur, à la condition de reconnaître les faits accomplis et d'abandonner la cause du Pape ; que le Prince Napoléon agissait, non pas contrairement aux ordres de l'Empereur, car il ne lui en donnait plus, mais à ses désirs et à ses intentions, et aussi à ceux de la Princesse Clotilde, qui l'avait vainement prié de ne pas aller à Rome. Il a autorisé M. G. Seigneur à répéter cette déclaration, afin de donner un démenti aux allégations des correspondants Romains de journaux abusés ou intéressés à tromper.

Comprenant l'importance de faire connaître ses vrais sentiments au Saint-Père, l'Empereur avait envoyé à Rome Mgr Bauër ; mais cette mission n'a pas eu le résultat qu'on se promettait, par suite du choix malheureux que l'on avait fait, Mgr Bauër étant plus zélé qu'instruit et ferme dans ses principes, et, comme les juifs, préoccupé d'intérêts matériels, qu'il fait parfois passer avant les intérêts spirituels. L'Empereur a offert à M. G. Seigneur d'aller à Rome ; M. G. Seigneur irait volontiers, mais accompagné d'un personnage qui occuperait une haute position dans l'Eglise, le cardinal de Bonnechose, par exemple : cela a été accepté. On expliquerait avec autorité le passé, on affirmerait les bons sentiments du présent, et l'on donnerait les assurances les plus formelles pour l'avenir.

Quant à une déclaration publique sur la question du *pouvoir temporel*, l'idée doit en être abandonnée, d'abord parce qu'elle serait inutile, l'Empereur exilé ne pouvant rien ; puis, cette déclaration aurait pour effet de décider la Prusse à s'opposer au retour de l'Empereur, la Prusse étant plus que jamais unie à l'Italie, qui a contracté avec elle une alliance depuis 1866. Mais l'Empereur autorise M. G. Seigneur à informer de ses sentiments M. Rouher, le Cardinal, quelques autres personnes influentes parmi les catholiques, et à parler à M. L. Veuillot dans ce sens. Et, à ce propos, il a été recommandé de ne pas rompre avec l'*Univers*, à qui l'on reproche de dures et injustes paroles, mais qu'on ne désespère pas de se rattacher. Le mot de l'Empereur, qui résume la conduite à tenir à cet égard, est *conciliation*.

Pour l'avenir, sur la demande très ferme de M. G. Seigneur, l'Empereur a répété que ses intentions étaient depuis longtemps bien arrêtées : point de concession à la Révolution. Il reconnaît qu'il a été faible, mais il est religieux d'éducation et de principes ; il a l'intention d'agir selon le droit et la justice, dans l'affaire du pouvoir temporel du Pape ; il ne saurait, dès son retour, déclarer publiquement ce qu'il pense, ce serait la guerre immédiate avec l'Italie ; mais il attendra l'occasion, et sa conduite sera conforme à ses sentiments, en profitant des circonstances. L'Empereur a ajouté que M. G. Seigneur avait de sa parole une sûreté de plus : catholique, il a été le premier à crier : *Vive l'Empereur*, après le Quatre Septembre ; il a écrit le premier pour défendre l'Empereur ; l'Empereur n'oubliera pas l'attitude des catholiques, la foi qu'il doit avoir en eux et les engagements que leur conduite lui impose : « Quand je serai revenu, a-t-il dit, rappelez-le-moi ; la seule récompense que vous ayez demandée de votre fidélité est le rétablissement du pouvoir du Pape ; je ne suis ni oublieux ni ingrat, je ferai honneur à mon engagement. »

23. — J'ai eu une assez longue entrevue avec M. Rouher, et j'ai traité avec lui la question religieuse ; je lui ai répété ce que j'avais dit au Cardinal, sur la nécessité d'une déclaration faite par une personne autorisée ; non seulement d'une déclaration, mais d'une ligne de conduite suivie par nos journaux, qui insisteraient sur les intentions de l'Empereur, chaque fois qu'ils en trouveraient l'occasion. M. Rouher approuvait : « Mais, a-t-il dit, ce serait d'autant plus facile que l'on rappellerait un mot de l'Empereur prononcé il y a déjà longtemps : *l'État appuyé sur la religion.* — Non, ce n'est pas cela, ai-je répliqué, il ne s'agit pas d'une vague formule, où l'on met en avant la *religion*, mot également vague ; il faut une formule précise, qui montre que

l'on entend parler de la *religion catholique,* de l'*Eglise* et, si l'on ne dit pas l'*Eglise,* que ce soit si net qu'il n'y ait pas d'équivoque : *On ne fera rien sans la religion, c'est-à-dire, sans le concours ou contre l'assentiment de l'Eglise.* Une telle formule suffira. » M. Rouher m'a demandé si le Cardinal approuvait cette formule, je l'ai affirmé ; s'il en avait parlé à l'Empereur, dans la lettre qu'il vient de lui écrire ; je l'ignore, ou plutôt, il est probable qu'il n'a pas dû s'exprimer aussi nettement, la lettre, du moins je le crois, étant écrite avant notre conversation. Il m'a appris, du reste, qu'il partait pour Chislehurst avant peu de jours, et qu'il parlerait à l'Empereur dans ce sens.

25. — Les journaux religieux comprennent bien que l'avenir est à l'Empire, car il est remarquable que le ton de leur polémique a cessé d'être aussi violent et agressif. Les journaux légitimistes même atténuent leurs emportements. M. Laurentie a affirmé à un impérialiste influent que les articles furibonds de M. Mayol de Luppé ne se renouvelleraient plus. M. Laurentie ne doute pas du retour de l'Empereur : « Dès Wiesbaden, en 1850, dit-il, je prévoyais l'avènement de l'Empire, et voici comment je m'expliquais vis-à-vis de M. le comte de Chambord : la France est révolu-

tionnaire ; nous le sommes tous, vous, Monseigneur, et moi-même. Nous voyons bien que la société actuelle exige des changements radicaux ; tout le monde veut une réforme sociale. Or, la royauté légitime est suspecte — c'est absurde, mais c'est ainsi, — de ne pas vouloir ces réformes. C'est pourquoi on préfère l'Empire, qui est la révolution, la réforme sociale organisée. L'Empire est donc sûr d'arriver. » « Je dois, d'ailleurs, le déclarer, ajouta-t-il, et vous pouvez le répéter à l'Empereur : si l'Empire est chrétien et agit chrétiennement, le comte de Chambord n'en sera pas fâché, il le préfère à la République et aux Orléans. » L'interlocuteur de M. Laurentie lui a répondu que l'Empereur et l'Impératrice, de leur côté, n'étaient pas hostiles au comte de Chambord ; leurs journaux ne l'insultent pas, et il raconta que, récemment, à un dîner à Chislehurst, l'Impératrice traça, avec un couteau, un Y sur la nappe, et dit : « Nous n'attaquons jamais le comte de Chambord, par respect pour la Royauté. L'Empire et la Légitimité sont les deux branches de l'Y, mais le tronc est le même. » Autre symptôme, les tièdes reviennent : j'ai vu, dimanche, M. de La Guéronnière chez M. Rouher.

Le Pape, à l'occasion des seize ans du Prince Impérial, lui a envoyé un reliquaire en or. Pie IX n'a jamais cessé d'être bienveillant pour l'Empereur; mais il n'en est pas de même de son entourage. Lors d'une mission dont Mᵍʳ Bauër fut chargé à Rome, des cardinaux s'évertuaient, en présence de Sa Sainteté, contre l'Empereur et allaient jusqu'à l'appeler *scellerato, porco*. Le Pape les arrêta : « Sans l'Empereur, dit-il, il y a longtemps que nous aurions fait la culbute! » Mᵍʳ de Méneval, à qui je cite ce mot du Saint-Père, me raconte une bien autre scène, qui montre l'aveuglement et la haine d'une partie de la *camera* à l'égard de l'Empereur.

Mᵍʳ de Méneval, fils du secrétaire de Napoléon Iᵉʳ, est ce ministre plénipotentiaire qui, après la mort de sa femme qu'il adorait, se fit prêtre. Il entra au séminaire à Rome, et devint prélat de la maison du Pape. C'est un homme de cinquante-cinq ans environ, spirituel, capable, qui a écrit plusieurs livres bien pensés, riche, grand seigneur, et impérialiste de tradition, de principes et de sentiments.

Or, en 1860, l'Empereur maintenait son armée à Rome, c'est-à-dire, empêchait la Révolution d'enlever le Pape. Mais le Pape avait autour de lui des hommes si passionnés, qu'ils ne cessaient de prodiguer les insultes et les injures au gouvernement Impérial et Français. Mᵍʳ de Méneval en eut une preuve véritablement extraordinaire. Il venait de se décider à entrer dans les ordres, il se trouvait à Rome dans cette intention ; il n'avait pas encore donné sa démission, mais sa résolution était connue.

Il y avait audience du Pape, pour une occasion officielle, et il attendait dans une grande salle, ainsi que cinquante ou soixante personnes, revêtu de son uniforme de ministre plénipotentiaire, avec ses plaques et ses croix. Arrive Mᵍʳ de Mérode, qui, l'apercevant, va à lui et lui dit : « Nous avons appris avec plaisir votre résolution : comme vous avez raison de quitter le service de *cette canaille !* » M. de Méneval se redressa et riposta vivement : « De qui voulez-vous parler ? — De votre Empereur, de Napoléon III ! » osa dire Mᵍʳ de Mérode. « Alors, dit M. de Méneval, je me souvins que j'étais encore laïque, et je répliquai avec une indignation qui ne put se contenir à l'injure faite à mon Souverain, au Souverain que j'avais longtemps servi, que j'honorais, que je respectais, et que je ne pouvais laisser insulter par le ministre d'un Souverain à qui il avait rendu et rendait de si grands services, et qui oubliait sa dignité et même la plus vulgaire convenance, par un propos si violent, si injuste et si impudent ! Ce fut une scène publique et vive, et qui ne se termina que lorsque l'audience du Pape commença. »

MM. les Princes d'Orléans ont renoncé à

leur placard des 13 dessins représentant leurs hauts faits : ils l'ont retiré des mains du libraire ; ce petit essai (les gravures étaient faites) leur coûte 2,000 francs.

Du 27 au 31. — Toutes les préoccupations sont du côté du procès Trochu, car on dit le *procès Trochu*, et non le *procès Vitu*, parce que, a fait spirituellement observer un journaliste, un procès s'appelle du nom de l'accusé : on dit le *procès Papavoine*, le *procès Troppmann*, le *procès Trochu*. Ce qu'il y a de certain, c'est que le procès est intenté autant aux fauteurs du Quatre Septembre qu'au général Trochu. On ne comprend pas que cet homme n'ait eu ni assez d'esprit, ni assez de bon sens, ni des amis assez clairvoyants, pour comprendre que ce procès devait lui être fatal ; il était dédaigné, méprisé, honni ; mais, du moins, quelques-uns doutaient encore. Dans peu de jours, personne ne doutera, et il sera déshonoré devant l'Europe, devant l'univers. Tout le monde répétera ces deux mots du général Changarnier et du maréchal de Mac-Mahon, mots que son avocat a été obligé de reconnaître avoir été dits : « C'est un Tartufe coiffé du casque de Maugin ! » — et : « Je le croyais un honnête homme ! » On dit, pourtant, qu'il n'est point abattu, et que sa contenance, devant des dépositions accablantes, est hautaine et arrogante. L'opinion publique lui est presque tout entière défavorable, et l'on croit à un acquittement de M. A. Vitu, c'est-à-dire, à une condamnation du général Trochu. Mais, lors même que M. A. Vitu serait condamné, il le serait faiblement, et la réprobation morale n'en pèserait pas moins sur M. Trochu. Je n'insiste pas sur l'opinion du Palais, contraire à M. Trochu, le Palais étant presque toujours de l'opposition. Les orléanistes et les républicains déplorent ce procès, parce que rien ne peut être plus utile à l'Empire, en montrant la vilité de ses ennemis, l'abnégation de l'Impératrice et la confiance de l'Empereur.

AVRIL-JUIN 1872

Le général Trochu. — Le salon de M. Victor Hugo. — Indisposition de M. Thiers. — Discours de M. le duc d'Audiffret-Pasquier et réponse de M. Rouher. — Le Conseil municipal. — M. Jules Simon et la droite. — L'emprunt. — Projets de M. Thiers. — Dispositions de la classe ouvrière. — Irritation de l'Assemblée contre M. Thiers. — La fusion légitimiste-impérialiste. — Mgr Pie et la IVe dynastie.

Du 1er au 5 avril 1872. — Le procès Trochu a été terminé, mardi, 2, par la condamnation de ce malheureux. Aujourd'hui, il est avéré pour tous qu'il a trahi, et tout le monde peut le dire; c'est jugé. Les ennemis de l'Empire s'attendaient à ce résultat : « Le jury acquittera M. A. Vitu, disait la veille M. B..., neveu de M. le docteur Guéneau de Mussy, médecin des Orléans; il est composé de boutiquiers, et tous les boutiquiers sont bonapartistes ! » L'effet a été immense; le *Figaro* a fait éclater sa joie avec tapage : il a mis en vente une brochure, qui contient les discours et ses articles contre M. Trochu. Dans le public, le gros public, il y a eu, pourtant, un désappointement : « Il est condamné, disaient les gens du peuple, alors on va le fusiller ! » Les journaux ont, presque unanimement, fait bon marché de son honneur ; seuls, les *Débats* et le *Soir* l'ont défendu ; les autres n'ont considéré la cause qu'au point de vue politique : pour eux, c'était la lutte du 4 Septembre et de l'Empire. Cela était compris ainsi par l'opinion ; M. Filon, précepteur du Prince Impérial, était venu exprès de Chislehurst, et est parti après le verdict. M. Trochu n'a pas assisté au verdict du jury ; le général Schmitz, son ancien chef d'état-major, attendait aux environs de la salle des délibérations ; quand il a su, par un mot, le résultat, il a prévenu M. Trochu, qui s'est esquivé. Mme Trochu, dit-on, l'avait conjuré de ne pas intenter ce procès, il a persisté ; il est aujourd'hui tué ; mais il s'est donné la satisfaction de parler, il a parlé trois heures et demie. Il n'est pas ce qu'on appelle un homme éloquent ; il est habitué à parler, maître de sa parole, il a parfois du trait, et il pose, il a des allures de comédien : voilà les traits de son talent d'avocat.

M. Allou a été convenable, et souvent solide ; mais c'est M. Grandperret qui a fait preuve d'un talent supérieur : logique, fermeté, bonne diction, style châtié, émotion vraie, pas de charlatanisme ; il a produit la meilleure impression. M. Lachaud a plus ému le jury, et a eu de beaux mouvements, sur l'Impératrice particulièrement, mais qu'il est incorrect ! pas une phrase faite ; celles que nous lisons ont été revues sur l'épreuve. M. Lachaud est si habitué à parler qu'il simule l'émotion à volonté ; il remue son auditoire, et reste, lui, tout à fait calme, se détournant de son sujet avec la plus parfaite tranquillité, puis revenant à son emportement, comme s'il ne l'eût pas quitté. Cela me semble le propre de l'avocat d'assises, et l'on ne peut ni nier ni refuser de louer ce talent de M. Lachaud.

6. — L'abandon de la question Romaine et du Pape par la droite, qui a tout lâché, sur la parole de M. Thiers, a eu une suite : Mgr l'évêque de Versailles a écrit une lettre énergique, pour reprocher à la droite sa mollesse, et a rappelé que, sous l'Empire, jamais les questions religieuses n'avaient été étouffées. Il a été fort appuyé par les journaux religieux, l'*Univers* surtout. Là-dessus, grande colère de plusieurs députés de la droite, qui, se sentant coupables, ont cherché à se disculper, et ont écrit aux journaux une lettre où ils se plaignent de l'évêque de Versailles et de ses paroles *en faveur de l'Empire*.

Du 7 au 15. — Mme la princesse de la Moskowa, revenue récemment de Chislehurst, raconte que l'on y a suivi avec un bien vif intérêt le procès Trochu, où le nom de l'Impératrice a tant et si noblement retenti. L'Impératrice a été singulièrement étonnée de l'assertion émise par M. Allou et discutée comme vraie, qu'elle avait proposé au général Trochu de rappeler les Princes d'Orléans : « Jamais, a-t-elle dit, elle n'en a parlé, et jamais elle n'y a pensé ! Elle a pour le comte de Chambord le respect que méritent le droit et la noble attitude du chef de la maison de Bourbon, mais les Orléans, ce sont des révoltés et des usurpateurs ! » L'Impératrice a raconté aussi que, le 4 septembre, au matin, comme on était allé chez M. Trochu sans le trouver, Mme de La Poise avait dit : « Il doit être chez M. Jules Favre, qu'on y aille ! » On y alla, il y était, en effet ; il répondit : « Je ne peux aller près de l'Impératrice, j'ai mal à la gorge. »

M. Martin Doisy, qui est allé voir M. Victor Hugo, ne l'a pas trouvé chez lui, rue de La Rochefoucauld, mais on lui a dit d'aller rue Pigalle, où il passait toutes ses soirées. Il l'y a trouvé, en effet ; c'est chez Mlle Juliette, son ancienne maîtresse, dont il a, je crois, des enfants, et avec qui il vit depuis de longues années. Mme Juliette, qui a été actrice, est aujourd'hui âgée, et ses cheveux sont tout blancs, mais elle conserve encore des restes de beauté ; elle fait les honneurs du salon, comme si elle était la femme de M. Victor Hugo. Là étaient venus M. Louis Blanc le Sophiste et sa femme, deux ou trois dames (quelles dames ?) et, le mot est de M. Martin-Doisy, quelques jeunes *drôles*. M. Victor Hugo, tout blanc aussi, devenu très gros, massif, lui a paru réunir ces deux caractères : un homme d'une puissante imagination, sans contrepoids, et un satyre lascif, ce qu'il exprime en l'appelant un Jupiter-Rabelais.

J'ai fait part à Dom Gardereau de la conversation de M. G. Seigneur avec l'Empereur, où avait été cité si honorablement le nom de Dom Guéranger, l'abbé de Solesmes ; Dom Gardereau m'a écouté fort attentivement et m'a assuré qu'il reporterait cette communication à Dom Guéranger ; mais, de plus, il m'a assuré que Dom Guéranger n'avait jamais cessé d'être sympathique à l'Empire jusqu'à la fin, à l'insu de l'Empereur, nouvelle preuve de l'ignorance où l'on tient les souverains sur les choses et les hommes qu'il leur importe le plus de connaître.

Du 20 au 22. — Voici quelques nouveaux traits de notre situation : abandon de Paris par une quantité de personnes, — nombre de maisons à louer, — liquidation de

plusieurs grandes maisons de commerce, —
ventes d'immeubles faites à vil prix : l'hôtel
Millaud, qui avait coûté 900,000 francs,
vendu 450,000, — les artistes malheureux,
sans commandes, sans ouvrage, surtout les
sculpteurs, — le monde riche et élégant
presque absolument absent : aux premières
courses de printemps, à Longchamps, grande
foule, mais de populaire et de bourgeois,
nombre de fiacres, mais très peu de calèches,
personne ou à peu près au *pesage*, aux places
à 20 francs, — les encouragements aux grands
ouvrages rognés ou retirés par le ministre de
l'instruction publique.

La souscription pour la libération du territoire a échoué sur toute la ligne; on s'est
engagé sous condition, pour environ 25 à
30 millions et l'on n'a versé en argent que
4 à 5 millions. Devant ce résultat misérable, on se décide à ne pas continuer et
l'on parle de rendre l'argent aux souscripteurs.
Et vraiment, il ne faut pas en vouloir à cette
nation Française : outre que je n'ai jamais
cru au succès d'un appel fait à la *bonne volonté*,
ce qui n'est pas dans le génie de la France, il
faut faire la part des impôts énormes qu'on
commence à sentir : on garde son argent pour
les payer.

Du 5 au 10 mai. — L'événement de la

semaine est le discours de M. d'Audiffret-Pasquier, où il dénonce des malversations du ministère de la guerre sous l'Empire, discours inspiré par la crainte des progrès de la cause Impérialiste en province. Ce discours, qui accuse l'Empire de faits ou controuvés ou non éclaircis, a été applaudi à la fois par la gauche et par la droite, unies dans leur haine, et qui ont voté immédiatement qu'il serait affiché dans toutes les communes de France. Mais ce moment d'entraînement a eu une réaction rapide : les militaires de l'Assemblée se sont indignés, et ont fait remarquer que le ministère de la guerre tout entier était ainsi incriminé, et que l'on supposait qu'il n'était composé que de voleurs. Les quelques hommes instruits des affaires ont aussi rappelé que des fraudes telles que celles que l'on signale sont impossibles, puisqu'elles exigeraient le concours de plusieurs centaines de personnes. Les journaux ont examiné la question, et, chiffres en main, démontré les palpables erreurs de M. d'Audiffret-Pasquier. Enfin la majorité n'a pas tardé à réfléchir que l'applaudissement si vif de M. Gambetta et de ses amis ne pouvait être qu'intéressé; s'ils étaient si satisfaits, la majorité devait trembler. Il en est résulté que, lorsque, le surlendemain, M. Rouher a demandé à interpeller à ce sujet le gouvernement, la droite l'a soutenu. La

gauche (les journaux ne l'ont pas dit), criait :
A six mois ! afin, comme on dit dans le langage parlementaire, *d'enterrer* la question.
Mais, la droite a répliqué aux citoyens
de la gauche : « Vous avez donc peur ? » Ils
n'ont pas voulu paraître avoir peur, et se
sont rejetés sur un délai *d'un mois;* on a
accordé quinze jours seulement. D'ici là, la
presse va éclairer l'opinion, et M. Rouher fera
ses débuts, en écrasant, je n'en doute pas, ses
adversaires sous un monceau de vérités et de
révélations accablantes. Ce sera un autre
événement.

10. — M. Puglesi-Conti, qui a été chargé
de nombreuses missions près de l'Empereur
pendant la guerre et la Commune, m'a fait
part de divers incidents tendant à prouver
que l'Empereur a pu, à plusieurs reprises,
revenir en France, — avec l'assentiment de la
Prusse.

1° A Sedan, M. de Bismarck ne voulait pas
qu'il se constituât prisonnier; c'était une
gène pour la Prusse : il offrait de le laisser
passer avec un peloton de cavalerie, afin de
pouvoir traiter de la paix avec lui. l'Empereur refusa, d'abord, parce qu'il croyait que,
lui prisonnier, le Corps législatif et le Sénat
s'empresseraient de faire la paix; cœur confiant, qui oubliait que les Corps sont sans

courage, et que les Assemblées du premier Empire avaient abandonné leur Souverain ! De plus, il se voyait obligé de négocier la paix en pays étranger, en Belgique, avec le sentiment de sa faiblesse ; c'était une situation fausse : il préféra rester prisonnier et ne pas participer à une paix désastreuse.

2° Lorsqu'à la fin de janvier, Paris ne pouvant plus se nourrir, M. J. Favre vint à Versailles s'humilier devant M. de Bismarck, avouant qu'à tout prix il fallait qu'il accordât une capitulation, que la population était aux abois, et que lui et ses complices du Gouvernment étaient en danger d'être massacrés, M. de Bismarck fit demander à l'Empereur de lui envoyer un plénipotentiaire ; ce qui fut fait. Mais les conditions qu'imposait la Prusse parurent trop dures au Souverain ; il refusa de revenir à ce prix. M. J. Favre n'ignorait pas ces dispositions de la Prusse, M. de Bismarck affectait de les lui faire connaître : il allait et venait du représentant du gouvernement insurrectionnel de Paris au négociateur de l'Empereur, à qui il disait : « Je vais lui imposer encore cette condition, il la refusera. » M. J. Favre acceptait tout. Le retour de l'Empereur était le cauchemar de ce factieux, et c'est la terreur qu'il en éprouvait qui lui fit *préférer le désarmement de l'armée à celui de la garde nationale de Paris.* Paris désarmé, l'Empereur pouvait y rentrer ; avec la garde nationale armée, il pouvait y avoir une résistance insurrectionnelle ; on courait le danger, il est vrai, que cette garde nationale fît la Commune, c'était même probable, d'après les précédents ; mais la Commune était préférable, quelques maux qui en pussent résulter, au retour de l'Empereur, et M. J. Favre n'hésita pas. Ainsi c'est à lui que sont dus l'incendie de Paris et le massacre des otages !

3° Pendant cette Commune même, l'Empereur eût pu revenir. Autour de Willemshoë étaient groupés sa garde et ses meilleurs généraux : la Prusse eût accepté l'idée de son retour, aidé à l'accomplir. Elle ne savait ce que deviendrait cette Commune, si elle ne déborderait pas sur l'Allemagne. Des ouvertures furent faites, l'Empereur refusa encore : il aurait trop dû à la Prusse, sa liberté eût été entravée pour l'avenir.

Je ne fais qu'une réflexion : je crois que l'Empereur eût pu accepter de ne pas se rendre prisonnier à Sedan ; rien ne vaut la liberté. Il eût empêché la révolution, ou l'eût arrêtée dans son développement.

L'interpellation de M. Rouher sur le rapport de M. d'Audiffret-Pasquier excite les passions ; quelques journaux engagent déjà la Chambre à ne pas l'écouter, à l'empêcher de parler. Je ne le regretterais pas : la France verrait comment ses députés agissent de parti pris et quel souci ils ont de connaître la vérité. En attendant, M. Rouher recueille des renseignements de tous les côtés : je lui ai indiqué M. A. Caillé, chef à la guerre, impérialiste dévoué, très capable, et qui prépare un grand ouvrage sur la situation du ministère avant et après la guerre. Une partie de la droite est si animée contre l'Empire, que M. de Salvandy se félicitait de la décision qu'a prise M. Rouher de parler : « C'est lui, a-t-il dit, qui fera la cohésion des fractions de la majorité. » Ce qui prouve que cette majorité ne peut être unie que par la haine, comme les sectes du protestantisme contre l'Église catholique. Le public ne partage pas, en entier, l'opinion de la Chambre; il espère beaucoup des révélations qu'apportera M. Rouher, et plusieurs personnes qui l'ont vu le jour où il parut à la tribune, pour annoncer son interpellation, avouent qu'elles ont été frappées de son attitude simple, digne et imposante.

Du 20 au 25. — L'intérêt de ces derniers jours a été la discussion suscitée par M. Rouher, et qui a occupé les deux séances do mardi et de mercredi. Je ne redirai rien du sujet principal, les journaux en ont assez parlé; je marque seulement ce qu'ils n'ont pas dit. Les

journaux, partageant les passions de l'Assemblée, ont, presque tous, été singulièrement
exagérés dans leurs comptes rendus ; mais
j'ai eu l'occasion de voir plusieurs journalistes et, ce qui arrive toujours, entre écrivains on dit la vérité, on ne la farde pas ou
on ne l'altère pas, comme pour le public. Or,
d'après ces récits faits au moment même, l'effet a été sensiblement différent de celui indiqué par les journaux de la majorité et de
l'opposition. Le premier jour, M. Rouher a
eu un succès de raison, d'arguments, de
chiffres et de faits, qui n'était pas nié, et qui
avait plus impressionné la majorité qu'elle
n'eût voulu le laisser croire. Le deuxième jour,
la passion s'en mêlant, et M. le duc d'Audiffret-Pasquier s'alliant avec la gauche la plus
extrême, la fureur et la haine contre l'Empire s'étaient déchaînées et, si l'on ajoutait
foi aux journaux, M. Rouher avait été
complètement battu. Mais, quand on entendait les journalistes, le résultat changeait :
il y a eu, en réalité, deux échecs : du duc
d'Audiffret-Pasquier et de M. Gambetta. Celui-
ci a indigné tout le monde par l'ignominie
de ses insultes, de son langage, de sa tenue,
par son outrecuidance, son insolence ; il faisait l'effet d'un *marlou*, qui a bu deux ou trois
verres d'absinthe avant de monter à la tribune.
La majorité a accompagné son discours de

murmures d'impatience et de mépris non interrompus. M. Jules Favre, qui a eu l'audace d'interrompre M. Rouher, a été littéralement bafoué; il est, comme on dit, enterré. M. d'Audiffret-Pasquier n'a, en réalité, rien réfuté du discours de M. Rouher; il a été obligé de se jeter dans les récriminations générales, ce qui a indisposé les honnêtes gens, qui forment le fond des Assemblées.

La partialité, du reste, de cette Chambre était évidente. Les tribunes se montraient, en général, sympathiques à M. Rouher, qui seul, contre 700 députés, luttait avec un imperturbable sang-froid. Il les a même, un moment, à la fin, si fortement remués par sa propre émotion, dont on ne pouvait suspecter la sincérité, que la droite a été sur le point d'applaudir; la gauche l'a vu et a détourné l'attention de la droite par ses violences, qu'il a fallu réprimer. L'indignation, dans quelques tribunes, était très vive; des auditeurs s'écriaient : Quand donnera-t-on un coup de balai à cette Assemblée !

Beaucoup de gens, qui avaient lu, le matin (jeudi), un compte rendu équivoque de *Paris-Journal*, croyaient que M. Rouher avait été battu, et s'en désolaient, entre autres, le général vicomte Pajol, près de qui je suis venu heureusement rétablir la vérité des faits. Il en a été tout réconforté ; il était malade, il m'a dit que je lui avais fait du bien, moralement et physiquement. Il y avait grande affluence de visiteurs chez Mme Rouher ; M. Rouher se trouvait dans le salon, fatigué, mais très satisfait : il était rentré de la séance, chez Mme Gavini, où Mmes Rouher avaient passé ces deux journées, l'air radieux : « Ils sont f... ! » s'écria-t-il, sans faire attention aux dames qui se trouvaient là. Il se reprit aussitôt, en s'excusant : « Non, ne vous excusez pas ! on vous pardonne ! s'écria Mme Gavini, cela montre la vivacité de votre sentiment. » — « La prochaine fois, m'a-t-il dit, j'interpellerai M. Thiers et ses ministres, et je les défierai de fonder un gouvernement ! » Il ne doute pas de l'impression excellente que produira son discours ; la majorité en a été profondément troublée, une scission s'est faite, les uns approuvant et ne pouvant méconnaître la vérité, les autres se retranchant dans leurs récriminations passionnées. M. Rouher est très confiant dans le résultat de ces deux séances : « La France n'a ni sympathie, ni accord avec cette Assemblée ; jamais représentants ne furent moins en communion d'idées et de sentiments avec la nation ! » m'a-t-il dit encore. Je lui ai rappelé les sentiments de la nation pour la Chambre de 1849, la fatigue, le dédain qu'elle inspirait ; on l'obligea à se séparer. Espérons que la fin de cette Assemblée sera la même.

25. — On signale quelques changements parmi des hommes connus par leur opposition à l'Empire, mais qui, éclairés par les événements, et ne s'abusant pas, avouent hautement qu'il est puéril, impolitique et dangereux de résister à la logique des faits. Bien des gens ne sont pas prêts à se rendre, mais sont déjà épouvantés de ce qui se passe sous leurs yeux et de ce qu'ils entrevoient : tel est M. Beudant, membre du Conseil municipal, modéré, et plein de confiance, d'abord, dans la puissance de la raison et du bon sens, et qui, aujourd'hui, aperçoit avec terreur la vérité qui se montre au grand jour. La majorité du Conseil municipal est maintenant rouge, elle se manifeste à toute occasion, particulièrement en réduisant ou détruisant les écoles religieuses, et créant exclusivement des écoles athées (laïques). Les violents, les radicaux, n'ont pas tardé à l'emporter sur les modérés les Jacobins sur les Girondins : « Ah! s'écriait M. Beudant, il y a deux ans, je passais pour un *rouge*, et aujourd'hui, on m'appelle *clérical!* — Cela prouve, a-t-on répliqué, quel chemin nous avons fait depuis deux ans. »

Du 26 au 31. — Récit fait par M. Ed. Thierry,

directeur du Théâtre-Français, d'une représentation d'une pièce de M. de Morny, à Compiègne : il ne voulait couper aucun des mots scabreux ; comme il n'assista pas à la représentation, M. Thierry le prit sur lui. Mais son absence eut un autre effet : la pièce était médiocre, elle fut plus que froidement accueillie. Le matin, M. Thierry, lui en rendant compte, cherchait à lui dorer la pilule, en se rejetant sur l'attitude toujours très réservée du public impérial, mais M. de Morny lui dit : « Vous vous trompez, la pièce a eu un grand succès, l'Empereur me l'écrit. » L'Empereur avait cru devoir prendre les devants, en lui adressant une lettre, où il disait que sa pièce avait réussi, et, tout fin qu'il fût, M. de Morny y croyait.

1er *juin.* — M. Jules Simon, à entendre certains députés de la droite, est un ministre excellent : « Il a de mauvais principes, de déplorables amis, de détestables précédents ; mais il est si aimable, si doux, si conciliant ! Pourquoi le changer ? Il fait tout ce que nous voulons, il nous accorde tout ce que nous lui demandons. » C'est ainsi que M. Jules Simon reste debout. Ces bonnes gens de députés sont aussi naïfs que peu clairvoyants. Ils ignorent qu'un ministre peut être gêné dans trois, quatre, dix circonstances, où on le voit et où il cède volontiers ; mais qu'il est parfaitement libre dans mille, où on ne le voit pas, et où il fait ce qu'il veut, sans qu'on le sache. C'est ce qui existe pour M. J. Simon. Je ne cite que deux traits : il s'est emparé, par intimidation ou autrement, du *Journal des instituteurs*, qui a plus de 20,000 abonnés, et qui s'adresse à un public très important, puisque chaque instituteur exerce une action autour de lui. C'est, depuis quelque temps, dans son cabinet qu'est faite la partie politique du journal, et revisé le journal entier : aussi M. Rouher y a-t-il été aussi malmené que dans les journaux rouges, à l'occasion de son discours. Mais, il y a plus : autrefois, on insérait dans ce journal des extraits d'auteurs qui avaient un caractère religieux, comme modèles de style, etc. ; aujourd'hui, tout cela a disparu, et si l'on trouve, dans quelque fragment cité, un mot religieux, on l'efface. Ainsi, dans un fragment du livre : les *Fleurs utiles*, de M. Rambosson, rédacteur scientifique de la *Gazette de France*, et très religieux, on n'a même pas laissé le nom de *Saint Louis*, on l'a partout remplacé par *Louis IX*. M. J. Simon se moque ainsi de la droite, il pervertit peu à peu les instituteurs, et, par les instituteurs, les élèves. On a toujours tort d'employer ses ennemis, il faut les tuer ou les éloigner ; en un mot, les rendre impuissants.

Autre fait du même genre : M. Albert Leroy, professeur à Bordeaux, en 1848, se déclara socialiste et si ardemment, qu'en 1850, il fallut le congédier de l'Université. En 1870, il reparut, devint adjoint de la mairie du sixième arrondissement, puis maire, fit partie de la commission d'enseignement de l'Hôtel de Ville, dont on connaît les tendances anti-religieuses, et, enfin, fut élu membre de la Commune, le 7 avril 1871. Il est vrai qu'il fut effrayé de ce qu'il vit et, deux jours après, se démit et se sauva ; mais son élection suffit pour qu'on voie ce qu'il est. Aujourd'hui, MM. les députés ignorent que le lycée de Versailles, à deux pas de l'Assemblée, compte parmi ses professeurs M. A. Leroy ; c'est M. J. Simon, son collègue dans la Société Élémentaire, qui l'a nommé à une chaire importante. On doit y enseigner les principes les plus conservateurs !

8. — M. Victor Hugo semble plus que jamais en proie à une passion presque insensée : un de mes amis, qui l'est allé voir, a essuyé une bordée de paroles violentes, de tirades hyperboliques, dites avec un emportement que rien ne pouvait arrêter. Il déblatère surtout contre M. Thiers et son gouvernement, à l'occasion de la prise de Paris et des fusillades que l'on a faites des com-

munistes : pour lui, les défenseurs de la Commune n'ont commis aucun crime, on n'a sacrifié que des innocents. Il emploie les expressions les plus exagérées : « C'est le crime le plus abominable de l'histoire ! M. Thiers et le général de Cissey ont versé plus de sang qu'il n'en pourrait tenir dans cette chambre ! etc. » Il est impossible de raisonner avec lui : il ne s'émeut que des moyens de répression qu'on a dû employer contre les insurgés, il ne connaît pas les massacres des prêtres, des gendarmes, les incendies, etc. Si l'on pouvait se faire écouter, on lui accorderait peut-être certains points : l'ignorance, la faiblesse du plus grand nombre, trompés, entraînés par quelques misérables et criminels ambitieux. Mais il n'écoute rien : c'est le même aveuglement — est-ce aveuglement, n'est-ce pas refus volontaire de voir la vérité ? — que dans son volume *l'Année terrible*. On ne nie pas le talent qu'il y a dans ce livre ; mais c'est surtout la force, non la grandeur. L'homme qui porte de si violents coups n'est pas un poète noble, distingué, élevé, Apollon (c'est M. de Lamartine qui était Apollon) ; c'est un Hercule athlétique, aux membres énormes, ou plutôt Polyphème, le Cyclope, qui n'a qu'un œil, et qui ne voit pas les choses comme le reste des hommes, un monstre dans la nature, qu'on est moins porté à admirer qu'à fuir. Du reste, ce poète a toujours tendu à étonner plutôt qu'à saisir les esprits par l'éclat de la vérité : il a atteint son but.

10. — On commence à beaucoup parler de l'emprunt de trois milliards proposé par M. Thiers, pour payer les Prussiens, et voici le plan qu'on lui prête : il le ferait à un taux peu élevé, qui promettrait de grands bénéfices ; il donnerait de larges primes aux journalistes de toutes les couleurs et annoncerait à l'Assemblée, que ce paiement rendrait libres deux des départements occupés par les Prussiens. Ainsi appuyé par l'opinion, et sous le coup d'un succès aussi complet, il ajournerait l'Assemblée, qui irait prendre ses vacances. Pendant ce temps, délivré de tout embarras, il préparerait ses projets pour la rentrée, et battrait en brèche la majorité qui le gêne, en faisant démontrer par ses journaux que la nation est calme, et que, lorsqu'on ne le gêne pas, tout s'arrange, s'améliore et s'apaise. Il n'est préoccupé que de l'idée de gouverner seul, sans l'ennui de ces députés qui le taquinent, dit-il ; c'est le gouvernement personnel le plus franc que nous ayions eu depuis longtemps.

12. — Nous sommes en pleine crise parlementaire, — en attendant qu'elle devienne

générale. M. Thiers a encore menacé l'Assemblée de se retirer, et l'Assemblée a cédé.
Ce petit jeu se renouvellera encore. Mais on
ne peut constamment être placé sur le bord
de l'abîme, avec menace d'y être jeté. Aussi,
les partis prennent-ils leurs précautions, les
rouges surtout, avec décision. Pendant que
M. Thiers était à la tribune, prêt à rompre
avec l'Assemblée, le Conseil municipal de
Paris était réuni, et attendait l'événement,
prêt, selon les circonstances, à se séparer de
Versailles, à se déclarer le représentant élu de
Paris et à former un gouvernement d'autant plus
fort qu'il eût eu l'apparence de la légalité. Il eût
appelé Bordeaux, Lyon, Marseille, Toulouse,
Montpellier, etc., bien disposés déjà, et la Commune légale eût été constituée. La majorité est à présent radicale, dans ce Conseil :
les circonstances peuvent en faire un gouvernement. Quant à M. Gambetta, il ne dissimule
pas ses espérances ; seulement, comme il
ne manque pas de sens politique, il comprend
que son heure n'est pas venue : « J'effraierais,
dit-il, il faut qu'il y ait un interrègne entre
M. Thiers et moi ; on élira président M. Grévy,
il servira de coussinet ; puis, quand je viendrai,
je n'inspirerai plus aucune terreur, on se sera
fait à cette idée. »

14. — M. le général Pajol arrivé, hier,

de Chislehurst, m'est venu voir. Jamais l'Empereur n'eut plus de confiance et de résolution. Il est décidé à saisir le moment. Il y a des gens qui demandent : « Comment le retour s'effectera-t-il ? » — Par les généraux, à qui l'Empereur enverra ses ordres et qui, n'étant pas déliés de leur serment, obéiront. Il est probable qu'il entrera du côté de Lyon ; l'armée est favorablement disposée. Il ne trouverait pas d'obstacles chez les grandes puissances : il a conservé avec elles des relations amicales ; l'Angleterre, peuple et Souveraine, lui est dévouée ; la Russie est bienveillante, ainsi que l'Autriche. On se tient prêt pour tout événement, qui peut surgir inopinément : « La nation est incertaine en ce moment, a dit l'Empereur, parce qu'on ne lui demande pas son avis ; mais, si on la consulte, elle se déclarera pour la monarchie *moderne*. » C'est ainsi qu'il a désigné l'Empire.

17. — M. Thiers est hanté par la peur de l'Empire ; il sait quelle est la force du mouvement, et ce n'est pas sans hésitation qu'il vient à Paris, donner ces dîners qui font tant de bruit : « *Ils pourraient m'enlever !* » a-t-il dit ; les précautions les plus minutieuses sont prises, et l'on a même condamné et muré plusieurs portes et fenêtres de l'Élysée.

Il doit, au surplus, être d'autant moins ras-

suré, qu'il connaît les dispositions des Souve
rains à l'égard de la République. M. Rouher
croit savoir que les ambassadeurs de quatre
puissances ont manifesté à M. Thiers les
craintes qu'inspire la persistance d'un provisoire qui menace l'Europe d'un débordement
de radicalisme.

D'un autre côté, Mme la vicomtesse Pajol me
dit, qu'à son dernier séjour à Chislehurst, l'Impératrice lui a montré plusieurs lettres de la
cour de Russie et d'autres cours (probablement d'Autriche), qui lui exprimaient leur
désir du rétablissement de l'Empire et leur
acquiescement assuré : « L'opinion de l'Europe,
aurait dit le Czar, est que l'Empire sera rétabli. » L'*opinion de l'Europe*, il est clair qu'il
ne s'agit pas ici de celle des *sujets*.

24. — Il s'est fait un changement important
parmi une fraction considérable de la classe
ouvrière : beaucoup, des plus intelligents, et
appartenant, la plupart, aux métiers qui travaillent le fer, comprennent les dangers et
l'inanité des insurrections, des luttes à main
armée, et des Sociétés telles que l'*Internationale*, qui absorbent l'individu et le rendent
esclave, sous prétexte d'améliorer son sort. Ces
ouvriers croient que l'organisation la plus favorable aux classes laborieuses serait la *Commune*, non pas, la Commune politique, telle

que l'ont entendue les ambitieux de 1871, mais la Commune qui laisse une grande liberté et une grande initiative aux municipalités. Sans en connaître parfaitement l'histoire, ils rêvent des Communes constituées à peu près comme celles du moyen âge, où la ville était un petit état, s'administrant, se gardant, s'imposant, etc., et reliée seulement à l'État par l'intérêt général. Ces ouvriers ont en horreur l'*Internationale*, parce qu'ils sont très Français, et qu'ils voient bien que ces associations, prétendues fraternelles, sont d'abord menteuses et, de plus, fatales au sentiment patriotique ; avec elles, plus de nation, et par suite, à un point de vue plus précis, plus d'émulation de travail et plus de progrès dans les arts et l'industrie. Ces idées ont fait des progrès, et l'on cite la grande usine Cail, comme étant un des foyers où elles se développent. En même temps, ces ouvriers voudraient moins de grandes usines, et davantage de petits ateliers, où il serait facile à un plus grand nombre d'être *maîtres*. Ils reviendraient, sans en avoir pleinement conscience, aux Corporations des métiers. On m'affirme que le nombre des adhérents à ces opinions peut s'élever à 35,000 environ à Paris. La forme politique leur est indifférente : ils reconnaissent même que la République tendrait à absorber plutôt qu'à émanciper les classes ouvrières, et ils n'ont pour elle aucun attachement. Ils sont, au contraire, enclins à penser que l'Empire leur donnerait ces libertés municipales et l'organisation par petits groupes, qui les rendrait libres et maîtres; ils se souviennent de ce qu'a fait l'Empereur pour les ouvriers, et seraient disposés à l'accueillir de nouveau ; mais ils y ajoutent une condition, c'est qu'il sera maître absolu, et qu'il se présentera comme *vengeur*, vengeur du peuple contre les hommes du 4 Septembre, qui ont trahi le peuple, s'en sont servi et n'ont rien fait pour lui.

25. — L'Assemblée est désorientée : M. Thiers, évidemment, se joue des partis dont il connaît l'impuissance. Une fraction importante de la majorité, effrayée des menées des rouges, et se voyant abandonnée par lui, voudrait saisir la première occasion de le renverser; elle espère grouper assez de mécontents pour former une masse imposante, et le jeter à bas. A sa place, et aussitôt, on nommerait M. le général Changarnier président; le général Changarnier est l'ennemi absolu des démocrates, il a la haine de la République, il est plein d'énergie, malgré ses quatre-vingts ans. Il prendrait le pouvoir dans un seul but, balayer les rouges, les épouvanter et les réduire au silence par quelques

coups foudroyants, dissoudrait les mauvais conseils municipaux, en ferait rééliro de nouveaux et, pour cette fois encore, la société serait sauvée. Le général Changarnior est, il est vrai, orléaniste, mais on prendrait des garanties contre lui et, d'ailleurs, il est homme d'honneur; on ne craint donc rien de sa part. Ce plan n'est pas seulement en projet : le mot d'ordre a été donné, et la Correspondance de M. de Saint-Chéron l'a développé dans tous les journaux légitimistes des départements.

On élève, pourtant, des objections: « Quelles garanties avoir contre le général Changarnier? — Comment empêcher un général, qui a une épée, de la lever, et de dire à ses troupes: Marchez et faites cela ! — Les Orléans se tiendraient-ils tranquilles? — Croit-on que les rouges supporteraient tranquillement un tel changement? — Ne serait-il pas suivi aussitôt de la séparation de Paris et de Versailles? — Après ce premier coup de balai, d'ailleurs, que ferait-on ? Quel est le but auquel on tend ? etc. » L'armée est exaspérée contre les rouges, et serait fort disposée à les mater : voilà la seule chose certaine.

En attendant, le commerce agonise, à Paris et en province : un négociant, qui vient de parcourir les départements de l'Ouest, a été frappé de la stagnation des affaires : nul mouvement, nulle entreprise; les commis

voyageurs n'obtiennent aucune commande :
« Voyez nos rayons, lui disaient les marchands, ils sont pleins ; on n'achète rien. »

Dans une autre partie de la France, la
situation est bien autre. M. le général de Son-
nay, avec qui j'ai voyagé de Tours à Paris,
m'a dépeint la contrée où il commande comme
tout à fait gâtée (Saône-et-Loire et les départements voisins). Les radicaux se préparent :
ils sont en relation constante avec les communards réfugiés en Suisse, qui, maintenant
que les passeports ne sont plus exigés, pénètrent facilement ; il y a des armes partout ;
un des sous-préfets du pays en a même un
dépôt dans sa maison ; les soldats sont insul-
tés journellement ; il n'est pas douteux que
cette contrée s'unira à Lyon, dès que le signal
sera donné.

29. — Voici une singulière nouvelle : l'idée
de *l'adoption du Prince Impérial* par M. le
comte de Chambord a été prise au sérieux dans
un groupe d'impérialistes et un groupe de légitimistes, qui ont en horreur les princes d'Orléans et ne veulent en entendre parler à aucun
prix ; et voilà M... qui vient d'envoyer à M. le
comte de Chambord une lettre, pour proposer
une alliance des deux dynasties, cimentée
par l'adoption du Prince Impérial. Je regarde
ce projet comme un rêve.

Il y a, en ce moment, à Paris, un des prélats de France les plus considérés pour son talent et l'autorité de sa doctrine, M⁹ʳ Pie, évêque de Poitiers. Il est connu par son hostilité contre l'Empire, et regardé comme un des conseils du comte de Chambord. Or, il émet sur l'avenir et la restauration de l'Empire des opinions et des vues si inattendues, qu'on en est étonné et ému dans le monde politique et religieux. Je peux d'autant moins en douter que, parmi les personnes à qui il a fait connaître ses vues, il en est deux qui me touchent de près.

Il dit donc, et déjà, au mois d'avril, il s'était exprimé ainsi, que, « dans sa pensée, le comte de Chambord est toujours celui qui doit sauver la France, mais qu'il n'est peut-être pas dans les desseins de Dieu de l'employer ; qu'à voir les dispositions des esprits, il faudrait presque un miracle pour le ramener : par exemple, qu'au dernier moment, l'Assemblée, par un mouvement spontané, acclamât Henri V ; que c'est presque l'unique chance, c'est-à-dire, une contre quatre-vingt-dix-neuf. Mais, le comte de Chambord étant impossible, reste l'Empire, et l'Empire a des raisons d'être considérables. Dieu, fait-il remarquer, n'a pas en vain permis l'avènement d'une *quatrième dynastie*. Les trois premières ont eu leur cours complet d'existence ; la quatrième a été amenée *pour durer*. Elle a eu une interruption, de Napoléon I⁰ʳ à Napoléon III ; c'est une raison de plus pour croire qu'elle continuera. Si le comte de Chambord règne, nul doute que Napoléon IV ne lui succède. Mais, le comte de Chambord ne semblant pas devoir régner, toutes les apparences démontrent que l'Empereur reviendra. »

Pour ce qui le concerne personnellement, Mᵍʳ Pie déclare qu'il n'a jamais attaqué l'Empereur depuis sa chute. Il est frappé de toutes les preuves que l'on a produites en sa faveur depuis dix-huit mois ; il ne fera aucune opposition et, à un moment, il concourra à divulguer les bonnes dispositions de l'Empereur pour la Religion.

M. Rouher, à qui j'ai fait part des opinions, on pourrait dire politico-théologiques, de Mᵍʳ Pie, et qui avait eu quelque hésitation à croire ce que lui en avait rapporté M. Georges Seigneur, qu'il trouve trop optimiste, n'en a pu douter, voyant que Mᵍʳ Pie tient le même langage à plusieurs personnes depuis plusieurs mois ; on peut s'en servir à l'occasion.

JUILLET-OCTOBRE 1872

8 juillet. —M. de Griffon, qui a été consul
en Allemagne jusqu'en 1860, me point l'impression que la présence de l'Empereur Napoléon III avait faite à Stuttgard, en 1858. Là se
trouvaient plusieurs Souverains, l'Empereur
de Russie, entre autres ; mais aucun n'attirait
davantage l'attention que l'Empereur des Français. Quand il sortait et allait, flânant, dans les
rues, il était suivi par une foule de plusieurs
milliers de personnes, qui se tenaient à distance, respectueusement, mais ne le quittaient
pas des yeux, s'arrêtant quand il regardait
les magasins, puis reprenant leur marche,
quand il recommençait à marcher. Les diplomates, les Souverains lui témoignaient la plus

grande considération, et un des vieux princes qui avait vu Tilsitt et Erfurth, disait à M. de Griffon : « Le premier Empereur n'a jamais eu une plus grande autorité et inspiré plus de respect. » « Aussi, ajoute M. de Griffon, toutes les fois que nous, représentants de la France, nous faisions une observation, et élevions la moindre réclamation, on s'empressait de nous satisfaire; la France pouvait prendre le ton le plus haut, on le trouvait juste, et personne n'eût eu la pensée de résister, même d'hésiter. » O grandeur déchue! O puissance si vite écroulée! Et, il faut l'avouer, par la trop grande bonté de l'Empereur, qui crut pouvoir donner à cette nation des libertés dont, au fond, elle se souciait peu, et que quelques ambitieux seuls revendiquaient pour le renverser! O exemple pour les Souverains futurs! Qu'ils apprennent à comprendre le vrai génie de ce peuple, à qui il plaît d'être mené !

Août-septembre. — Pendant ces deux mois de vacances, j'ai passé plusieurs semaines en province, particulièrement dans l'Ouest. Partout on m'interroge sur la fusion *légitimiste-impérialiste.*

C'est ici le lieu de raconter une négociation, relative à un projet du même genre, sur laquelle j'ai gardé le secret jusqu'à présont, mais qui peut être aujourd'hui révélé sans inconvénient.

Je n'ai vu M⁕ Gignoux, évêque de Beauvais, qu'une fois, mais dans une circonstance qu'on n'oublie pas. C'était au mois de juillet 1851, lors de l'inauguration de la statue de Jeanne Hachette à Beauvais, à laquelle je m'étais rendu. Les fêtes furent très brillantes, le Prince-Président y vint et y eut un succès complet : toutes les populations des environs étaient accourues, la ville fut trois jours en liesse. La statue est fort belle et la première œuvre remarquée du sculpteur Dubray; il avait pris pour modèle sa femme, type Italien très caractérisé, énergique et intelligent. Le lendemain matin de l'inauguration, — le Prince était parti, mais j'étais resté pour voir la fête populaire, — un des vicaires généraux se présenta à mon hôtel et me pria, de la part de l'Evêque, de vouloir bien me rendre au palais épiscopal.

Je trouvai la salle d'attente et le rez-de-chaussée encombrés de visiteurs; mais, dès qu'on m'eut annoncé, tout le monde fut congédié. Alors, l'Evêque me dit : « Monsieur, je connais votre nom et votre situation; vous avez des relations avec M. de Falloux : pouvez-vous vous charger d'une mission de ma part? »

Sur ma réponse affirmative, il m'apprit alors

qu'il arrivait d'Italie, qu'il y avait vu Mme la duchesse de Berry ; qu'elle était, comme toute l'Europe, d'ailleurs, très préoccupée de l'état de la France ; qu'elle ne doutait pas que la République ne pût tenir ; qu'une restauration monarchique pouvait donc être faite, mais qu'il fallait qu'on fût aidé ; qu'on avait pensé que le seul qui le pût était le prince Louis-Napoléon ; que l'on était tout disposé à s'entendre avec lui, et qu'il y trouverait des avantages tels qu'il ne saurait rien désirer de plus : « Il sera, me dit la duchesse, le premier après le Roi, avec une position, des dignités et une dotation, qui en feront le plus grand personnage de l'Etat; de plus, *je me charge de le marier, et de lui donner une Princesse de notre maison.* »

« J'ai été prié, ajouta l'Evêque, en complétant cette révélation extraordinaire, de faire pressentir le Prince. Je cherchais qui pourrait utilement lui parler, lorsque, vous ayant rencontré hier dans la galerie des Tapisseries, et m'étant informé qui vous étiez, il m'a paru que vous étiez envoyé pour faire parvenir l'objet de mon message au Prince par M. de Falloux, qui est demeuré en bons termes avec le Président. »

Il me demanda de nouveau si j'acceptais, ce qui ne pouvait faire question.

Le lendemain, de retour à Paris, j'allai à

l'Assemblée, demandai M. de Falloux, et lui appris que j'avais près de lui une mission de l'évêque de Beauvais, en le priant de m'assigner un rendez-vous plus commode et plus discret que les couloirs de la Chambre. Il m'invita à venir le lendemain déjeuner au château du Marais, près d'Argenteuil, où il était établi pour l'été, chez M. le comte A. de Rességuier. Le château du Marais a été habité par Mirabeau et plusieurs personnages célèbres. Dès mon arrivée, nous allâmes nous promener dans le parc, et je lui rapportai la conversation de l'évêque et le projet de Mme la duchesse de Berry.

M. de Falloux m'écouta sans m'interrompre, et immédiatement, sans hésiter, sans réfléchir, il me dit: « Le Président a déjà été pressenti, des propositions lui ont été faites ; il n'y a rien à tenter. Vous n'avez que cela à répondre à l'évêque de Beauvais. » C'était lui-même, M. de Falloux, qui avait été chargé déjà de sonder le Prince, et il avait vu que le Prince voulait bien profiter de la chute inévitable de la République, mais en profiter seul : il avait quelque chose à faire.

Cinq mois après, le 2 Décembre rétablissait l'Empire.

Voici quelques observations sur la situation de l'Ouest,

Il y a trois mois, un voyageur, qui avait parcouru la Bretagne, entendait partout se plaindre ; on disait d'abord : « Nous sommes légitimistes, nous voulons le Roi ! puis, — en s'échauffant, — qui on voudra, qui saisira le pouvoir, pourvu que nous travaillions! » Aujourd'hui, telle est la vivacité d'impressions de cette nation, qu'on ne pense plus de même. Il semblait qu'on ne pût rester deux semaines encore dans cet état ; on ne se plaint plus, on ne pense même pas à l'avenir, la récolte a été bonne, l'Assemblée est absente, il n'y a plus de bruit, le gouvernement affirme qu'il conservera le calme ; on est endormi ou plutôt affaissé, on se trouve bien tel qu'on est ; pour l'heure, on ne songe à tenter aucun effort ; par légèreté, imprévoyance, fatigue de penser, satisfaction du bien-être, on laisse faire, on laisse aller. On dirait que cela doit toujours être ainsi : pourquoi changer? S'il faut l'avouer, l'observateur est effrayé de cette inertie : ce peuple semble s'habituer à cet état où, après un grand choc, il retombe dans le repos, sans s'inquiéter s'il ne sera pas encore violemment secoué et meurtri, comme si c'était un état naturel contre lequel il serait inutile de lutter.

Telle est la bourgeoisie. Quant aux classes ouvrières et aux paysans, le parti rouge ne les laisse pas s'endormir ; il agit sur eux par ses journaux et ses brochures ; les ouvriers n'achètent que les journaux radicaux, les brochures les plus détestables pénètrent dans les plus petits bourgs. Aussi le mal gagne-t-il vite. Bourgeois, propriétaires, administrateurs, magistrats, tous constatent le progrès des mauvaises doctrines. Mgr Fournier, évêque de Nantes, me disait que, dans tout l'Ouest, il ne pensait pas qu'il y eût plus de cinq à six départements encore intacts, et encore faut-il ne pas parler des villes un peu importantes. L'envie est le vice général : il a toujours été un des défauts propres à la nation ; il est bien plus ardent, depuis la Révolution ; la Révolution l'a exalté, en faisant espérer un nivellement universel. Les ouvriers, les paysans détestent les bourgeois, par cela seul que les bourgeois sont au-dessus d'eux. Dans la plupart des départements de l'Ouest, les paysans sont propriétaires de terres, beaucoup relativement riches ; ils n'en ont pas moins de haine contre les bourgeois, ils les ont expulsés de tous les conseils municipaux : « Plus de redingotes ! disent-ils, seulement des blouses ! » Aux prochaines élections, ils repousseront les conservateurs, les légitimistes et les *cléricaux,* particulièrement.

Car leur haine et leur répulsion se portent jusque sur le clergé ; ils détestent les prêtres, presque autant que les bourgeois ; même dans les pays religieux, où le paysan va à la messe, et remplit ses devoirs de chrétien, le prêtre n'a aucune influence, on ne l'écoute pas ; les plus sages et les plus prudents parmi les curés s'abstiennent de parler politique : on ferait plutôt l'opposé de ce qu'ils conseilleraient, par défiance, et pour les contrarier.

La plus grande partie de la bourgeoisie se contente de remarquer le mal, sans chercher à s'y opposer : l'apathie et l'égoïsme la tiennent immobile. Seuls, quelques hommes pensent à combattre ces mauvaises doctrines et ces misérables penchants. Ainsi, à Tours, des hommes considérables par leur rang ou leur fortune ont formé une *Union conservatrice catholique*, pour agir sur les ouvriers et les moraliser par toutes sortes de moyens : visites, secours, conférences, journaux, brochures, etc. Cette Société, qui compte déjà 160 à 180 membres, parmi lesquels on distingue MM. le marquis de Beaumont, de La Follye, le colonel Follope, Ratel, ingénieur du chemin de fer d'Orléans, prouve qu'il n'y a d'action et de vie que parmi les hommes qui s'honorent du nom de chrétiens et de catholiques pratiquants.

Les conservateurs, en général, sont timides. Les bonapartistes, dans beaucoup d'endroits, n'osent se déclarer ouvertement, et gardent les brochures qu'ils se sont chargés, dans un premier moment d'ardeur, de distribuer ; ils ont peur de se compromettre. A Loudun, le cercle a repoussé la proposition de s'abonner à l'*Ordre*. Avant le 4 Septembre, la ville était très favorable au gouvernement ; aujourd'hui, elle accepte le fait établi. En résumé, l'opinion, dans l'Ouest, n'est que paroles : on cause, on attend et l'on ne fera rien. Comme la plupart des hommes, les Français ne demandent pas mieux que d'être menés ; il faut les prendre : une fois qu'on les tiendra, ils seront charmés de n'avoir plus à se mêler de rien.

Le reproche le plus grand et qu'on entend répéter partout et sans cesse, est celui-ci : « Pourquoi l'Empereur a-t-il donné toutes ces libertés ? Pourquoi a-t-il fait ces concessions ? C'est qu'il ne connaissait pas la France ou qu'il avait perdu sa force d'esprit.—L'Empereur, répondez-vous, a été trompé, il s'est abusé sur l'opinion publique ; on lui représentait les cris de quelques centaines d'ambitieux comme le vœu de la majorité, et, faut-il le dire, la majorité de la nation contribuait à cette erreur, puisqu'elle se plaisait à fronder et à approuver l'opposition. Il a reconnu sa méprise et, quand il reviendra, il est décidé à reprendre et à appliquer ce régime de 1852, si ferme, qui donna à la France, de 1852 à 1860, tant de calme et de prospérité. » Cette réponse, ces affirmations, raniment les esprits ; les tièdes, les timides, les faibles, qui forment la masse, disent alors : « Tant mieux ! Dieu veuille alors qu'il revienne ! »

Ce peuple aspire, on ne peut trop le répéter, à être conduit. Qui n'est pas persuadé de cette vérité, est incapable de gouverner, il est inutile de le tenter.

M. le cardinal de Bonnechose est à Paris : il a été l'objet de commentaires peu bienveillants, à l'occasion d'une visite qu'il a faite à M. Thiers, il y a un mois ; bientôt, cependant, la vérité s'est fait jour ; la voici. M. le cardinal de Bonnechose avait deux buts, en visitant M. Thiers : 1° l'entretenir du futur coadjuteur de l'archevêque de Bordeaux, le cardinal Donnet, très fatigué par l'âge et les maladies, et lui proposer l'évêque de Carcassonne, M. de La Bouillerie, qu'il connaît, l'ayant eu pour grand vicaire, et le faire préférer à un autre ecclésiastique qui laisse fort à désirer ; 2° connaître ses intentions, dans le cas où le Pape serait obligé de sortir de Rome, et savoir si la France accueillerait le Souverain Pontife. Le Cardinal a été très satisfait de M. Thiers sur ces deux points, a évité de parler politique, et refusé l'invitation à dîner que lui a adressée M. Thiers.

L'Empereur est particulièrement irrité contre l'Italie; le Cardinal devra assurer le Souverain Pontife de ces dispositions de l'Empereur, excuser le passé, et presser le Pape de faire entendre des paroles de conciliation aux journaux religieux; l'influence légitimiste est plus grande à Rome qu'à Paris.

Nous ne savons pas, nous autres Parisiens, qui vivons dans un certain milieu politique et intellectuel, quelle est l'ignorance de la province sur les faits les plus importants. La province, trompée par les Républicains, est encore convaincue que c'est l'Empereur qui voulait la guerre, quand il est prouvé que la Prusse se préparait à la guerre depuis plusieurs années : j'ai donné des explications à ce sujet.

Du 26 au 30 septembre. — Plusieurs personnes venues de Trouville nous apprennent que jamais on n'avait vu tant de *cocottes* à une station de bains; elles s'y étaient toutes donné rendez-vous; la *cour* de M. Thiers y avait attiré la fleur de la galanterie Parisienne; les autres ports avaient été abandonnés; les femmes honnêtes étaient gênées de la présence de ces filles partout. La République a voulu prouver que la fameuse corruption de l'Empire était bien dépassée sous le gouvernement de l'*Essai loyal*. M. Thiers se faisait garder non seulement par des troupes et des sergents de ville, mais par vingt-quatre agents de la police secrète, qui, déguisés en jardiniers, hommes de peine, etc., passaient la nuit dans les jardins. Il était sans cesse préoccupé de la crainte d'être *enlevé*. Pauvre homme ! Cela ne servirait à rien.

10 *octobre*. — M. le comte de Chambord a fait parvenir, par l'intermédiaire d'un religieux, sa réponse à la lettre que M... lui avait adressée, pour préparer l'adoption du Prince Impérial : *Il ne refuse pas, mais il n'accepte pas cette fusion*, c'est l'expression qu'il emploie. Il juge l'affaire très grave, à méditer, et ne devant pas être résolue immédiatement, à cause des inconvénients qu'elle peut avoir pour les deux partis. Il me paraît, en effet, qu'il faut du temps pour que cette idée s'impose !

15. — Au milieu de ces pourparlers et de ces singulières négociations, un incident inattendu est venu tout à coup occuper et émouvoir le public : l'expulsion du prince Napoléon, qui avait cru pouvoir rentrer en France. M. Maurice Richard, ancien ministre, que j'ai vu chez M. Rouher, et qui avait reçu le Prince dans son château, m'a peint la scène de l'arrestation. C'était dans une grande salle :

le Prince, la Princesse, M. et Mme Rouher, MM. Richard, Abbatucci, de Bouville, etc., vingt-cinq ou trente personnes au fond. Un petit jeune homme, chef du cabinet du préfet de police, M. Patinot, s'est avancé, déjà fort embarrassé de sa contenance, en face d'une assemblée si imposante, d'un Prince, d'anciens ministres, préfets, conseillers d'Etat, etc., et a été accueilli par ces paroles sévères de M. Rouher : « C'est un fâcheux début dans la vie, Monsieur, d'être employé à une telle mission, et elle laissera une triste empreinte sur votre avenir. » Le petit jeune homme n'a pas été réconforté par ces paroles, et ce qu'a ajouté M. Maurice Richard l'a encore plus troublé : « Je pensais que M. Renault (le préfet de police) aurait donné sa démission, à l'ordre qu'il a reçu de M. Thiers. — Pourquoi ? a demandé le petit jeune homme. — Parce que nous avons les mêmes opinions. » Stupéfaction du représentant de M. Renault. « M. Renault, a repris M. Richard, se présentant à une élection, en 1871, dans Seine-et-Oise, m'a écrit à moi, ancien ministre de l'Empereur, pour me demander de l'appuyer. Je devais donc penser qu'il n'était pas fort éloigné de moi en politique. » On est allé déjeuner et, pendant ce temps, les agents ont rédigé leur procès-verbal. Les gendarmes n'étaient pas les moins embarrassés. La population des environs était accourue et a salué respectueusement le Prince et la Princesse au passage.

M. Richard, à la gare de Lyon, a insisté pour accompagner le Prince jusqu'à la frontière, ayant eu l'honneur de le recevoir chez lui. Nul incident pendant le voyage, excepté à ***, où l'on a dîné ; quand le Prince a demandé la note, le restaurateur a répondu *qu'on avait payé pour tout le monde.* Le Prince s'est emporté et, avec des mots violents et des juremens, a exigé qu'on reçût son argent, ce qui, après négociations, a été fait. M. Maurice Richard m'a appris que c'était lui, qui, depuis longtemps, poussait le Prince à venir en France, ne doutant pas que l'effet serait bon, ce qui est vrai ; car il y avait de grandes antipathies contre lui et, aujourd'hui, il a conquis de nombreuses sympathies, à cause de la persécution d'abord, puis de la preuve de hardiesse qu'il a donnée, et rien ne réussit mieux en France. Quelques mots par lesquels je condamnais à jamais le gouvernement parlementaire, sans me souvenir que M. Maurice Richard en avait été un des tenants, lui ont donné lieu de déclarer qu'il avait absolument abandonné ces idées : il n'y a plus de parlementaires parmi les impérialistes ; ils nous ont fait assez de mal !

NOVEMBRE-DÉCEMBRE 1872

Préparatifs de retour. — Crise ministérielle. — Interpellation du général Changarnier. — Projets de la majorité contre M. Thiers. — Visite à l'Empereur. — Principes et idées exposés à l'Empereur. — Réformes projetées par l'Empereur. — L'Impératrice. — Le Prince Impérial. — Plan de M. Thiers. — M. de Ch. et le Czar. — Antécédents du 4 Septembre. — Dispositions des partis. — L'Empereur et l'Académie.

7 novembre. — Il me semble qu'on se prépare, de manière à ne pas laisser échapper l'occasion, comme l'an dernier. M. le général Pajol est allé à Arras voir le général Théologue, qui y commande. Arras n'est pas loin de la frontière et de la mer ; le général Théologue est resté dévoué. On lui a dit de se tenir prêt à obéir à des ordres, quand il y aurait lieu.

10. — Je ne serais pas étonné qu'on pensât à l'arrivée subite de l'Empereur, à un moment opportun. L'argent ne manquerait pas : on assure que la reine d'Espagne a offert

30 millions, qu'on a refusés, mais qui seraient très utiles et acceptés au jour marqué ; vingt banquiers de Londres donneraient ce qu'il faudrait. Le général Bourbaki, à Lyon, avec 35,000 hommes fidèles, semble celui sur qui l'on pourrait le plus compter. Quand ? · Les événements seuls peuvent le décider. Le retour de l'île d'Elbe ne s'accomplirait plus aujourd'hui comme en 1815 ; avec nos moyens de locomotion, l'Empereur pourrait être à Paris le matin, après s'être fait voir la veille, à 8 heures du soir, à Chislehurst. Une surprise est ce qui va le mieux au tempérament de Paris. Du reste, il ne faut pas douter du succès, si le moment est bien choisi. On vit dans l'inquiétude ; pas de travaux ; le commerce ne va pas, les impôts pèsent lourdement ; les étrangers et les riches ne viennent pas ; l'hiver sera morne ; pas de fêtes, pas de dépenses ; les ouvriers feront bon marché de la République, qui les réduit à la misère. Si, un matin, le bruit se répand : *l'Empereur est à Paris !* ce sera un cri : « Quel bonheur ! nous sommes sauvés ! » Les ennemis de l'Empire sont les premiers à ne pas douter de ce résultat. M. de Mornay l'avouait au général Pajol : « Pourquoi alors n'y pas contribuer, puisque vous en reconnaissez la nécessité et l'utilité ? — Nous sommes *engagés !* » Voilà toute la réponse de ce parlementaire et des autres

membres de ce foyer de coteries qu'on nomme une *Assemblée.*

M. le baron Tristan Lambert, revenu aujourd'hui de Chislehurst, a vu hier l'Empereur, qu'il a trouvé très bien portant. L'Empereur s'est surtout informé de l'état du commerce à Paris, des étrangers qui s'y rendent, etc. Il a paru attristé de la situation, et a dit : « *On manque de patriotisme ;* cette nation est bien difficile à gouverner. »

(*Rétrospectif.*) Le général Valentin, alors colonel de la garde de Paris, le 3 septembre, proposa à M. Piétri d'arrêter cinquante meneurs, y compris des députés. Le préfet de police n'osa pas faire ce *coup d'État,* sans l'assentiment de l'Impératrice, et tout fut perdu. Ces choses-là, quand on est convaincu de leur nécessité, on les fait sans mot dire, et elles réussissent.

14. — M. Georges Seigneur, qui plaidait dans le procès Moranges (colportage de brochures), a dit de l'Empire : « Ce régime *provisoirement* déchu. » A ce mot, il s'est élevé un murmure sur le banc des avocats étonnés de tant d'audace ; quelques-uns lui ont envoyé des signes d'approbation ; M. Campenon, le substitut, a levé à demi les bras au ciel. Quant au président, se tournant à droite et à gauche

de ses assesseurs, en inclinant la tête, il avait l'air de dire : « Que voulez-vous que je dise à cela? Je n'y peux rien! » Le mot a fait fortune et a été fort répété.

19. — Nous sommes en ce moment dans une crise qui inquiète fort : l'interpellation du général Changarnier sur les tournées et discours de M. Gambetta en province a été comme un coup de bélier dans la baraque républicaine. Toute la journée d'hier a été remplie par des allées et venues et des bruits de nouvelles; on parle d'un changement de ministère; les troupes sont consignées, les affaires arrêtées. Je sais, par un des plus grands négociants de Paris, que des ordres sont venus de province de ne pas tenir compte des dernières commandes et d'envoyer les factures. On m'écrit de Nantes qu'on est très inquiet pour la tranquillité de Paris.

La droite paraît extrêmement irritée contre M. Thiers; elle est exaspérée de son message; mais on ne doute pas qu'elle ne faiblisse. Voici ce qui va arriver : elle ne renversera pas M. Thiers, parce qu'elle n'a *personne à mettre à sa place*. Les légitimistes ne veulent pas du duc d'Aumale, les orléanistes du comte de Chambord, et les uns et les autres s'unissent contre l'Empire. Ils céderont à M. Thiers, mais M. Thiers court, dès lors, un grand danger. Il aura mis la droite à ses pieds ; il se trouvera seul vis-à-vis des radicaux ; les radicaux n'auront que lui à renverser ; il n'aura de soutien qu'eux ; ils le jetteront à bas, quand ils voudront, rien qu'en se retirant de lui. La haine que M. Thiers a pour l'Empire l'aveugle au point de ne pas voir ce péril ; cette haine est telle que, « plutôt que de laisser arriver l'Empire, il laissera proclamer la Commune ». C'est le mot d'un de ses secrétaires.

La lassitude de l'anarchie où l'on vit et la crainte du désordre et de la guerre civile sont si grandes, que même des orléanistes (M. Vitet) en sont à désirer l'Empire : « Qu'il vienne ! s'écriait-il, hier ; du moins, il nous a donné l'ordre, et nous l'aurions encore!» Les radicaux, sans le désirer, ne doutent pas de son avènement : le même jour, à la gare de Versailles, les députés étant en partie montés dans le train, passe M. Langlois ; avec de grands gestes, il criait : « Ils vont nous ramener l'Empire ! l'Empire ! — Et pourquoi pas l'Empire ? » riposta M. Ch. Abbatucci, dont la portière de wagon était ouverte. M. Langlois s'approcha, et lui frappant sur le genou : « L'Empire, lui dit-il, j'y crois autant que vous ! » Le *Journal officiel* n'a pas tout dit des propos tenus à la séance de l'interpellation Changarnier. M. Thiers était monté à la tribune, la première fois, cassant, raide, comme un triomphateur sûr de son succès. Quand il vit l'effet qu'il produisait, il fut frappé à fond. La deuxième fois, il parut, les traits tirés, pâle, et mollissant ; ce que voyant, le général Changarnier s'écria, et ce mot fut entendu de tous les députés qui l'entouraient, dans son langage militaire : « C.....! » — C'était l'impression qu'il donnait à tous. « Il le fut toujours ! » disaient quelques-uns.

Nous avons des nouvelles du 15 novembre (sainte Eugénie) à Chislehurst. Jamais l'Impératrice, même aux Tuileries, ne reçut tant de bouquets ; il en était venu de toute la France, et des plus beaux, qui avaient coûté fort cher. M. Dehoussel, négociant, qui avait apporté ceux d'une partie du commerce de Paris, fut particulièrement bien traité, invité au banquet de quatre-vingts couverts et placé près d'un très haut personnage. L'Impératrice était rayonnante ; elle faisait déballer et ranger toutes les caisses qui arrivaient incessamment ; elle n'avait jamais paru plus heureuse.

26. — Aujourd'hui, M. Batbie doit déposer son rapport et l'on sait qu'il est hostile à M. Thiers. Voici les bruits qui sont répandus : le rapport déposé, on discuterait tout de suite. Si la majorité l'emporte, comme on n'en doute pas, un ministère est tout prêt : trois ducs : MM. d'Audiffret-Pasquier, Decazes, de

Broglie, MM. Batbie, de Laroy ; Changarnier président du conseil. Ces noms sont significatifs, presque tous orléanistes, et il y a lieu de craindre de deux côtés. Pour ne parler, en ce moment, que des radicaux, on ne doute pas qu'ils ne se lèvent contre une conclusion qui annihilerait leur République, et l'on prévoit les plus grands troubles ; le Conseil municipal de Paris se déclarerait le gouvernement légal, etc. On en était là, quand j'ai rencontré un député impérialiste, M. le baron Eschasseriaux, lequel m'a appris qu'on ne devait pas discuter aujourd'hui, c'est pourquoi il n'était pas à la Chambre, et que rien n'est moins sûr que le succès de la droite. M. Thiers a manœuvré, promis, donné des places et des faveurs et, par là, détaché plusieurs membres du centre droit et du centre gauche. La plupart de ceux-ci ne sont que des ambitieux ou des importants, qui veulent paraître être quelque chose, et qui vont où ils voient l'apparence et l'espoir du pouvoir. Tels sont, à droite, les *fusionnistes*, qui, dans la fusion, sacrifient le comte de Chambord ; au centre gauche, les faibles, qui vont à M. Thiers, comme au représentant de l'ordre. Dans cette situation, les bonapartistes de l'Assemblée jugent utile de se tenir immobiles et de s'abstenir de voter ; ils désirent renverser M. Thiers, mais M. Thiers peut être remplacé par les Orléans, et ceux-ci pouvont durer assez longtemps ; ils promettraient l'ordre, et les bourgeois, avides de paix, les croiraient et les accepteraient. Car, on n'en peut douter : le premier qui prendra le pouvoir sera souffert et le gardera.

La majorité, cependant, paraît fort résolue, et la droite particulièrement. Les légitimistes ont eu la meilleure contenance, ils ne font aucune opposition aux impérialistes. Il est des faits qui expliquent cette conduite. Il y a près de deux mois, M. le général de Ch. est allé à Saint-Pétersbourg et a vu le Czar. Le Czar lui a dit : « Je suis de cœur et de principes avec le comte de Chambord, que j'admire ; mais il n'y a de légitime que ce qui est possible. Or, la France ne veut pas de lui. La partie la plus conservatrice de la nation, les paysans, ne le connaissent pas, ou ont contre lui d'absurdes préjugés ; il ne peut réussir. Le *seul* souverain possible est l'Empereur. Quant aux Orléans, nous les avons presque autant en horreur que la République. » Ce serait à la suite de cette conversation, que le mot d'ordre donné aux légitimistes aurait été : rien contre les impérialistes !

On ira plus loin, d'après d'autres bruits : le comte de Chambord et l'Empereur échangeraient, dit-on, bientôt des lettres. Si cela est, il ne faudrait pas les publier ; les campagnes pourraient s'y tromper et s'en effaroucher.

Du 29 *au* 30. — La journée d'hier a été une journée d'attente. Hier soir, enfin, à neuf heures, on a su le résultat : 36 voix de majorité pour M. Thiers.

Les grands hôtels de la rive droite se sont instantanément dépeuplés au commencement de la crise ; ceux de la rive gauche ont suivi ; nombre de gens ont quitté Paris, donné congé de leur appartement ; les affaires sont absolument arrêtées ; on ne voit personne dans les magasins de luxe. Les journaux radicaux ont laissé éclater leurs espérances et se ne retiennent plus. Loin que la crise ait cessé, elle ne va qu'augmenter, ou plutôt ce sera une crise continue : c'est ce qui donnera l'accent de la situation.

Du 1ᵉʳ *au* 10 *décembre.* — Je viens de faire un voyage, longtemps projeté, en Angleterre, pour aller voir l'Empereur. J'avais réuni une quantité de notes sur les hommes et les choses de ce temps, de manière à répondre à toutes ses questions et, de plus, résumé en quelques mots, sans phrases, des idées sur des sujets importants, sous le titre de *Notes pour aujourd'hui et pour demain.* Je suis parti le mardi 3, et, arrivé à six heures à

Londres, je me suis rendu le lendemain matin à Camden-Place (Chislehurst). J'étais annoncé par le général Pajol, qui s'est croisé avec moi pour retourner en France.

Les deux impressions capitales de ma visite à l'Empereur ont été, en premier lieu, la vivacité des remerciements et des expressions de gratitude de l'Empereur et de l'Impératrice de ce que j'avais fait pour eux ; puis, le sentiment du principe d'autorité qui dominait toutes les paroles de l'Empereur, ses déclarations, ses remarques, ses objections, dans les deux entretiens que j'ai eu l'honneur d'avoir avec lui. Sa Majesté a commencé par me demander ce que je pensais de la crise et ce qu'elle deviendrait ? Je lui ai répondu que « ce qui se passait au Parlement n'était pas le plus intéressant ; qu'il importait peu qui l'emporterait de M. Thiers, de la droite ou de la gauche, mais quelle impression ces débats produisaient sur l'opinion ; que cette impression était générale : qu'on voyait bien que, quel que fût le vainqueur, ce n'en était pas moins la continuation de l'anarchie ; qu'on comprenait que cette anarchie devait avoir une fin, et que la seule fin possible était le retour de l'Empire ; que je ne parlais pas ainsi parce que j'étais là, mais parce que c'était la vérité. » L'Empereur m'a ensuite adressé de nombreuses questions sur le commerce, les affaires, la presse, le clergé, la bourgeoisie, plusieurs hommes que je connaissais, les paysans, les comités de province, etc.

Je lui ai alors parlé des notes que j'apportais ; il a voulu que je les lusse tout de suite, et en entier, ce que j'ai fait, en les expliquant et les commentant, écoutant ses observations et y répondant, ou passant outre, s'il approuvait par un mot : tout d'abord, les principes, sur lesquels étaient fondées les dispositions et les réformes que je croyais utiles, et ces principes ne pouvaient pas être plus autoritaires. Ils furent absolument et énergiquement approuvés. L'Empereur fit une seule objection à la question : *nécessité de constituer une aristocratie*, une nation ne pouvant sans cela subsister : « Ce sera bien difficile en France », me dit-il. L'approbation des principes étant entière, celle des mesures d'application suivit aisément.

Pour presque toutes, l'Empereur dit quelques mots, qui marquaient son assentiment. À quelques-unes : « Je voulais le faire — c'était mon intention — je le ferai... etc. » Dans un ou deux cas : « C'est impossible ! » (Il s'agissait de conclure un traité d'*extradition* pour les condamnés politiques.) « Jamais, ajouta-t-il, l'Angleterre n'y consentira. » Il y eut seulement une légère discussion sur la *liberté de tester*, que je demandais, et qu'il repoussait, en souvenir surtout des abus qu'il avait lus dans les livres du xviiie siècle, abus déplorables, qui se voyaient au lit des mourants, où l'on s'efforçait de capter leur succession. Nous citâmes, l'un et l'autre, M. Le Play. Je m'appuyai sur les mœurs, qui atténueraient les dangers de cette liberté et empêcheraient que les inconvénients fussent très grands ; il répliqua que, déjà, l'on se servait peu de la liberté de la *part disponible* que donne la loi ; j'exposai, en peu de mots, les grands avantages de la liberté de tester, mais je me hâtai d'ajouter que ce n'était pas le moment de traiter une si grosse question, et je passai au reste des projets.

Les principaux sujets étaient : la mise en œuvre de la *Constitution de* 1852, renforcée ; — la réforme de l'esprit de l'*enseignement*, qui doit être autoritaire au lieu de républicain, et chrétien au lieu de païen, et, comme moyen, — la liberté d'enseignement à tous les degrés ; — les mesures à prendre pour *nettoyer* Paris de la *tourbe* démagogique et des *repris de justice*; — la *colonisation de l'Algérie* par des concessions *payées* à petites échéances, etc. ; — un plan relatif aux lettres, aux arts ; — l'*observation du dimanche*, par l'élévation, le lundi, des prix des chemins de fer, des omnibus, des bateaux, etc. ; à ce sujet, l'Empereur me dit que ce n'était pas aussi facile que je le croyais, et il me raconta que, malgré ses ordres à M. Lefuel, il était arrivé souvent que des ouvriers vinssent travailler au Louvre, le dimanche, et que, plus d'une fois, il était sorti lui-même, pour les faire cesser et les renvoyer ; — la procédure plus rapide ; — les juges de paix, dont les attributions seraient fort accrues ; — la diminution de l'*armée*, en gardant les cadres, pour rassurer, s'enrichir et racheter les deux provinces annexées à l'Allemagne ; — la réorganisation des anciennes *provinces*, pour décentraliser, donner de la vie aux villes, combattre les révolutions Parisiennes, etc.

Sur tous ces sujets et d'autres moins importants, aucune objection ; au contraire, adhésion, qui se formulait par des expressions très fermes, ou par le développement de la propre pensée de l'Empereur. Il appuya spécialement sur l'armée (à diminuer, au moins pour le présent) et sur la *réorganisation provinciale :* il me dit qu'il diviserait la France en 17 provinces, avec 17 archevêques, généraux commandants, cours impériales, universités, etc., ce qui permettrait aux provinces de faire la plupart de leurs affaires, sans recourir à Paris. Sa Majesté daigna, à plusieurs reprises, et surtout à la fin, dire : « Il y a là beaucoup de très saines idées. » Même sur le *suffrage universel*, j'eus une approbation dont je doutais : l'Empereur accepta entièrement l'idée du *suffrage à deux degrés*, et du *vote obligatoire*. Je me permis de lui dire qu'il fallait se servir du *suffrage universel*, un des instruments les plus détestables qui existassent, le plus rarement possible. Ce fut parfaitement accueilli.

Le lendemain, l'Empereur renouvela son approbation dans les termes suivants : « J'ai examiné vos notes, j'ai pensé à ce que nous avons dit hier, nous sommes d'accord sur les points principaux ; nous nous entendons. »

D'autres sujets, la plupart sur les hommes, furent traités dans ce second entretien ; et je pus me convaincre, qu'à part des nuances ou des renseignements de détail, l'Empereur était parfaitement informé, au courant de tout, comprenant très bien l'esprit public, connaissant la marche de l'opinion. On reçoit à Chislehurst tous les journaux Français, beaucoup d'Anglais (et ils s'occupent particulièrement des affaires de France) ; il arrive continuellement des personnes qui apportent des nouvelles de Paris, et une correspondance active complète les renseignements. L'Impératrice lit également les journaux et connaît toutes les questions politiques ; les personnes de la maison lisent tout ; rien d'important donc n'échappe.

Une des questions les plus graves, laissée

do côté dans le premier entretien, fut abordée dans le second : le *pouvoir temporel* du Pape à rétablir. L'Empereur fut très franc : « Ce sera bien difficile, dit-il. — Je le comprends, répondis-je, après un fait accompli tel que l'occupation d'une capitale par une nation; mais les circonstances peuvent y aider : la Révolution dévore l'Italie; une République lui sera peut-être bientôt imposée. » L'Empereur répliqua, qu'en effet « les circonstances pouvaient beaucoup, et que l'on ne pouvait rien décider, en principe, avant que les événements se produisissent ».

La crise était l'objet des plus vives préoccupations de la maison : l'Empereur, qui me dit qu'il me donnerait des lettres pour quelques personnes, et qui m'en envoya le soir douze, à Londres, par son secrétaire M. Piétri, ne m'en avait pas envoyé pour M. Rouher, à mon grand étonnement. Je pensais qu'il avait quelque moyen inconnu de lui faire parvenir des lettres, mais j'en eus l'explication, en arrivant à Paris, quand j'appris, chez M. Rouher, qu'il était parti pour Chislehurst, la veille; nous nous étions croisés en route. La gravité des circonstances avait engagé M. Rouher à faire ce voyage.

Quant à l'idée du retour et de son rétablissement, l'Empereur, pas plus que les personnes de sa maison et les Anglais, qui disent tous, quand on les interroge : « Nous sommes sûrs qu'il reviendra », ne doute que l'Empire sera restauré.

Il est résolu, et il l'a fait entendre à plusieurs reprises, à saisir le moment : il n'hésitera pas ; si la violence des passions va jusqu'aux coups, il arrivera, il entrera, pour apporter l'ordre et la paix, et il n'a aucun doute, pas plus que moi, sur les dispositions de l'armée.

Après ces deux entrevues, l'Empereur me demanda quand je comptais partir et, m'étant mis à ses ordres, il me dit : « Partez dès demain. » La veille, ne pouvant voir l'Impératrice, qui venait de monter à cheval, pour aller voir son fils à Woolwich, l'Empereur m'avait invité à venir déjeuner, et c'est à la suite de ce déjeuner qu'avait eu lieu le deuxième travail avec Sa Majesté, dans son petit cabinet du premier étage.

Dans le cours de ces entretiens, il fut question des écrivains qu'il importe de s'attacher, en les choisissant, et les faisant désigner par des hommes sûrs, qui connaîtraient leurs talents et leur *caractère*, ce qui n'avait pas eu lieu, quand, en 1866, on avait dressé une liste d'écrivains qu'il serait bon d'inviter à la cour, et parmi lesquels il y en avait plus d'un qui laissait à désirer. A cette occasion, l'Emperour me cita M. About, et rappela, en riant, les vers qu'il avait faits à Compiègne, et qu'on a récemment reproduits dans les journaux. Il est des hommes dévoués, inconnus ou négligés, qui agissent avec le plus grand zèle pour l'Empereur, qu'on pourrait utiliser, encourager, autoriser, et qui, riches, inoccupés, ne demanderaient aucune rétribution pour les services qu'ils rendraient.

J'avais exprimé à l'Empereur mon désir de voir le Prince Impérial : « Il est à Woolwich, me dit-il, il ne vient ici que le dimanche, à notre grand regret. » Alors je lui parlai de son fils, et on ne saurait dire avec quel plaisir, quelle joie, quel bonheur, l'Empereur m'écoutait, quand je lui faisais part de l'opinion favorable que l'on avait du Prince, dont on aimait les sentiments religieux, la bonne éducation, son respect des choses respectables, son amour pour son père, son intelligence, son ardeur pour le travail. L'Empereur, immobile, les yeux attachés sur moi, *buvait mes paroles*, selon l'expression vulgaire : « Oui, me dit-il, je crois que ce sera un homme distingué. » L'Impératrice, à qui j'en parlai, m'écouta avec autant de ravissement : « Et l'on sait si bien, ajoutai-je, qu'il possède ces fortes qualités, que même des adversaires, des légitimistes, font des concessions pour lui, et avouent qu'ils accepteraient Napoléon IV.

Mais, dis-je, il nous faut, auparavant, Napoléon III. »

J'avais l'honneur d'être assis à table près de l'Impératrice. Nous parlâmes presque exclusivement seuls, les autres personnes ne prenant pas part à la conversation (l'Empereur ne déjeuna pas). Elle s'informa surtout de la politique, de la crise, puis de l'état de Paris, de son aspect actuel, des réunions qu'il pouvait y avoir ; apprenant avec peine combien souffrait le commerce, que les riches ne revenaient pas, que nombre de départs avaient eu lieu, que les plaisirs de la société étaient nuls, les liens de famille souvent rompus par les dissentiments politiques, etc.

Les ventes nombreuses d'objets d'art lui firent faire cette observation : « Que, si les révolutions continuaient, une grande partie des richesses artistiques passeraient à l'étranger, comme la galerie de lord Herfort, etc. » Elle rappela qu'elle avait cherché à réunir tous les objets ayant appartenu à la reine Marie-Antoinette, au petit Trianon, objets préservés par les Prussiens, mais que quelques autres objets, tels qu'un rare et précieux cabinet de laque de la Reine, qu'elle avait fait apporter aux Tuileries, avaient disparu, soit qu'ils aient été brûlés avec le palais, soit qu'ils aient été enlevés par quelque communiste.

Quand je descendis du cabinet de l'Empereur, qui avait bien voulu me donner sa photographie signée et celle du Prince Impérial, M. le duc de Bassano, sur ma demande, prit la peine d'aller prévenir l'Impératrice, qui recevait lord Cowley, que j'allais partir. Tout à coup, la porte s'ouvrit : c'était l'Impératrice elle-même, qui se dérangeait et venait me faire ses adieux, en me remerciant de nouveau. Elle daigna me promettre sa photographie, et le soir, en effet, M. Piétri vint à Londres m'apporter son portrait signé. C'était une grande photographie, qu'elle donne rarement, m'assura M. Piétri, et qui la rend dans toute sa grâce et sa beauté.

Les personnes de la maison de l'Empereur, alors à Chislehurst, étaient, outre le prince Charles Bonaparte, en visite, Mlle de Lermina, demoiselle d'honneur, M. le duc de Bassano, aimable, religieux et très courtois gentilhomme, le baron Corvisart, instruit, gracieux, spirituel, le docteur Conneau, aussi silencieux que fidèle, le comte Clary, M. F. Piétri ; Mme Lebreton était en France. Chislehurst est un joli village dans le genre de Bellevue, des agglomérations de maisons propres et coquettes, des villas, des parcs. Camden-Place extérieurement a peu d'apparence, c'est un modeste cottage dans un beau parc ; l'intérieur est magnifiquement meublé et orné de tableaux, bustes, marbres, tapisseries et meubles de prix ; le tout a été loué, en cet état, par un riche Anglais, qui ne veut recevoir que 12,000 francs par an. Le rez-de-chaussée est tout en galeries et salons, avec deux chambres pour le Prince Impérial et le cabinet de M. Piétri, qui y couche ; les chambres sont en petit nombre et généralement petites. L'ensemble, grand comme décoration, est fort modeste et satisferait à peine un agent de change.

11. — M. Rouher, revenu hier, et que j'ai vu ce matin, m'a appris qu'il était allé à Chislehurst pour s'assurer, entre autres choses, de la santé de l'Empereur, savoir *s'il pourrait monter à cheval*, et plusieurs jours de suite, au besoin. Des douleurs de reins, qui tiennent à une maladie déjà ancienne, avaient donné quelques doutes. Il a trouvé Sa Majesté très bien portante ; le docteur-chirurgien de la Reine l'avait examiné et n'avait manifesté aucune inquiétude. Tout s'apprête et tout sera prêt. M. Rouher croit que trois mois ne se passeront pas sans qu'il y ait quelque émotion violente et peut-être sanglante : « dans ce cas, l'Empereur ne s'abstiendra pas ». M. Rouher m'a dit que l'Empereur lui avait parlé de ma visite, de ce que je lui avais proposé, etc., et « qu'il était très content de moi ».

Du 15 au 20. — La situation n'est pas sensiblement changée, après le triomphe de la majorité sur M. Thiers. Les radicaux sont loin d'avoir perdu courage ; comme il n'y a pas eu de sanction du vote de l'Assemblée, le pétitionnement pour la dissolution continue plus activement que jamais et, dans quelques semaines, comme en a menacé M. Gambetta, on présentera 6 ou 7 millions de signatures plus ou moins vraies, et on sommera l'Assemblée de se retirer, au nom de la volonté de la nation. M. Thiers appuie sous main ce mouvement, et se prépare lui-même à en profiter : il aurait l'intention de se présenter aux élections nouvelles dans les 86 départements à la fois ; aidé par ses agents, il serait élu dans un grand nombre, et aurait ainsi une prépondérance telle que le pouvoir lui serait assuré. En attendant, il n'est pas inquiet : il a pour lui la gauche, le centre gauche, composé en partie d'orléanistes, et plusieurs même du centre droit qu'il ramène à lui, en leur montrant. dès qu'ils hésitent, l'Empire comme devant inévitablement profiter de la désunion du président et de l'Assemblée. La majorité, prévenue et sentant qu'on la joue, semble déterminée à résister. Mais cette situation n'est que transitoire : il y aura, par toutes ces causes, une nouvelle lutte parlementaire, plus vive, et peut-être décisive. L'irritation est beaucoup plus grande qu'il y a deux mois, et ne fera que croître.

Il se confirme, d'un autre côté, que ce que j'ai rapporté du voyage de M. de Ch. en Russie est parfaitement exact. Il y aurait même quelque chose de plus : M. de Ch. aurait vu non seulement le Czar, mais l'Empereur d'Autriche, et voici ce qu'il aurait appris : ces Souverains, fidèles au principe de la monarchie traditionnelle, avaient pensé, après la chute de l'Empire, qu'il y avait lieu de restaurer la monarchie légitime, et conseillé aux chefs du parti de proclamer le Roi aussitôt après le siège. Cet avis ne fut pas suivi, et l'Assemblée à Bordeaux manqua l'occasion. L'étude de l'opinion en France convainquit bientôt les Souverains que le comte de Chambord n'avait aucune popularité, surtout dans les campagnes, et ils jugèrent qu'il n'y avait de raisonnable et d'utile, tant pour l'Europe que pour la France, que le rétablissement de l'Empire. Ils s'entendirent donc avec l'Empereur, et il l'auraient déjà aidé à rentrer, si l'Empereur n'avait absolument refusé, ne voulant revenir que par la France seule. Les événements, qui se précipitent avec une logique invincible, rendent cette restauration certaine. L'Empereur attendra donc, et il est assuré de l'assentissement des Souverains.

M. le comte de Chambord connaît ces résolutions, et n'y fait pas opposition.

Du 20 au 25. — (Note rétrospective.) La trahison du 4 septembre était préparée de longue main, et les hommes qui s'emparèrent du pouvoir étaient d'accord avec les gens de la Commune. La preuve en existait dans les pièces du procès de Blois, où étaient impliqués P. Grousset, Gromier, etc. M. Dupré-Lassalle, avocat général chargé du ministère public, fut épouvanté des desseins dont il trouvait la trace dans les papiers de l'accusation ; il ne s'agissait pas seulement du renversement de l'Empire, mais de la transformation radicale de la société et, à côté des hommes de la future Commune, il voyait *les noms des représentants de la gauche.* L'Empereur, à qui il en fit part, ne voulut pas qu'on ébruitât cette complicité et qu'on exposât publiquement ces projets destructeurs. Il craignait d'effrayer l'opinion, en lui montrant l'abîme où elle allait tomber et la mine qu'on avait creusée sous elle. Il ne pensait pas être si près lui-même de sa fin ! Après le 4 Septembre, un des premiers soins des hommes de l'Hôtel de Ville fut de rechercher les pièces du procès qui les compromettaient; le dossier du procès de Blois fut anéanti.

Lorsque la guerre fut déclarée, les chefs

8.

du parti, qui avaient tout préparé, ne purent cacher leur joie: «Nous le tenons, dit un député de la gauche, en sortant de la séance, il est f....! » Ce furent eux qui, le 7 août, firent répandre la nouvelle d'une fausse victoire, pour laquelle Paris enthousiasmé arbora partout ses drapeaux et se livra à une joie qui se changea bientôt en un abattement et une tristesse aussi vifs; ils savaient que cet abattement serait d'autant plus grand que l'exaltation de joie avait été plus ardente. Ils connaissaient l'état de l'armée par des officiers d'artillerie, leurs complices, et ne doutaient pas d'un échec, qui jetterait la population dans une prostration qui aurait pour suite la colère contre le gouvernement. Le coup de la Villette, le 14 août, manqua; mais, huit jours après, arriva le général Trochu, gouverneur de Paris, qui ramenait les mobiles de la Seine, armée de l'émeute, et avec lequel MM. Jules Favre et Tolain s'entendirent aussitôt. (Ce dernier fait est raconté tout au long dans le livre de M. Jules Favre, *le Gouvernement de la Défense nationale.*)

Du 25 au 31. — Il est bon, à la fin de cette année, d'indiquer sommairement la situation des partis : le parti impérialiste est composé de deux fractions, les diplomates et les impatients. Les diplomates, dirigés par les chefs officiels du parti, sont ceux dont j'ai signalé les derniers actes, l'entente avec les légitimistes et les journaux religieux; de fréquentes entrevues ont lieu, et l'on déploie de ce côté une ardeur qui, moins apparente, n'en est pas moins vive. Ainsi, M. E. Boinvilliers serait disposé, si besoin était, à aller trouver M. le comte de Chambord. Les impatients sont ceux qui pensent qu'on n'agit pas avec assez d'énergie et qui pousseraient à un coup de force; ils ont pour organes principaux les journaux le *Pays* et l'*Ordre*. L'*Ordre* a, de plus, une recrue importante, qui ne paraît pas, mais qui écrit des articles très fermes, M. Granier de Cassagnac. Ce sont ces journaux qui, avec le *Gaulois*, ont reproché, non sans aigreur, aux députés impérialistes de garder une réserve qui ressemblait à la négligence des intérêts du parti. C'est aussi le même esprit qui a poussé l'*Ordre* à renier la brochure l'*Appel au peuple*, de M. E. Boinvilliers, et à échanger avec l'*Univers*, à ce sujet, des récriminations, où la modération et la raison ont été du côté de l'*Univers*, en qui l'on aurait plutôt reconnu un organe impérialiste que dans le journal l'*Ordre*. C'est très probablement aussi pour appuyer le sentiment de ces journaux et obtenir l'approbation de l'Empereur, que M. Paul de Cassagnac est en ce moment en Angleterre. Il aura sans doute exposé à l'Empereur l'importance d'une action plus vive, et sollicité son assentiment à la conduite de l'*Ordre* et du *Pays*. L'Empereur écoute tout, mais il connaît très bien la situation et n'est pas capable de se laisser aller à des imprudences. Dans une autre sphère, se meut M. Amigues, qui, par son journal à un sou et par ses conciliabules à Belleville, agit sur le populaire. On m'affirme qu'il a obtenu des résultats et que beaucoup d'ouvriers sont disposés à accepter l'Empire, qui a tant fait pour eux et qui leur rendra ce travail et cette sécurité dont ils avaient tant profité. Il ne faut pas croire, cependant, qu'il y ait entre les fractions du parti impérialiste des dissentiments profonds; il y a des questions d'amour-propre, mais l'entente serait vite faite, grâce surtout à l'esprit calme, raisonnable et conciliant de M. Rouher, et j'ai lieu de penser que cette entente ne tardera pas.

Quant au parti opposé, les derniers actes de M. Thiers (révocation du maire de Nantes, suspension du *Corsaire*, projet de l'abolition de la mairie de Lyon) ont fort irrité les radicaux; ils le soutiennent, mais ils le détestent, autant que la droite : il y a même plus que de la haine contre lui; il y a surtout du mépris, tant est visible l'égoïsme de cet esprit entêté, sans largeur et sans vues, qui n'est préoccupé que de garder le pouvoir. Il n'a d'appuis, en réalité, que les orléanistes qui, pour éloigner l'Empire, feront tout ce qu'il leur demandera. On ne peut s'empêcher, du reste, de remarquer quels hommes le servent et de quels vils instruments il est entouré : M. About, peu estimé de tous les partis; M. Hugelmann, suspect à tous; M. Guyot-Montpayroux, dont on cite les histoires les plus compromettantes; M. Vrignault, etc. Cet entourage est digne du Conseil municipal de Paris, où l'on trouve des communistes avérés, comme M. Ranc, et qui a compté parmi ses membres M. Mottu, en prison pour des faits graves, M. Bonvalet, obligé de s'en retirer, etc. Tous ces faits ne contribuent pas à accroître la confiance en M. Thiers.

M. D. Nisard me dit qu'il a connu plusieurs princes, mais qu'il n'avait vu que l'Empereur et l'Impératrice vraiment aimables, s'intéressant à vous, ayant ce côté *humain* dont parle Térence, et inspirant un attachement sérieux, profond, durable. Louis-Philippe était indifférent, il ne vous connaissait pas; quand il tomba, on fut médiocrement peiné de la chute d'un gouvernement qui ne s'était pas fait aimer : « Les princes d'Orléans avaient l'air d'*institutions en culottes blanches*, » ce n'étaient pas des hommes qu'on suit avec passion. L'Empereur, au contraire, quand il est tombé, a trouvé des attachements et des dévouements passionnés; très peu l'ont abandonné parmi ses serviteurs et les fonctionnaires les plus élevés, et des protestations de fidélité lui sont venues d'une quantité de gens qu'il ne connaissait pas et qui n'avaient rien reçu de lui. On ne pouvait le voir et le connaître sans être touché de sa bonté; cette bonté allait même jusqu'à la faiblesse, il ne savait pas refuser; mais, quelles qu'aient été ses fautes, tous ceux qui l'ont approché et pratiqué le disent, M. le cardinal de Bonnechose comme M. D. Nisard, elles avaient toujours une cause généreuse.

29. — M. D. Nisard m'a lu des fragments de ses *Mémoires*, auxquels il travaille. Parmi les passages qui ont trait à la politique, un des plus remarquables est celui où il raconte son entrevue avec le Prince-Président en 1851, après sa réception à l'Académie. Il était accompagné de MM. Saint-Marc Girardin et Villemain, et le Prince les entretint de plusieurs sujets littéraires. En sortant, ils se dirent l'un à l'autre : « Eh bien, vous y seriez-vous attendu! — Non! — Ni moi! Je ne l'aurais jamais cru! » Ils étaient stupéfaits du bon sens, de l'instruction, de l'esprit d'à-propos, de la finesse qu'avait montrés le Prince. De ce moment, M. D. Nisard lui fut gagné.

Quelques jours auparavant, M. Guizot avait également été reçu à l'Élysée, pour des affaires de l'Académie : « Continuez-vous vos grands travaux? lui avait demandé le Président. — Oui, Monseigneur. — Et comptez-vous rester à Paris? — Oui, Monseigneur. — Eh bien, je ferai mon possible pour vous aider à y demeurer en sûreté. » M. Guizot n'avait pas d'abord compris la portée de ces paroles. Plus tard, il dit à M. D. Nisard qu'il avait vu qu'elles avaient un sens profond. C'était peu de temps avant le 2 Décembre.

JANVIER 1873

3 *janvier* 1873. — On ne sait que croire de tout ce qui se dit. Voici deux hommes de mérite et d'esprit, MM. E. Boinvilliers et G. Seigneur, l'un ancien maître des requêtes, l'autre écrivain de talent, qui affirment que M. le comte de Chambord, non seulement est dans les meilleures dispositions pour les impérialistes, mais aurait dit, après Sedan, quand l'Empereur était à Willemshoë, en parlant du Prince Impérial : « Pourquoi ne m'a-t-on pas envoyé cet enfant ? Je lui aurais servi de père! » mot qui semble difficile à inventer, et que, pourtant, on ne peut admettre comme exact, sans une grande hésitation.

11. — C'est en tremblant et encore profondément ému que j'écris ces mots douloureux :

l'Empereur est mort ! Voilà trois jours que ce malheur affreux nous est connu ; je n'y peux penser sans souffrance et sans que mon cœur se serre, et j'en suis plus vivement affecté, moi qui l'ai vu cinq semaines avant sa mort, moi qu'il avait si aimablement, si gracieusement accueilli. Il avait un charme particulier, un air de bonté qui attachaient tout de suite à lui ! Je l'aimais comme Empereur avant ce voyage ; après, je l'aimais comme homme, et cette impression n'est pas personnelle : tous ceux qui l'ont approché ressentaient cette affection qu'il inspirait. Et c'est ce qui explique ces larmes, cette douleur, ces sanglots, de tant de gens qui le regrettent comme un parent. Il se mêlait, dans ces sentiments, l'affliction de la perte de l'homme, du Souverain qui a fait tant de bien à la France et la vue de l'avenir effroyable qui nous est réservé, et dont il était seul capable de nous sauver. Nous perdons tout à la fois, et chacun, à ses terreurs, juge de la force, de la puissance et de la mission providentielle de cet homme, qui a été récompensé de ses bienfaits par la plus détestable ingratitude ! Mais plus nous irons, plus nous apprécierons la grandeur du malheur qui vient de nous frapper.

Reprenons, cependant, l'histoire, jour par jour, de cette déplorable semaine. Le mardi 7, on n'avait pas encore d'inquiétudes : on savait que l'Empereur avait subi une opération, mais les bulletins étaient rassurants ; on attendait la suite avec sécurité. — Le mercredi 8 fut bien différent ; une note du *Figaro* était sombre ; elle faisait entendre qu'on avait de vives craintes pour le résultat définitif.

J'allai chez M. Rouher : on venait de recevoir un bulletin du Dr Corvisart, qui expliquait la deuxième opération ; on pouvait, d'après ce récit succinct, autant craindre qu'espérer. On voulait, cependant, espérer plutôt que craindre, tant on désirait la guérison. M. Aug. Vitu nous informa qu'un télégramme avait été communiqué au *Figaro*, qu'on y annonçait que l'Empereur avait reçu les derniers sacrements. Les secrétaires de M. Rouher, des journalistes, copiaient le bulletin de M. Corvisart, qui devait paraître le soir dans tous les journaux ; on l'avait affiché dans le vestibule, où venaient le lire de nombreux visiteurs. Tout le monde semblait ou voulait être rassuré. Grâce à ces communications, l'anxiété, qui avait été générale, s'apaisa dans la ville ; moi-même je m'empressai d'envoyer la copie du bulletin à Mme la comtesse de Bouville qui, en même temps, m'adressait une lettre de Mme Béhic, également rassurante. Ainsi se passa la journée du mercredi.

Le lendemain, jeudi 9, jour à jamais fatal,

nous étions moins inquiets ; les bulletins des journaux du matin n'annonçaient aucune complication fâcheuse ; toute la journée, à toutes les personnes que je rencontrai jusqu'à quatre heures et demie, je disais des paroles rassurantes : on m'avait rapporté un mot de Mᵐᵉ la comtesse Clary : « Les douleurs sont très vives, mais sans danger. » J'étais rentré et travaillais, sans préoccupation, quand ma femme, qui était allée chez M. Rouher, arriva : « Tu sais la nouvelle ? » Je me lève : « Quoi ? — Tout est fini ! » Elle pleurait : « Non ! non ! m'écriai-je, ce n'est pas vrai ! Comment le sais-tu ? Ce n'est pas vrai ! » Je courais dans la chambre, m'asseyant, me levant, criant, je ne voulais pas le croire. Il le fallut pourtant.

Je me jetai dans une voiture et me rendis chez M. Rouher.

Quel spectacle ! La porte toute grande ouverte, des voitures à la porte, une quantité de personnes entrant ; les domestiques, le pauvre Quiniquili surtout, en larmes : les salons pleins d'une foule d'hommes, de dames, silencieux, la figure bouleversée ; on n'entendait que des sanglots. En haut, dans le cabinet de M. Rouher, dans celui des secrétaires, autant de monde ; M. Rouher pleurant, accablé ; on lui disait : « Écrivez un mot, un seul mot, à l'Impératrice. — Non ! disait-il, je ne peux pas ! » Mme Rouher s'écriait qu'on l'avait tué, empoisonné. La consternation, la douleur, étaient sur tous les visages, on échangeait un serrement de mains, quelques paroles, à peine un mot d'espérance. Ce coup si soudain, si inattendu, avait frappé tout le monde de terreur. On lisait, on relisait les dépêches. Mais, à quoi bon ? Que nous faisaient les détails ! L'Empereur est mort ! Quoi de plus !

La nouvelle s'était partout répandue avec une rapidité instantanée. Le soir, partout des groupes s'entretiennent de ce grand événement et en commentent les conséquences. L'impression générale est l'effroi de l'avenir

Le lendemain, 10, on a pu connaître, par les journaux et par les conversations, l'effet qu'a produit la mort de l'Empereur. En laissant de côté les journaux rouges, qui jettent un cri de joie, en même temps qu'ils frappent du pied la boue pour la faire rejaillir sur le Prince mort, toutes les feuilles publiques ont été convenables : beaucoup se sont montrées sympathiques ; la plupart ont témoigné la peur qu'elles éprouvent, en regardant l'avenir et en ne voyant plus celui qui devait nous préserver d'un danger imminent et redoutable. Des légitimistes, même des républicains dits modérés, braves gens qui ne savent au juste ce qu'ils sont, et qui seraient incapables de formuler leur opinion, n'hésitent plus à dire que, sans l'avouer, ils comptaient sur l'Empereur, pour rétablir l'ordre, au dernier moment.

Le pauvre général Pajol, qui a appris cette affreuse nouvelle, en arrivant de la campagne, en a été si vivement frappé, qu'il est malade au lit, sans bouger, et désespéré de ne pouvoir voler près de l'Impératrice lui exprimer toute sa douleur.

J'ai écrit aussitôt à Sa Majesté l'Impératrice et au Prince Impérial.

Il faut remarquer combien cette mort a autrement ému la population que la mort de Charles X et de Louis-Philippe. Quand on a appris la maladie, puis la fin de ces Princes, leurs fidèles ont été vivement affectés, mais la masse de la nation est restée indifférente. C'est qu'on sentait que cette mort ne changeait rien à la situation; ces Souverains avaient été détrônés, ils mouraient, ils ne comptaient plus depuis leur chute. Au contraire, la nouvelle de la maladie de l'Empereur avait ému tout le monde : on ne parlait que de ce sujet; ennemis et amis s'informaient de l'état de l'Empereur avec autant de sollicitude : c'est qu'on savait bien que l'Empereur, quoique tombé, était toujours prêt à prendre part à l'action, à se relever et à nous relever. Loin de croire qu'il fût fini, on ne doutait pas qu'il n'eût une mission à remplir.

On peut juger, par tout ce qu'on entend, de la vive impression qu'a produite cette mort : « C'est une grande perte pour l'ordre, un très grand malheur, la crise commerciale va s'accroître, on comptait sur l'Empereur ! » voilà ce que ne craignent plus de dire des orléanistes, des légitimistes, On commente aussi les chances de l'avenir ; l'idée de l'adoption du Prince Impérial par le comte de Chambord s'exprime partout et tout haut ; beaucoup de gens l'acceptent comme un espoir. D'autres s'indignent de cette supposition et prétendent que le comte de Chambord y est fort opposé, qu'il considère les princes d'Orléans comme la suite de sa race, la continuation légitime de sa dynastie, et qu'il exhorte ses fidèles à poursuivre encore une fusion qui n'a pas pu jusqu'ici réussir, mais qui doit inévitablement se faire.

D'autres, au contraire, seraient d'avis que l'alliance des Bonaparte et de la branche aînée des Bourbons s'affectuât par le mariage du Prince Impérial avec une fille de la duchesse de Parme, nièce du comte de Chambord. Quant à nous, impérialistes, nous ne devons rien repousser, mais rien rechercher. Nous avons une force qui s'accentuera de plus en plus; on comprendra, on sentira, avant peu, que le Prince Impérial représente une grande partie, la meilleure, de la nation: il sera le Prince de la jeunesse, il sera un Souverain chrétien.

M. Thiers, selon les uns, aurait affecté l'indifférence; informé le premier, tandis que Mme la princesse Troubetzkoï lui faisait une lecture, il l'aurait seulement interrompue pour lire la dépêche, et aurait dit : « *L'Empereur est mort,* — puis, *continuez, s'il vous plaît.* » Selon d'autres, il aurait manifesté sa satisfaction; selon d'autres encore, il n'aurait pu s'empêcher de montrer combien il était frappé ; il serait devenu sombre, comme s'il entrevoyait la mort. Il aurait bien compris, d'ailleurs, que cette mort pouvait lui donner plus d'ennuis que d'avantages.

Le général Pajol, qui se désespère d'être couché, quand son devoir et son affection l'appellent en Angleterre, me dit que l'Empereur était loin de paraître toujours bien portant, comme je l'avais vu : il était souvent très souffrant, et son visage le montrait. Pendant le mois que le général a passé à Chislehurst, il n'a pu se promener que trois fois avec l'Empereur, et à peine une demi-heure chaque fois. Ses amis les plus affectionnés, M. le comte de Bouville surtout, le pressaient depuis longtemps de se

faire opérer. Il résistait, il ne s'y est décidé
que dans l'intérêt de son fils.

Toute la maison de l'Empereur se rendra à
Chislehurst et fera son service pour les funérailles, absolument comme s'il était aux Tuileries. Dès le jour même de la mort de l'Empereur, on est venu s'inscrire chez M. Rouher.
J'écris le 15, et la foule de personnes qui vont
signer sur les registres ouverts rue de l'Elysée
est aussi grande. J'ai reçu, de mon côté, une
quantité de visites : on a voulu me manifester
la part que l'on prenait à mon affliction, comme
si j'avais perdu un parent.

16. — Hier, ont eu lieu les funérailles de
l'Empereur ; plusieurs milliers de Français
étaient venu rendre hommage au Souverain
qu'ils avaient servi et aimé. Quant aux Anglais.
la foule était si grande aux portes du parc de
Camden-Place, qu'ils ont forcé et démoli le
mur et passé par la brèche. On a remarqué
la bonne attitude du Prince Napoléon : devant
le cercueil de l'Empereur, il s'est arrêté, à
deux reprises, longuement, et a fait le signe
de la croix. Je n'en ai pas été témoin, mais
M. Georges Seigneur, l'a vu. Rien n'a plus
frappé aussi que la croix portée en pleine campagne Anglaise, et toute la pompe catholique
se développant publiquement. Cela est contraire à la loi d'Angleterre ; la Reine l'a per-

mis, et cette démonstration a été accueillie avec le plus grand respect par la population Anglaise : cette population manifestait autant d'admiration que de sympathie. De quelque parti que l'on soit, comment ne pas louer ce peuple si respectueux pour un Souverain qui représentait le principe d'autorité! Ils ont le sentiment de ce qu'ils doivent au pouvoir, et nous, qui l'avons perdu, nous devons les admirer, les envier, nous plaindre et les imiter.

Toutes les personnes qui sont allées aux funérailles de l'Empereur reviennent profondément émues de ce grand spectacle, de la tenue, de la fermeté, de l'à-propos du Prince Impérial, de la douleur de l'Impératrice. Le baise-mains, surtout, de jeudi, a été émouvant au suprême degré : l'Impératrice pouvait à peine se soutenir ; tous sont tombés à genoux, pleurant et sanglotant, devant cette femme pâle et chancelante, dont ils baisaient les mains.

On est aussi unanime pour blâmer le maréchal de Mac-Mahon, qui n'a pas osé assister aux funérailles de son ancien maître, de celui qu'il vit pour la dernière fois à Sedan. Il n'est presque personne, qui ne s'indigne de cette mollesse, de cette faiblesse de caractère, On parle de lui dans les termes les plus sévères ; il a beaucoup perdu dans l'estime publique.

19. — Tandis qu'avait lieu à Chislehurst la cérémonie des obsèques de l'Empereur, beaucoup de boutiques étaient fermées à Paris ; des messes ont été célébrées dans toutes les églises, et on y remarquait beaucoup de personnes en deuil. Dans les rues, on était frappé du nombre de gens en deuil qui portaient des bouquets de violettes.

Les récits des journaux, des fidèles revenus de Chislehurst, ont produit la plus favorable impression dans une grande partie du public : la jeunesse, la pureté, l'innocence du Prince Impérial, lui attirent de nombreuses et vives sympathies, même de personnes auparavant indifférentes ou hostiles. On rappelle « les bienfaits de l'Empereur, le temps où l'on travaillait, où l'on gagnait de l'argent, *où l'ouvrier différait peu du bourgeois* pour le bien-être ; et, aujourd'hui, pas de travail, pas de gain, on ne sait comment vivre ! » On revient même sur l'Empereur : on ne l'appelle plus, me dit une femme du peuple, *l'homme, le lâche de Sedan*, on dit : *le martyr de Sedan!* Les photographies, les dessins représentant l'Empereur, sa mort, etc., sont partout exposés et l'on en vend en grand nombre. On a commandé, pour des commerçants de Paris, 500,000 photographies de l'Empereur mort, et 2 millions pour Londres.

22. — Je ne saurais oublier un détail caractéristique, qui a marqué le *baise-mains*, cette navrante réception qui n'a été qu'un sanglot. Il y eut un moment où l'Impératrice suffoquée chancelait; le Prince Impérial le vit, s'élança et saisit sa mère par les deux mains et, elle, aussitôt, sans un mot, détacha sa main gauche de la main de son fils, et, d'un mouvement vif et volontaire, le poussa de l'autre main, de manière à ce qu'il se trouvât à sa droite. L'Impératrice marquait ainsi la place de son fils, du Souverain. Peu de personnes ont vu ce mouvement, où l'Impératrice fit taire la mère.

Du 26 au 28. — Les messes dites pour le repos de l'âme de l'Empereur ont attiré une affluence telle qu'elles sont devenues une véritable manifestation. A Saint-Augustin, la police avait envoyé une quantité de sergents de ville, qui n'étaient pas trop nombreux pour faire faire place, à la sortie; l'église n'a pu être évacuée qu'au bout de quarante minutes, tant elle était remplie. On ne se gênait pas de dire, au nez des sergents de ville : « Quand M. Thiers mourra, il n'y aura certainement pas autant de monde ! » ou : « Il faudra, au contraire, qu'on vienne à son enterrement en grand nombre, car il aura bien besoin qu'on prie pour lui ! » Les sergents de ville souriaient. Du reste, calme parfait.

L'archevêque de Paris, quoique peu favorable à l'Empire, a montré une noble énergie, vis-à-vis de M. Thiers, au sujet des offices pour l'Empereur. M. Thiers aurait voulu qu'il n'y en eût pas, mais sans que le Gouvernement le défendît. On fit venir Mgr Guibert au conseil des ministres; mais l'archevêque n'hésita pas un instant, et dit : « l'Empereur, vivant, avait droit à des égards; mort, il a droit à plus d'égards et d'hommages. »

Il y a eu plusieurs entretiens sur les affaires privées et politiques, auxquels ont pris part MM. Rouher, le marquis de La Valette, Chevreau, Abbatucci, le comte de Bouville, le Prince Napoléon. Mais les entretiens n'ont pas eu lieu en conseil, sauf une seule fois. Parmi les sujets qui ont été traités, le plus grave a été la question de la Régence. Il y avait de grandes difficultés, si l'on voulait prévoir bien des cas et tenir compte des prétentions du Prince Napoléon. Le Prince, en effet, dans une réunion tenue le soir des obsèques, avait déclaré qu'il ne voulait pas faire partie d'un conseil de famille où il n'aurait qu'un rôle insignifiant; qu'il refusait d'être ainsi, sans pouvoir les empêcher, responsable des actes de l'Impératrice et de M. Rouher; qu'il voulait une place prépondérante, qui lui donnât une influence *absolue*. Il fut fort approuvé par MM. Maurice Richard et Adelon (ancien secrétaire général de M. Ém. Ollivier), combattu par M. Pinard, qui ne craignit pas de lui dire qu'il était *impopulaire* dans l'armée et dans le clergé. Le Prince n'en fut pas ému, et répliqua « qu'il connaissait son impopularité et était de force à la braver ».

Le Prince Napoléon, dans une conversation particulière avec M. de Bouville, s'emporta, mais affirma qu'il ne partageait pas les idées de ses amis, de sa *queue*, qu'il n'avait aucun dessein d'ambition, mais qu'il voulait remplir un rôle actif.

Il avait la prétention que l'Impératrice lui écrivît, pour lui demander de se charger de la direction et de l'éducation du Prince Impérial. M. de Bouville lui fit observer que cette lettre pourrait être révoquée par une subséquente, et que, d'ailleurs, il se diminuait par une telle demande, puisqu'il sollicitait une faveur qui lui pouvait être retirée, tandis qu'il avait un droit de contrôle, que lui donnait la loi, comme membre du conseil de famille.

Le Prince employa le même argument près de l'Impératrice et, faisant même allusion à la nécessité où l'on serait peut-être bientôt d'agir par un coup de force, il lui demanda s'il ne fallait pas que quelqu'un montât à cheval : « Et moi, Monsieur, s'écria alors l'Impératrice, ne puis-je pas y monter aussi bien que vous? » Dans la discussion qui eut lieu en conseil, on trouva moyen de tout concilier : point de conseil de Régence; suivant la Constitution, l'Impératrice est Régente de droit; un conseil de famille sera formé, comme dans les familles privées; l'Impératrice est aussi de droit tutrice; le conseil de famille n'intervient que pour des cas prévus; la nation ne connaît et ne voit que l'Impératrice et le Prince Impérial, la mère et le fils, suite naturelle de l'Empereur, à qui la France s'était donnée. Cette combinaison a tous les avantages. Quant à la direction politique, elle reste la même, entre les mains de M. Rouher; rien n'est changé, nul tiraillement. Le Prince Napoléon a seulement, dans le conseil de famillle, la place que lui donne sa parenté. L'Impératrice, d'ailleurs, est décidée à toutes les concessions raisonnables, mais en gardant fermement ses droits : « Je ferai, a-t-elle dit, tout ce qui sera nécessaire pour garder l'union. »

Un sujet moins important, mais qui présentait quelque difficulté, tint aussi un moment les esprits en suspens. Il s'agit des adresses des villes d'Italie arrivées en grand nombre, pleines de protestations de dévouement, d'admiration, de regrets, mais qui, toutes, manifestaient leur reconnaissance pour l'indépendance et l'unité de l'Italie, que leur avait procurées l'Empereur. Bologne même avait eu l'impudence de parler du bonheur d'être délivré de ses oppresseurs. Le gouvernement du Pape *oppresseur!* L'Impératrice ne voulait pas que, dans les réponses, il fût question de cette *unité* de l'Italie, qu'elle considérait comme un malheur et une faute. On ne trouva pas aisément une formule; enfin, on s'arrêta à une phrase qui satisfit et l'Impératrice et la majorité des conseillers : on ne parla que de la *gloire des armes* que la France et l'Italie avaient conquise en commun, en combattant sur les champs de bataille. Les Italiens, qui sont très fins, sauront comprendre.

M. Rouher resta jusqu'à la fin du mois à Chislehurst, afin d'arranger les affaires d'intérêt. L'Empereur n'était pas riche ; il faut de l'argent pour continuer les publications et pour la presse. Il n'y a qu'une seule ressource, l'appel au concours des hommes riches du parti impérialiste : MM. les ducs de Padoue, de Cambacérès, etc., feraient un fonds assuré pour un an et qui suffirait aux besoins indispensables. On eût pu emprunter : les Anglais offraient des sommes importantes ; on n'a pas voulu grever l'avenir du Prince Impérial,

peut-être même l'entraver. Les fidèles ne prê-
teront pas, ils donneront. L'Impératrice gardera encore moins de personnes qu'elle n'en
avait auprès d'elle ; le Prince continuera ses
études à Woolwich, et on attendra les événements.

L'Impératrice a témoigné, en ces tristes
jours, de sa rectitude d'esprit, de son bon
sens, d'un sentiment exquis et délicat dans les
affaires traitées devant elle. Pas un mot n'a
été prononcé, qui ne fût celui qui devait être
dit ; pas une fausse démarche.

Parmi les télégrammes des Cours, celui de
la Russie était surtout remarquable : l'Empereur de Russie disait qu'il s'empressait de lui
témoigner ses regrets et ses *espérances*. L'Impératrice a tout de suite compris la portée et
le danger de ce mot, et l'a fait effacer, quand
on a envoyé le télégramme aux journaux.

Il est certain que l'Empereur est mort tout
d'un coup ; personne ne s'attendait à un si
prompt et si fatal dénouement. La veille,
quoique ayant été opéré une fois, il s'était levé
et s'était rasé lui-même. Il devait cependant
beaucoup souffrir, car la pierre était grosse
comme un œuf, et placée de telle sorte que
déjà, à Sedan, où il demeura cinq heures à
cheval, il fut obligé de descendre plusieurs
fois, et qu'il lui fallait se tenir très fortement

penché sur le côté. Il ne s'illusionnait pas et il avait eu plusieurs entretiens, seul à seul, avec le curé de Chislehurst, avant l'opération. Ces souffrances horribles inspirent cette réflexion : un homme dans cet état ne devait pas avoir envie de faire la guerre ; aussi ne la fit-il que parce qu'il crut obéir à la volonté de la nation, et il paraît évident à beaucoup de personnes qu'il s'exposa à Sedan, comme il le fit, pour se faire tuer.

Dès le commencement de l'année 1870, il s'était trouvé mal deux fois, à Saint-Cloud, et avait eu une syncope de plus d'une heure, qui avait fort effrayé. Les journaux de l'opposition y firent allusion, en disant que l'Empereur était très malade ; les journaux du gouvernement le nièrent, mais, hélas ! rien n'était plus vrai !

30. — Les pourparlers et les démarches pour la fusion impérialiste-légitimiste ont pris plus d'importance, depuis la mort de l'Empereur. On s'en entretient dans tous les salons. A l'*Univers*, on semble y croire et même y vouloir sérieusement aider : M. Louis Veuillot déclarait récemment que la France, au fond, était favorable à l'Empereur, qui eût ramené l'ordre ; mais il regardait comme nécessaire l'union des légitimistes et des impérialistes, à cause du droit. Il a affirmé en même temps

qu'il savait que les dispositions du comte de Chambord étaient excellentes; qu'il publierait même bientôt une déclaration à, montrant et attestant l'indignité de ses parents d'Orléans, il proclamerait son intention d'user de son droit d'adoption en faveur du Prince Impérial, — *si la France le rappelait*. Il faut remarquer cette clause : *Si la France le rappelait*, ce qui suppose sa volonté de régner d'abord.

Très frappé de la persistance de ces bruits et de la force qu'ils prennent, persuadé que ce plan est une chimère, que la fusion légitimiste-impérialiste est impraticable, qu'elle aurait pour effet d'enlever aux deux prétendants leurs meilleurs partisans, j'écris et j'envoie une note explicite à l'Impératrice et à M. Rouher, dans laquelle je résume toutes les raisons qui doivent empêcher d'autoriser de telles négociations, tant que M. le comte de Chambord n'aura pas fait des ouvertures que l'Empire puisse accueillir sans se diminuer.

31. — La question de la première fusion, celle des orléanistes et des légitimistes, préoccupe plus que jamais les deux partis. On travaille avec la plus grande ardeur à la faire ou à l'empêcher. M. le comte de Paris, M. le duc d'Aumale sont entourés de deux factions contraires, le premier penchant à se soumettre, le

second y résistant. M. le duc d'Aumale, plus intelligent que son neveu, mais imbu de principes révolutionnaires, l'a même fortement blâmé des espérances qu'il a laissé entrevoir. M. le comte de Paris, sous la pression d'un oncle qu'il respecte et qui le domine, hésite et ne sait se décider. Il n'y a, cependant, pas de temps à perdre, au dire des hommes avisés des deux partis : il faut que d'ici à un mois la fusion soit faite ou abandonnée ; si l'on retarde, l'Assemblée qui, aujourd'hui encore, pourrait faire acte de maître, sera mâtée par M. Thiers, investi des pouvoirs qu'il se fait forger par la *Commission des Trente ;* on sera sous le régime d'une Constitution légale et acceptée, et il ne sera pas permis à un parti de poser *légalement* la question de la forme gouvernementale.

FÉVRIER 1873

La fusion légitimiste-impérialiste. — Nouvelles de Camden. — La fusion légitimiste-orléaniste. — L'hiver à Paris. — Le général de Ladmirault et M. Thiers.

Déjà l'Assemblée est atteinte d'une maladie de langueur mortelle ; elle est annihilée, on ne s'intéresse plus à elle, à ses travaux ; et elle le sent, et elle-même ne s'intéresse plus à ce qu'elle fait ; elle en comprend l'inanité. La moitié des membres de la majorité n'assiste plus aux séances, la plupart n'y vont que deux ou trois fois par semaine : c'est la dissolution qui commence. Les journaux de M. Thiers expliqueront facilement à la nation que cette Assemblée est frappée d'inertie, d'impuissance, et que le seul pouvoir utile est celui de M. Thiers, et la nation l'acceptera, parce que dans le pouvoir de M. Thiers elle verra l'*homme*, le maître, la main qui fait, qui agit, qui mène, et dont elle a besoin, — et dont, à défaut d'un autre, elle se satisfera !

Si M. Thiers ose alors faire un plébiscite, où l'on devra choisir entre l'Assemblée et lui, il aura une immense majorité.

5 *février* 1873. — M. Rouher est revenu hier de son voyage à Chislehurst. J'avais reçu, avant son retour, une lettre en réponse à la note que je lui avais adressée sur la fusion légitimiste-impérialiste. Je l'ai vu dès son arrivée ; il me dit qu'il l'a lue avec attention, et que le projet dont il s'agit n'a pas assez de consistance pour qu'on y apporte un examen sérieux : « Il faut, a-t-il ajouté, s'en tenir à la conclusion de votre note, c'est le vrai programme à suivre. »

J'ai été satisfait, sans m'en étonner, de cette appréciation ; il me semble qu'on ne peut continuer les négociations commencées sans compromettre le parti impérialiste.

Les négociateurs, cependant, ne se découragent pas, et apportent, au contraire, une quantité de renseignements nouveaux favorables à leurs idées. Ils prétendent que l'Impératrice verrait cette fusion avec joie et la désire ardemment. Là-dessus, on rappelle un mot attribué à l'Empereur : « Je suis socialiste, l'Impératrice est légitimiste, le Prince Napoléon est républicain, il n'y a que le Prince Impérial qui soit bonapartiste. » M. le comte de Chambord, de son côté, serait disposé à déclarer l'indignité de ses cousins et à adopter le Prince Impérial.

La propagande, loin de diminuer, a pris une plus grande extension ; nombre de gens accueillent le Prince Impérial, qui n'avaient jamais auparavant été impérialistes ; les magasins de photographies ne vendent presque que des portraits de la famille Impériale ; on les voit exposés partout ; une quantité de négociants, de petits marchands, se connaissent d'un bout de Paris à l'autre, et répandent, achètent des brochures, des portraits, sans compter, avec une ardeur que rien n'arrête. La mort de l'Empereur a donné lieu à une quantité d'œuvres d'art, exposées partout et qui attirent la foule (le bas-relief de Mme Lefèvre-Deumier, l'*Empereur sur son lit de mort*; la *Dernière promenade*, de M. O. Pichat, etc.). La situation misérable du commerce aide, d'ailleurs, à faire détester la République et à ramener les esprits vers l'idée d'une restauration : nulles réceptions brillantes, point de bals, de grandes soirées, les Italiens fermés ; absence des riches, des étrangers, de la noblesse du faubourg Saint-Germain. Tout le commerce de luxe est atteint ; on signale des faillites de plus en plus nombreuses : les marchands les plus communément frappés sont les glaciers, pâtissiers, couturières, fleuristes, etc. Beaucoup de grandes tailleuses ont renvoyé la moitié de leurs ouvrières : « Pourquoi, disait l'une d'elles à Mme la baronne ***, ne prenez-vous pas une robe plus belle ? — Qu'en ferais-je ? je n'ai ni bals, ni soirées, aucune occasion de la mettre. » Partout il en est de même.

L'Impératrice commence à se relever, quoiqu'elle soit encore bien pâlie, fatiguée, souvent silencieuse. Depuis la mort de l'Empereur, elle travaillait cinq à six heures par jour avec M. Rouher et lui témoignait la plus grande confiance. M. Rouher a complètement la direction du parti, et l'union est complète.

Le Prince Impérial frappe tout le monde par sa droiture, la fermeté de son caractère et ses sentiments religieux, sur lesquels il est inébranlable. Il y a eu, ces jours-ci, une discussion à table sur le duel : Mme... soutint vivement le duel ; le Prince fut presque seul contre, avec M. le baron Tristan Lambert, qui finit par s'écrier : « Monseigneur, vous êtes ici le maître, et vous ne devriez pas permettre qu'on soutienne de pareilles doctrines chez vous ! » Après le dîner, le Prince dit à M. T. Lambert : « Nous avons eu à repousser un rude assaut, mais je ne céderai pas ! » Il a repris ses études et sera aussi assidu qu'auparavant à Woolwich. On prend, pour le garder, des précautions qui ne sont pas, malheureusement, inutiles : un policeman couche dans la maison, et, en outre, une police Française veille sur lui.

6. — M. le baron Tristan Lambert, qui arrive de Chislehurst, où il est resté depuis la mort de l'Empereur, donne des détails intéressants sur cette catastrophe, qui émeut encore si vivement l'opinion. Voici ce qu'il rapporte au sujet de la fameuse scène, dont ont parlé les journaux, de M. le maréchal Lebœuf se jetant sur le cercueil de l'Empereur et s'écriant : « Pardon ! Sire, pardon ! » M. le baron Lambert père était présent, veillant auprès du corps, et affirme que le maréchal saisit une main de l'Empereur et la baisa plusieurs fois, en sanglotant et prononçant des paroles entrecoupées, mais qu'il n'a pas entendues distinctement. Jusqu'ici le maréchal n'a pas démenti le dramatique récit que l'on a fait. On ne saura que plus tard la vérité : il ne s'agit pas moins que de savoir sur qui doit peser la responsabilité de la guerre.

12. — La fusion légitimiste-impérialiste n'est pas en bonne voie. M. Boinvilliers, qui annonçait son intention de faire un voyage à Frohsdorff, pour voir M. le comte de Chambord, a reçu de Mᵐᵉ la comtesse de Chaumont,

autrefois attachée à la maison du Prince, la réponse qu'il faudrait que la démarche fût, *non pas personnelle,* mais autorisée par les chefs du parti impérialiste. Or, les chefs du parti, M. Rouher en tête, sont d'avis qu'il ne faut pas s'engager, mais attendre une déclaration de M. le comte de Chambord, qui ne permette plus d'hésiter et ne compromette pas le Prince Impérial. Les deux partis sont vis-à-vis l'un de l'autre, attendant, se regardant, et ne voulant pas faire le premier pas, de peur de ne pas voir venir à lui la partie adverse. Tout cela est donc plus vague que jamais.

14. — La grande préoccupation de ces jours-ci est la fusion légitimiste-orléaniste qui, après maintes tentatives, espérances, et de nombreux bavardages, a été déclarée, par les deux partis, définitivement impossible. L'intérêt des princes d'Orléans — car, pour eux, il ne s'agit que d'intérêt, non de principe, — les empêche de se rendre. Si le comte de Chambord revient roi, ils suivent, comme héritiers ; pourquoi alors se soumettre d'avance? S'il ne revient pas, ils restent, avec leurs prétentions ; pourquoi donc perdre les chances de régner seuls? Ainsi ils raisonnent et demeurent dans leur révolte. Aussi ne faut-il pas s'étonner du mot attribué au comte de Chambord, qu'un de ses fidèles consultait sur

l'alliance des légitimistes avec les impérialistes : « Comment pourrais-je l'empêcher,
quand, moi, j'en suis où vous savez avec les
princes d'Orléans ! »

15. — Deux traits rétrospectifs, l'un sur
M. Rouher, l'autre sur M. Thiers. Quand le
changement de régime se fit, le 2 janvier 1870,
qui mit M. Rouher de côté, et inaugura le
ministère libéral Ollivier, Mme la vicomtesse
Pajol, précisément parce que M. Rouher
devait être péniblement affecté, crut devoir,
quoiqu'elle assistât peu aux soirées officielles,
aller avec son mari à la réception de M. Rouher :
« Nous y étions trois, me dit-elle, une dame
et nous ! » Voilà ce qui peut donner une idée,
aux gens qui ne connaissent pas les hautes
sphères, de la bassesse, de l'ingratitude, de
l'ambition, de la vilité des hommes qui re-
cherchent le pouvoir, — et il en est de même
sous tous les régimes, hélas ! C'est à se sauver
dans les champs, pour y vivre seul ! Ce qui
est surtout honorable pour M. Rouher, c'est
que, après le désastre de Sedan, il ne parut se
souvenir de rien et, sans récriminer, sans un
mot de reproche, vint se mettre à la disposition de l'Empereur, qu'il servit avec le plus
entier dévouement.

L'autre trait est moins beau : c'est celui de
M. Thiers, allant, lors de son premier minis-

tère, sous Louis-Philippe, à Lille, faisant croire au receveur général que l'on va diviser le département en deux, ce qui diminuera singulièrement l'importance de sa recette, l'effrayant par cette perspective, l'engageant à demander, dès ce moment, la recette de Rouen, la plus importante de France après celle de Lille, lui promettant de l'aider à l'obtenir, l'y décidant ; puis, la chose faite, faisant nommer son beau-père, M. Dosne, à la recette générale du Nord, que l'on n'avait jamais eu l'intention de partager en deux. L'histoire s'étonnera de la coquinerie, de l'étroitesse d'esprit, du scepticisme, de l'impudence de cet homme profondément corrompu, que les partis dits *honnêtes* ont laissé devenir le maître de la France, ont entouré d'estime, de considération, d'espérance, de confiance et de respect.

M. Thiers est fort embarrassé : la révolution d'Espagne le contrarie fort ; la République en Espagne peut entraîner la République en Italie, et tenter de révolutionner la Belgique et l'Allemagne. Les puissances, menacées, ont intérêt à ne pas laisser se propager la Révolution, qui renverserait leurs trônes, et nul doute qu'on ne lui ait fait entendre qu'à l'occasion, les trois Empereurs, en armes, viendraient rétablir l'ordre en France et ailleurs. Aussi est-ce une grande question pour lui de reconnaître la République Espagnole ; et, s'il ne la reconnaît pas, il se sent menacé par les radicaux de notre pays, indignés qu'on rougisse de leur sœur. Ce nouvel événement peut précipiter la solution chez nous, surtout si la reine Isabelle rentrait en Espagne : la reine Isabelle est très liée avec les Bonaparte. M. Thiers tremble encore de ce côté ; sa position est plus fausse que jamais, à tous égards.

22. — La lettre du comte de Chambord, où il malmène si rudement ses cousins d'Orléans, tout en conservant le ton le plus grave, a jeté le désarroi à la fois dans le parti légitimiste, et parmi les orléanistes. Les légitimistes, qui avaient cru à la fusion, sont aussi désenchantés qu'irrités ; ces deux sentiments se traduisent par des plaintes et des récriminations. M. Ernoul ne dissimule pas qu'il a perdu tout espoir, qu'il n'y a plus rien à faire, il ne pense plus, dit-il, qu'à se retirer chez lui, à Poitiers, pour ne plus s'occuper de politique. M. de Saint-Chéron, caractère plus passionné, déclare qu'il est insensé d'attendre qu'un peuple vous appelle ou vote pour vous ; qu'un peuple se prend, et qu'on n'a jamais vu que cela dans l'histoire. C'est ce que je dis et écris depuis dix-huit mois.

Plusieurs, voyant, dans cette lettre, une abdication implicite de M. le comte de Chambord, vont aux Orléans, espérant que M. le duc d'Aumale fera quelque coup, avec l'appui d'un des jeunes princes de la famille. M. E. de Curzon, chef du parti légitimiste en Poitou, dans une lettre à M. de Saint-Chéron, dit qu'on voit clairement que M. le comte de Chambord ne se soucie pas de régner : le philosophe de Frohsdorff certainement accepterait de rentrer, si on lui donnait la liberté de gouverner comme il l'entend ; mais il sait qu'il n'en sera rien et, au fond, il ne fera aucun effort pour revenir. Il continuera à vivre honoré, respecté, enveloppé d'une auréole, et disparaîtra, un jour, *emportant avec lui l'ancienne monarchie*, avec bien plus de vérité que Mirabeau.

26. — On tient de nombreux conseils dans le parti impérialiste : une souscription a été ouverte, pour couvrir les frais de publication des brochures, subventionner les journaux de province, etc. Quelques hommes d'argent, à qui l'on s'est adressé, ont refusé ; M. Fould a largement donné ; on compte sur le concours de MM. les ducs de Trévise, de Cambacérès, de Padoue, etc. Outre cette souscription faite par les riches, il y en a une autre, à 100 francs, destinée à être pré-

sentée aux fortunes moyennes. Ces souscrip-
tions ont pour but de ne pas charger de dettes
le Prince Impérial, mineur.

M. le maréchal de Mac-Mahon, ayant appris
que, par décision de M. Thiers, le général de
Ladmirault était remplacé, comme gouverneur
de Paris, par le général Faidherbe, républicain
radical, est allé à Versailles et a fait des observations à M. Thiers sur cette mesure, prise
sans le consulter : « M. le général de Ladmirault a l'âge réglementaire de la retraite, a
dit M. Thiers, 65 ans. — Soit! mais il a commandé devant l'ennemi un corps d'armée, il
a grandement servi à prendre Paris. Vous
pouvez le faire maréchal et, par conséquent,
lui continuer indéfiniment son commandement. » M. Thiers insista: « Quoi qu'il
arrive, dit le maréchal, si l'ordre est donné,
je ne l'exécuterai pas et maintiendrai le général Ladmirault. — Mais, vous-même, maréchal, vous dépendez de moi, et je peux... —
Vous ne pouvez et ne ferez rien, et si vous
m'attaquez, je m'adresserai à l'Assemblée et
la ferai juge entre vous et moi. » M. Thiers se
le tint pour dit, et le général de Ladmirault a
été maintenu.

MARS-AVRIL 1873

Du 1ᵉʳ au 5 mars 1873. — La lettre du comte de Chambord a eu divers effets sur les légitimistes. Les uns irrités et aigris s'échappent en paroles amères et en lamentations. Les autres, comprenant tout de suite que leur seul recours est l'Empire, font franchement des démarches pour se rapprocher des impérialistes. Il y a deux jours, plusieurs députés de la droite se sont adressés à M. Rouher: « Vous serez peut-être obligé de prendre la parole dans la discussion des rapports entre l'Assemblée et le Président, lui ont-ils dit, nous vous demandons de nous ménager. » M. Rouher leur a répondu que les impérialistes avaient toujours eu une attitude réservée et même respectueuse vis-à-vis de la légitimité, exemple que n'avaient pas toujours suivi les légitimistes ; qu'il ne s'en départirait pas en ce moment : « Nous vous remercions, ont dit les députés, et, dans les occasions importantes, nous pouvons vous assurer que vous pourrez compter sur nous. »

La propagande Impérialiste est de plus en plus active : Mme la vicomtesse Pajol a eu l'idée d'un portrait de l'Empereur, destiné à être distribué et mis dans les livres de prières. Il est entouré de versets de l'Ecriture qui s'appliquent à l'Empereur, à l'Impératrice et au Prince Impérial. M. E. Dréolle a publié aussi une notice sur Napoléon IV, avec son portrait. En outre, on emprunte au *Journal d'un Parisien*, qui vient de paraître, et on cite les passages relatifs à la Commission d'enseignement siégeant à l'Hôtel de Ville pendant le siège, sous la présidence de Mme J. Simon, et où étaient posés les principes de l'enseignement athée. M. Rouher m'a appris que les procès-verbaux officiels de ces séances, dont j'ai eu les épreuves entre les mains, ont été enlevés par M. J. Simon, qui a bien senti qu'il était compromis par les paroles de sa femme. On va publier, dans tous les journaux dont on dispose, les passages du *Journal d'un Parisien* sur ce sujet ; M. Rouher entend s'en servir pour accabler M. J. Simon. Tous les journaux impérialistes de province ont reproduit ces extraits ; déjà le *Journal de Bruxelles* l'a fait aussi ; des journaux de Paris vont les imiter.

La petite indisposition de M. Thiers a mis tout le monde sur pied : on craint, on espère, on doute, on se prépare. Cette maladie a été jugée d'abord peu de chose, et quand Mme la vicomtesse Pajol, à qui je l'annonçais, a lu les quelques lignes consacrées à ce sujet dans le *Figaro*, elle s'est écriée : « Quoi, ce n'est que cela ! » Puis, se reprenant : « Que nous sommes méchants ! » a-t-elle ajouté gaiement. Mais, d'après les commentaires des médecins, le cas est grave et exige les plus sérieuses précautions : ce n'est pas un accident local, c'est une atteinte de tout l'organisme, et c'est ce qui rend la situation digne du plus vif intérêt. Il est évident que M. Thiers a fait subir à son corps et à son esprit un travail qui n'est pas en rapport avec son âge : la tension continuelle de l'un et de l'autre, les veilles, les luttes, l'inquiétude, les discours, l'étude, l'application incessante de l'intelligence, etc., ont surmené ce vieux corps ; il s'affaisse, il baisse, et l'on ne doute pas qu'il ne remonte plus. Sa fatigue, après son discours sur les pouvoirs publics, était évidente. Il se peut, disent les médecins, qu'il tombe tout à coup en enfance, ou qu'il soit réduit à un état para-

lytique qui, en lui laissant une part d'intelligence, le rende inerte et le fasse assister à sa
propre décadence et à son impuissance. Ce
serait le terrible et juste châtiment que Dieu
lui infligerait.

6. — La double *souscription impérialiste* va
très bien : la grande a été très facilement
couverte. M. le général Fleury a pris le bon
moyen : il n'a pas laissé à chacun le soin de
fixer la somme qu'il donnerait ; il l'a fixée lui-
même ; il a écrit aux généraux, aux grands
officiers de la maison Impériale, aux sénateurs,
aux députés riches, etc. : « Mon cher..., on
fait une souscription pour la propagande ; je
vous ai inscrit pour une somme de 1,000,
2,000, 3,000 francs, etc. » Il a reçu invariablement la réponse suivante : « Mon cher général, je vous remercie d'avoir pensé à moi ;
voici les 1,000, 2,000, 3,000 francs, etc. »

M. le général Fleury prouve ainsi qu'il connaît les hommes, qu'ils doivent être menés, et
l'on peut avoir confiance en lui, pour l'action,
au moment opportun. Les aides de camp de
l'Empereur ont été taxés uniformément à
500 francs. M. le duc de Cambacérès, qui
avait, l'année dernière, donné 50,000 francs,
a envoyé aussi cette année une somme considérable. Un marchand (de la rue Saint-Denis,
ou Montmartre) a donné 3,000 francs.

L'autre souscription est marquée par des traits touchants : Mme Combes, qui a une petite librairie du côté de la Villette, est venue me voir et, craignant de ne pouvoir recueillir assez dans son quartier, voulait prendre à la caisse d'épargne 300 francs qu'elle y avait déposés, pour les remettre à la souscription. J'ai refusé, et lui ai défendu de faire un sacrifice si disproportionné avec sa fortune ; elle donnera 20 francs si elle veut, mais pas davantage. Des domestiques de grande maison (de M. le marquis d'Espeuilles, entre autres) ont fait une petite récolte parmi leurs confrères, et, par 5, 10, 20 francs, ont amassé plusieurs centaines de francs. Les domestiques de M. le maréchal de Mac-Mahon se distinguent surtout par leur ardeur. Une jeune actrice, Mlle Marquet, qui, sur la recommandation de la cour, était entrée à la Comédie-Française, est d'un zèle qui ne se lasse pas : elle passe, pour ainsi dire, sa vie à récolter de petites sommes, même des sous, pour acheter des fleurs, des couronnes, des photographies, qu'elle envoie ou porte elle-même à l'Impératrice.

Du 10 au 15. — M. Thiers va mieux ; son indisposition a effrayé, mais n'a été que momentanée. Il paraît, cependant, que ce n'est qu'un atermoiement ; on raconte divers traits, on cite certains mots qui donnent à penser : il aurait eu, selon les uns, une première attaque d'apoplexie séreuse ; d'après d'autres, une idiotie partielle du cerveau ; il aurait des absences de mémoire. On connaît une lettre qu'il aurait écrite à M. V. Sardou, à l'occasion de sa pièce interdite (*Sam*), lettre de quatre pages (ce qui serait déjà déraisonnable pour un homme dans sa position), et où il n'y aurait ni suite d'idées, ni raisonnement.

La nouvelle relative au maréchal de Mac-Mahon, au général Ladmirault et à M. Thiers, publiée d'abord par le *Journal de Bruxelles*, à qui je l'avais communiquée, puis par une quantité de journaux, a eu un effet inattendu : le gouvernement, furieux, a interdit la vente publique de deux de ces journaux, *Paris-Journal* et *l'Espérance*, et a démenti la nouvelle dans le *Bien public*. Mais il n'en a pas moins maintenu le général Ladmirault, par un décret spécial, qui lui a accordé une exception d'âge.

Plusieurs journaux de province et de Paris se sont occupés des séances de la Commission d'enseignement des dames à l'Hôtel de Ville, racontées dans le *Journal d'un Parisien* [1] ; M. Roussel, dans l'*Univers*, à cette occasion, a

---

[1] Le récit de ces séances a été reproduit dans le *Journal de Fidus*, t. II, p. 200 et suivantes.

décerné cet éloge à l'auteur : « Nous ne partageons pas les opinions de M. E. L., mais s'il est un impérialiste sans peur, il est un catholique sans reproche. »

Les journaux n'ont pas expliqué le vrai motif qui a décidé l'Allemagne à évacuer les deux départements occupés au mois de juillet. Ce n'est ni par considération pour M. Thiers, ni parce qu'ils sont fatigués d'une occupation gênante que les Allemands se retireront. C'est parce que, dans leur réunion d'automne, les Empereurs de Russie et d'Autriche avaient insisté pour que l'évacuation eût lieu le plus tôt possible. Ils ne voyaient pas sans inquiétude la Prusse prolonger son séjour, et c'est sur elle qu'ils veillent à cette heure. L'Empereur d'Allemagne n'a pu refuser, et c'est ainsi qu'il a été coulant, aux offres de la France, à qui, d'ailleurs, il n'a fait aucune concession, si ce n'est celles prévues par le traité de 1871.

30. — Le parti, certainement, où il y a le plus de foi et de dévouement, est le parti impérialiste. Ceux qui en ont le plus sont surtout ceux qui ne retireront rien du rétablissement de l'Empire ; ils ressemblent aux amoureux, dont le plus grand bonheur est d'être agréables à ceux qu'ils aiment. Le mois de mars été a comme une suite de manifestations

impérialistes : le 16, malgré qu'on eût prévenu que l'on n'enverrait rien en Angleterre, réservant tout pour le 15 août, il est parti nombre d'adresses, de fleurs, de cadeaux de toute sorte. Le 20, nouvel envoi, à l'occasion du retour de l'île d'Elbe : on a fait cueillir exprès des feuilles du *maronnier du 20 mars*, et on les a envoyées à Chislehurst ; les jardiniers des Tuileries se disputaient à qui monterait à l'arbre. Le 25, ont paru nos *cartes-prières*, En ce moment, une souscription est ouverte dans le commerce, pour offrir une épée au Prince Impérial. On prépare une gravure populaire (genre Épinal) représentant les funérailles de l'Empereur, avec les grands officiers de la Couronne autour de son cercueil ; on la distribuera dans les campagnes, pour être affichée dans les chaumières. Le 29, ont eu lieu les funérailles de M. Am. Thierry ; comme il était resté fidèle, les impérialistes avaient tenu à s'y rendre en grand nombre ; c'était une sorte de démonstration ; M. Rouher tenait un des cordons du poêle.

Et, puisque j'en suis aux démonstrations impérialistes, je rappelle ce trait, que j'avais ignoré, de ce sergent de ville qui, le 14 janvier, jour des obsèques de l'Empereur, étant de service au boulevard Saint-Michel, vit passer des étudiants qui faisaient des plaisanteries ignobles sur l'Empereur. Il ne put se contenir et, les interpellant avec vivacité, leur dit qu'il était indécent de rire ce jour-là, et qu'ils devraient plutôt pleurer. Les étudiants ayant riposté grossièrement, ce brave homme fut indigné et, levant son képi, cria : *Vive l'Empereur !* Le surlendemain, il fut destitué ; il cherche, depuis ce temps, une petite place et est soutenu par quelques personnes dévouées. Il est bon aussi de citer ce mot d'un abbé Corse (M. l'abbé ***) à une dame qui médisait de l'Impératrice : « Il faut, Madame, que vous ayez une chemise sale, pour dire du mal d'une femme chaste ! » S'il y a de l'ardeur, c'est chez les impérialistes : leur indignation égale leur foi.

La fusion légitimiste-impérialiste semble vouloir passer à l'action. Aujourd'hui, M. le comte de Rivoire m'est venu trouvé et m'a demandé d'obtenir de M. Rouher une audience pour une députation de légitimistes influents et riches (MM. le comte de Beaupréau, le comte de Morry et le vicomte d'Espériès), qui offraient une alliance avec les impérialistes contre les princes d'Orléans. Ces légitimistes seraient disposés à mettre plusieurs centaines de mille francs à l'acquisition d'un journal. M. Rouher, à qui j'en ai parlé, en lui rappelant mon sentiment à l'égard de cette prétendue fusion, a accepté de les recevoir, mais il n'a aucun espoir sérieux : « Le comte de Chambord, m'a-t-il dit, n'a pas manifesté *lui-même* l'intention d'adopter le Prince Impérial ; le Prince ne peut être adopté, il n'en a pas le droit, étant mineur, et nul n'a le droit de l'engager ; il faut attendre, sans repousser ces avances. »

La bourgeoisie devrait être éclairée sur l'avenir, par tout ce que l'on apprend : ainsi l'on vient d'arrêter des communistes, qui complotaient d'abominables desseins : l'un d'eux est le citoyen Gromier, fils naturel de M. Félix Pyat ; et, à ce propos, on sait aujourd'hui que, si M. F. Pyat n'a pas été arrêté à Paris, où il est resté longtemps après la Commune, c'est par la connivence du gouvernement. L'ancien, le fameux commissaire de police, M. Lagrange, l'avait vu et savait où il était ; l'Empereur, à qui il en fit part, à Londres, lui ordonna de se mettre à la disposition du gouvernement de M. Thiers, qui défendait l'ordre social. Il se présenta au Préfet de police qui, au lieu de l'accueillir, le fit arrêter et mettre au secret pendant trente-six jours. On ne voulut pas arrêter M. Pyat, qui avait, lui et quelques-uns de ses collègues, des papiers compromettants pour plusieurs membres du gouvernement, saisis pendant la Commune, et il est problable qu'on aura la même indulgence pour son fils Gromier.

Du 1ᵉʳ au 5 avril. — Les pourparlers en vue de la fusion légitimiste impérialiste continuent plus activement que jamais : malgré mes déclarations, malgré la persistance de mon opinion sur les difficultés, sinon sur les impossibilités de cette union, il a fallu que j''en sois entretenu ; bien plus, on m'a demandé de m'en occuper. Hier, 5, j'ai eu à ce sujet une entrevue, sollicitée depuis plusieurs jours, et qu'enfin j'ai acceptée, afin de ne rien négliger.

Voici ce qui s'est passé : j'ai dit comment M. le comte de Rivoire m'avait prié de ménager avec M. Rouher une entrevue de plusieurs personnages légitimistes. M. Rouher, après quelques hésitations, avait accepté de recevoir, non pas ces trois messieurs, mais un seul. MM. de Beaupréau et de Morry, qui affirmaient être autorisés à proposer et à accepter certaines conditions, allèrent chez M. Rouher; mais l'entrevue n'eut aucune suite ou plutôt on peut dire qu'elle n'eut réellement pas lieu. Chacun se tint sur la réserve, attendant que l'autre commençât et s'expliquât nettement, chacun pensant, sans doute, que celui qui parlerait le premier aurait l'air de s'offrir et se diminuerait. Deux de ces messieurs, au lieu d'un, s'étaient présentés; ils avaient attendu une heure et demie avant d'être reçus; cette longue attente les avait mal disposés. Bref, après avoir dit, d'une part, qu'ils venaient pour *l'affaire que M. Rouher savait;* de l'autre, M. Rouher, qu'il n'avait pas un souvenir bien précis de ce dont il s'agissait; après quelques paroles d'une politesse froide et contenue, MM. de Beaupréau et de Morry avaient, à ce qu'il semble, été froissés de ce que M. Rouher ne leur faisait pas d'avances. M Rouher avait attendu, avec ses habitudes d'ancien ministre, qu'on expliquât le but de l'entretien, et l'on s'était quitté, sans avoir rien dit : « Puisque vous n'êtes pas au courant de ce que nous venons traiter, dirent les légitimistes, nous regrettons de vous avoir dérangé, et nous nous tiendrons à votre disposition, pour un autre moment, s'il y a lieu. » Il est clair qu'il s'est mêlé à ce projet sérieux une question d'étiquette et d'amour- propre, et qu'il y a eu des torts des deux côtés.

M. le comte de Rivoire vint m'exprimer les plaintes et les regrets de ces messieurs, et me demander ce qu'il y avait à faire. Je répondis que les pourparlers indirects ne signifiaient rien, qu'ils avaient duré plusieurs mois, et qu'on n'arriverait à aucun résultat, tant que les parties intéressées ne seraient pas directement consultées, savoir M. le comte de Chambord et l'Impératrice. Il me pressa vivement de voir MM. de Beaupréau, de Morry et d'Espériès, qui le désiraient, afin de reprendre les pourparlers avec M. Rouher. Je refusai, ne voulant pas me mêler d'une négociation qui, à mon sens, ne doit aboutir à rien de pratique ; enfin, M. de Rivoire ayant plus fortement insisté, je pensai qu'il n'y avait aucun inconvénient à entendre ces messieurs, qu'il pourrait y avoir quelque utilité, et j'acceptai.

L'entrevue a donc eu lieu samedi, 5. Là, j'ai appris qu'un groupe important de légitimistes, formant le *Cercle Français* de la rue Vivienne, préoccupés de la crainte du succès des princes d'Orléans, avaient songé à un projet d'union des légitimistes et des impérialistes. Ce projet se formulait ainsi : 1° déclaration d'*exhérédation* des princes d'Orléans par le comte de Chambord, qui s'appuyait sur leur trahison, leur refus d'obéir, leur résistance à se soumettre au chef de la maison Royale, etc., et qui mettait en avant plusieurs précédents historiques Français et étrangers ; 2° *manifeste* du comte de Chambord *à la nation*, pour désigner son héritier, le Prince Impérial, qu'il *adopterait*. Ce plan était contenu dans deux documents rédigés par M. le vicomte d'Espériès, signés des principaux membres du Cercle, et qui avaient été portés à Vienne par M. le comte de Blacas, représentant et mandataire de M. le comte de Chambord. Il me fut donné lecture de ces documents. De plus, on ajouta que les légitimistes, reconnaissant la force des bonapartistes et leur habitude des affaires, leur assuraient les premières positions, à commencer par M. Rouher, qui serait premier ministre.

Sur mon observation que de tels projets ne pouvaient s'appeler que des *pourparlers*, et ne méritaient de passer à l'état de *négociation*, que lorsque les parties intéressées étaient directement mises en rapport et avaient fait connaître leurs intentions, ces messieurs déclarèrent qu'ils étaient disposés à se rendre près de l'Impératrice, pour lui soumettre leur plan et, si l'idée en était agréée, la prier de désigner un négociateur, qui irait trouver M. le comte de Chambord. A ce moment alors, les questions de détail seraient traitées et, s'il y avait lieu, on poursuivrait, ou l'on s'arrêterait. Seulement, ils désiraient savoir si l'Impératrice voudrait les recevoir, et ils me demandèrent de faire parvenir à Chislehurst une lettre, où ils solliciteraient cette entrevue. Il n'y avait aucun inconvénient grave dans cette démarche; M. le général Pajol devait partir mardi, 8. Je promis de lui remettre la lettre que devaient préparer ces messieurs et qu'ils m'apporteraient dimanche soir.

Je ne m'illusionne pas plus, aujourd'hui qu'auparavant, sur les chances de cette négociation; mais on no saurait nier que les relations qu'elles établissent entre les deux partis ne soient propres à faire tomber bien des préventions et à préparer une alliance utile pour la défense des intérêts généraux, c'est-à-dire, de la société. Je me suis, d'ailleurs, réservé de donner connaissance à M. Rouher de cette nouvelle démarche, M. Rouher étant le chef du parti, et la discipline devant être gardée par des hommes qui se prétendent aussi autoritaires que les légitimistes.

Du 5 au 10. — Aujourd'hui, dimanche, a été une journée marquée par un fait important, et qui peut avoir les plus sérieuses conséquences. M. le vicomte d'Espériès est arrivé, m'apportant, non la lettre pour l'Impératrice, mais une nouvelle d'une bien autre nature.

M. le comte de Chambord, qui avait reçu, depuis deux ou trois semaines, les deux documents dont j'ai parlé, venait d'envoyer sa réponse. Elle était absolument *négative* sur tous les points. Il déclarait que : « Quels que fussent les torts de ses cousins, et les reproches qu'il fût en droit de leur adresser, il refusait de prononcer leur exhérédation, et ne s'y déciderait jamais. En outre, il ordonnait à ses fidèles d'avoir à cesser toute négociation avec les impérialistes ayant pour but l'adoption du Prince Impérial. »

11.

M. le vicomte d'Espériès était très vivement affecté de cette décision, qu'on l'avait
chargé de me communiquer immédiatement.
Lui et ses amis se rangeaient sans hésiter à
l'obéissance ; mais, tout en affirmant qu'il
considérait le principe de la légitimité comme
le seul qui pût sauver la France, il ne fit aucune difficulté d'ajouter qu'à ses yeux « le
parti légitimiste était perdu ».

Quand j'exprimai l'opinion depuis longtemps
établie dans mon esprit, que M. le comte de
Chambord n'avait pas le désir de régner, qu'il
en voyait les difficultés, les désagréments, les
dangers, qu'il s'enveloppait dans son principe avec lequel, sans faire aucune concession, il descendrait dignement dans la tombe,
je n'eus aucun étonnement d'entendre M. le
vicomte d'Espériès répliquer par une opinion
entièrement semblable, et je pus entrevoir,
dès ce moment, que bien des légitimistes, à
mesure que les événements pousseraient vers
la restauration de l'Empire, abandonneraient
facilement une cause sans lendemain et
s'uniraient aux impérialistes, pour amener
cette restauration et la maintenir. Nous
nous séparâmes, M. d'Espériès et moi, avec
des démonstrations d'estime et de sympathie
réciproques.

M. Rouher était à Cercey (du moins je le
croyais), il était trop tard, d'ailleurs, pour le

prévenir; je remis au lendemain à le voir. Le 9, lundi, était le dernier jour de l'Assemblée, qui prenait des vacances de six semaines. Je pensai qu'il importait que M. Rouher, non seulement fût informé de ce qui s'était passé, mais en informât, avant leur départ, les députés au courant de ces projets, et qui pouvaient jeter ou entretenir en province des espérances et des illusions sans issue. L'Assemblée avait une séance du matin, j'allai à Versailles. M. Rouher, à qui je fis part tout de suite du message du comte de Chambord, en parut très frappé et me demanda les détails. Il avait connaissance des deux documents qui avaient été envoyés à Vienne ; il ignorait le projet de lettre à l'Impératrice, d'une visite à Chislehurst, etc. Son attitude ne me parut pas exempte d'embarras.

Il voulut savoir les conséquences que je tirais de cette déclaration du comte de Chambord : « La première, lui dis-je, est qu'on avertisse nos amis d'avoir à interrompre leurs pourparlers avec les légitimistes, toute négociation étant désormais inutile et ne pouvant que prêter au ridicule, sans compter qu'ils nous compromettraient. — Ce n'est pas nous qui sommes compromis, répondit-il, ce sont eux seuls; nous n'avons pas écrit un mot, les légitimistes se sont bien plus compromis. » C'est vrai, mais M. Rouher témoignait ainsi sa satisfaction de ne pas s'être compromis, et je ne suis pas loin de penser qu'il avait un peu cru à la possibilité d'une fusion dans un temps plus éloigné, sauf les conditions à débattre.

Assis, les yeux fermés, immobile, il écoutait, sans que je pusse juger de ses impressions par le mouvement de sa physionomie ; mais ce silence même et quelques mots me semblaient témoigner du regret de voir échouer une combinaison, à laquelle, depuis plus d'un an, il pensait peut-être (dans une conversation il avait admis la possibilité de voir régner le comte de Chambord). Il faut aussi faire la part de l'ambition des hommes qui ont occupé les plus hautes positions et qui ont quelque peine à s'en détacher ; il avait peut-être songé à se ménager cette chance, au cas où se ferait l'arrangement.

Après avoir réfléchi, il ajouta : « Qu'importe que MM. tel et tel de nos amis se soient occupés de cette affaire ! Nous n'avons ni à nous attrister, ni à nous irriter de cette décision du comte de Chambord. — Nous aurions plutôt à nous en féliciter, dis-je. — Pas même à nous en féliciter : montrons-nous indifférents. » Il fut convenu que j'informerais de la décision du comte de Chambord ceux de nos amis qui pourraient continuer à agir, afin qu'ils s'arrêtassent immédiatement.

Dans le récit que je viens de faire, j'ai omis quelques détails qui ne sont pas sans intérêt, et quelques traits que j'ai appris seulement à la fin de la négociation. Messieurs les légitimistes ne s'abusaient pas sur la force de leur parti, et ne doutaient pas que le seul moyen qui pût amener la restauration était la *force*. Ils proposaient donc de l'employer, en se servant des ressources des deux partis ; ils nous disaient : « Vous, impérialistes, vous êtes sûrs d'une partie de l'armée ; nous, nous avons le général Espivent de La Villeboisnet, qui commande à Marseille, le général ***, qui commande à Moulins ; de plus, le général de Charette et M. de Cathelineau ont leurs bataillons encore organisés, qui obéiront à leurs ordres. Les deux Princes, le comte de Chambord et le Prince Impérial, entreront ensemble, à la tête de ces troupes, et leur union sera certainement accueillie avec applaudissements par la nation rassurée. »

Le samedi soir, jour de l'entrevue que j'avais eue avec ces messieurs, j'étais allé rendre visite à Mme la comtesse de La Roche-jaquelein, cousine de M. le comte de Blacas, qui, après un long silence, avait désiré me voir. Sans qu'il y eût eu d'explication entre nous, quelques mots ayant été dits sur les projets de fusion des deux partis, dont tous les salons s'entretiennent depuis plusieurs mois,

Mme de La Rochejaquelein donna à entendre
que M. le comte de Chambord avait envoyé
un message, qui faisait connaître sa volonté
à ce sujet. Or. Mme de La Rochejaquelein pouvait connaître le contenu de ce message par
M. de Blacas. Elle affecta, d'ailleurs, de dire
que « M. le comte de Chambord n'avait jamais
eu l'idée de renoncer à régner, qu'il *n'avait
pas que les princes d'Orléans pour héritiers;*
qu'ils n'étaient pas ses plus proches parents ;
qu'il y avait les Bourbons de Naples et d'Espagne, et qu'enfin Mme la comtesse de Chẫm-
bord *pouvait mourir!* — Ah ! Madame, m'é-
criai-je, ne la tuez pas tout de suite! » me
rappelant le mot de Mme la comtesse de Chambord, qui sait que les orléanistes et même
des légitimistes calculent sur sa mort, laquelle
permettrait à M. le comte de Chambord de se
remarier et d'avoir des enfants. On ne saurait
trop admirer la froide et cruelle indifférence
des partis pour les intérêts et la vie des personnes qui devraient leur être sacrées[1]!

[1] *Le 15 mars* 1879, M. l'abbé Herpin, qui a appartenu
à la maison de la Princesse Clotilde, m'a raconté, comme
un fait tout à fait inconnu, — ce que je savais ou plutôt
ce que je soupçonnais depuis six ans, — la véritable
cause de la soumission des princes d'Orléans à M. le
comte de Chambord, en 1873. M. l'abbé Herpin sut, à
cette époque, que les princes d'Orléans s'empressèrent de
se rapprocher du comte de Chambord, parce qu'ils avaient
appris les dispositions du comte de Chambord envers le
Prince Impérial, dispositions qui avaient pour premier effet
de les déclarer indignes et coupables de forfaiture, et d'é-

8 *avril*. — La réception de M. le duc d'Aumale à l'Académie a été fort brillante, par la société qui y assistait, et fort terne, par les discours : celui de M. le duc d'Aumale n'a eu de supportable que le premier et le dernier paragraphe ; le reste était aussi lourd qu'embarrassé. Celui de M. Cuvillier-Fleury, spirituel à certains endroits, a été prononcé d'une voix faible ; on l'a à peine entendu. Comme ces deux discours, en petits caractères, ne tiennent pas moins de dix-sept colonnes de journal, du haut en bas, peu de personnes les ont lus. Il se trouve deux remarquables passages dans celui de M. Cuvillier-Fleury à la louange de l'Empereur. (Il l'a appelé le *vainqueur de Solférino*, etc.) On explique cette justice éclatante qu'a rendue à Napoléon III M. Cuvillier-Fleury, en pleine Académie, en face des princes d'Orléans, par ce fait que l'Empereur avait apporté un jour le plus utile secours à M. Thouvenel, beau-frère de M. Cuvillier-Fleury et à la famille de celui-ci. Cette preuve de gratitude fait honneur à M. Cuvillier-Fleury.

tablir une entente entre le comte de Chambord et notre Prince. Ce récit, dont M. l'abbé Herpin a connu et suivi de près les incidents, complète celui que j'ai fait des démarches de plusieurs légitimistes, qui furent tout à coup rompues par une dépêche du comte de Chambord, défendant d'aller plus avant. Et ce qui donne plus de force à la révélation de M. l'abbé Herpin, c'est qu'il ignorait les négociations d'avril 1873.

Du 10 au 15. — L'Assemblée est en vacances, ce qui fait que chacun respire.

Le calme où l'on vit est propre aux cancans. On en fait sur les Orléans et Mme Thiers, accusés également de lésinerie. Il n'est pas jusqu'aux républicains qui ne tombent sur notre roi provisoire. M. Laurent (de l'Ardèche) vient de retrouver, et s'est empressé de publier (dans le 32° volume des *OEuvres* de Saint-Simon et d'Enfantin) un portrait de M. Thiers par M. Enfantin, où le futur président est représenté comme un esprit vif, habile, mais étroit et sans vues absolument sur l'avenir, ce en quoi le père Enfantin a montré sa perspicacité. Le portrait remonte aux premières années de Louis-Philippe.

Et, à cette occasion, on rapporte que M. de Rothschild, lors du paiement du quatrième milliard, était allé trouver M. Thiers, et lui avait proposé de s'en charger, à des conditions bien moins onéreuses que les banquiers étrangers. M. Thiers s'était empressé d'accepter : « Mais, avait ajouté M. de Rothschild, il nous faut une garantie. — Laquelle ? demanda M. Thiers. — Il importe, pour notre opération, que nous soyions assurés d'un temps assez long de sécurité. Nous demandons que, pendant quelques mois, vous gouverniez avec la droite. — Ah ! pour cela, non ! » répondit M. Thiers, et l'affaire ne fut pas concluc.

Les dernières élections, qui ont fait entrer deux radicaux au Conseil municipal, y donnent la majorité à la future Commune et inspirent la plus grande confiance à nos gouvernants de demain. MM. Cantagrel et *** sont allés visiter le collège Chaptal, que l'on achève : « Qu'est-ce que ce bâtiment? demanda le citoyen Cantagrel. — C'est la chapelle, dit l'architecte. — La chapelle ! à quoi bon ? Mais bah ! ajouta-t-il, vous pouvez l'achever, cela nous importe peu ; avant un an, nous serons les maîtres, et nous raserons tout cela. »

Le gouvernement a refusé d'autoriser la mise en vente des portraits-prières. On n'en a pas moins vendu plus de 10,000 ; on va en tirer 10,000 autres ; Mme la duchesse de Cambacérès seule en a placé un millier.

Du 20 au 25. — M. le général Pajol a rapporté les meilleures nouvelles de Chislehurst : il a trouvé l'Impératrice très changée par la douleur, mais aussi énergique et décidée. Elle lui a manifesté sa désapprobation complète des négociations engagées pour la fusion légitimiste-impérialiste, telle que l'entendaient d'imprudents amis, et a approuvé entièrement la note que j'avais remise au général. Quant à l'avenir, elle lui a dit : « Dites à nos amis que nous serons prêts, et que mon fils et moi nous ne faillirons pas à nos devoirs. » Le

Prince, qu'il a vu quatre jours, s'est très fortifié ; il a voulu lui donner une des trois plaques que portait l'Empereur, comme à un des hommes que son père aimait le plus. Le général demeurait à Camden même : on voit avec quelle intimité il était traité ; il le mérite par sa loyauté, son intelligence et son dévouement.

Les élections de Paris occupent tout le monde ; jamais, depuis vingt-cinq ans, je ne vis pareille ardeur ; tous se passionnent, hommes et femmes. On sent bien qu'il ne s'agit pas d'un député à élire, mais que la question de gouvernement est posée. Les réunions sont aussi nombreuses que fréquentes.

M. Barodet a une telle masse derrière lui, qu'il sera indubitablement élu. La Commune ne prend aucun voile, elle se déclare hautement : au club Cadet, un orateur a fait l'éloge de Raoul Rigault. Cela est autrement sérieux que les réunions modérées du club Pascault, où, sur 800 assistants, 40 à peine ont levé la main, quand il s'est agi de décider quel candidat ils choisiraient. Quant à la salle Herz, ça été un déchaînement de joie d'une foule antirépublicaine, qui, depuis deux ans et demi, se trouvant enfin réunie, n'a pu se contenir et a poussé de véritables hurlements contre la République ; un républicain qui eût voulu

résister eût été déchiré. Tout le monde est
dans le même état d'exaltation.

Il y a 43 départements en état de siège. Voici
comment : l'Impératrice régente avait mis en
état de siège tous les départements envahis.
Cet état devait cesser avec la guerre. Il cessa
en effet, de droit, et si bien, que l'Assemblée
crut devoir, pour la sécurité publique, ordon-
ner l'état de siège dans la Seine, Seine-et-
Oise, Seine-et-Marne et le Rhône. Par là
même, elle reconnaissait que les autres départements n'étaient plus en état de siège. Mais
le gouvernement, pour qui cet état est commode, a feint de ne pas comprendre, et a continué à traiter les autres départements comme
si l'état de siège n'avait pas cessé. C'est ainsi
que la République est le gouvernement de la
liberté.

Du 25 au 30. — Les élections ont eu lieu :
elles ont été ce qu'attendaient ceux qui connaissent Paris. On croyait que M. Barodet
aurait au moins 140,000 voix ; il en a eu
180,000. On prétend que M. Thiers, en apprenant que les boulevards, surtout de la rue
Montmartre à la rue du Temple, regorgeaient
d'une foule enivrée, qui criait : *Vive la République et la Commune*, etc., aurait dit : « Ce
sont mes funérailles de Victor Noir! » La bour-

geoisie, qui croit à la République modérée, a
été atterrée, elle entrevoit tous les malheurs.
On regarde, à cette heure, dans Paris, la Commune comme inévitable. Les uns s'y résignent
et ferment les yeux d'avance ; d'autres pensent
à se sauver. La panique a arrêté les affaires
et fait tomber les cours de la Bourse. Il est
peu de gens de bon sens qui disent : « Pourquoi passer par la Commune, avant d'arriver
au port, à l'Empire? — Pour l'éviter, il faudrait se battre ; ce sera la guerre civile! »
s'écrient les timides. — Oui, ce sera la guerre
civile! Qu'y a-t-il là de criminel et de redoutable? La guerre civile ne vaut-elle pas mieux
que les égorgements sans résistance de vic-
times innocentes?

MAI 1873

Du 1er au 5 mai. — Depuis l'élection de
M. Barodet, on est très vivement préoccupé de
la situation ; on prévoit la Commune, la Commune légale. Les radicaux annoncent leurs
projets tout haut : « Nous nous emparerons
du pouvoir, disent-ils, après avoir renversé
M. Thiers, aux prochaines élections ; nous
changerons tout le personnel du gouvernement. S'il y a un mouvement violent, nous
l'arrêterons d'un coup rude, comme on savent
frapper les républiques, sans pitié. La bourgeoisie sera effrayée, personne ne bougera.
Alors tout reprendra son cours ordinaire, et
la république sera fondée. » C'est là le langage
qu'on tient dans les bureaux du journal la
République Française : « Il faut les voir, me

dit un homme qui les connaît ; ils ont le ton, la gravité, le calme de futurs ministres ; ce sont de vrais Jacobins, des Saint-Just. »

Des délégués de la droite de l'Assemblée ont pressenti le maréchal de Mac-Mahon. Il a répondu « qu'il ne trahirait pas la confiance de M. Thiers, qui lui a donné le commandement de l'armée de Paris, mais que, s'il y avait un vote de l'Assemblée, il obéirait ». Il s'agit d'avoir ce vote, on se concerte et on se compte : y aura-t-il une majorité ? Beaucoup en doutent. Les gens du peuple, qui expriment plus vite et plus nettement la pensée des chefs, montrent leur espoir par leur insolence : on a insulté déjà des dames, des prêtres, des Sœurs, dans la rue : « Allons ! ne vas-tu pas à la Roquette ? disait, il y a deux ou trois jours, un homme en blouse à une dame de mes parentes, v'là que ça craque ! » Et il lui saisissait et secouait le bras.

L'Assemblée est impuissante ; l'ancienne majorité s'est réunie et comptée ; elle n'est pas en nombre pour renverser M. Thiers. Elle avait fait des ouvertures au maréchal de Mac-Mahon, puis au maréchal Baraguey d'Hilliers, pour le cas où le premier se récuserait ; mais, avant tout, il faut un vote, et elle ne sait comment l'avoir : « Elle est punie, me dit un journaliste philosophe, M. Coquille, pour avoir commis la faute de proclamer la *déchéance* de l'Empire ; par là, elle reconnaissait la révolution de septembre ; par là, elle est condamnée à subir la république de septembre. » C'est ce qu'a compris M. Thiers : il ne craint pas la droite, il s'est porté à gauche, espérant la contenir par son habileté.

Du 6 au 15. — Les inquiétudes sont de plus en plus vives : nombre de gens quittent Paris ; les lettres qui arrivent de province expriment la même anxiété. On craint et on espère la chute de M. Thiers.

D'autre part, on parle du retour du Prince Impérial : quelques-uns croient qu'il doit arriver par Lyon, où l'armée est bien disposée ; d'autres voudraient qu'il vînt droit à Paris. Ce qui donne à penser qu'il se prépare quelque chose, c'est que plusieurs personnes considérables se rendent à Chislehurst : le général Pajol en revient ; le général Fleury partira dans quelques jours ; M. Rouher est parti hier ; M. le duc de Padoue va le rejoindre. Seulement, y aura-t-il assez de décision ?

Les républicains, eux, annoncent tout haut leurs projets, qui ne diffèrent pas beaucoup de ceux de 1793 ; tout cela est raisonné et préparé froidement ; ils ont fait la révolution, comme les Allemands la guerre, en théoriciens.

Les princes d'Orléans semblent n'avoir

d'autre but que de demeurer paisiblement en France ; ils cèdent à tout, ils se font républicains : aux obsèques de M. l'amiral Rigault de Genouilly, M. le Prince de Joinville s'est montré avec une croix d'honneur surmontée, non de la couronne royale, mais d'une couronne de chêne, telle que l'a modifiée la République. Puisque la République craint tant les emblèmes qui rappellent la monarchie, que ne détruit-elle presque tous nos monuments, que ne jette-t-elle au feu tous nos tableaux de batailles, à commencer par ceux où Napoléon Ier est représenté avec sa figure césarienne de triomphateur et de héros, et qui, rien qu'à le regarder, inspire l'enthousiasme ! C'est ce que je me disais, en parcourant, pour la centième fois, les galeries de Versailles, et m'arrêtant devant les toiles de David et de Vernet, celle de la *Bataille d'Iéna* surtout : Napoléon y est là foudroyant et enlevant.

Du 15 au 18. — « Paris est terrifié ! » C'est par ce mot que m'a abordé M. Louis Veuillot, hier, et son dernier mot a été : « l'attente et l'espoir d'un coup de force, de la part des impérialistes. » On n'entend, partout, que paroles de frayeur : les uns cachent leur or, pour s'enfuir au moment du triomphe de la Commune, d'autres placent leur argent en rentes étrangères, d'autres en grand nombre

ont déjà quitté Paris, d'autres comme M. Vouil-
lot, sollicitent les impérialistes de les sauver
avec la France, par le retour inopiné du Prince
Impérial. L'attitude de M. Thiers n'est pas
propre à rassurer. Il a eu, lundi, un joli petit
échec, son ministre Dufaure n'ayant pas
obtenu de lire son rapport sur les lois constitutionnelles. Ce rapport, qui a été publié, est
aussi insolent que menaçant pour les monar-
chistes : M. Thiers leur fait très bien entendre
qu'il les matera et ne permettra rien, dès
que sa République sera constituée. La majorité a compris et s'est formée en un corps
compact et discipliné. La demande d'interpellation, signée d'abord de 160 membres,
l'est, assure-t-on, maintenant de 308 et même
de 354. S'il en est ainsi, elle triomphera et
jettera à bas M. Thiers. Cependant, je n'en
serai sûr qu'en le voyant, M. Thiers étant assez
habile pour détacher quelques membres de la
majorité. Ce qui peut rassurer, c'est que les
hommes poltiques se portent d'ordinaire vers
le côté qui semble fort, au lieu de soutenir
celui qui est attaqué ; c'est ainsi que les
Assemblées montrent leur bravoure. Or, on
voit bien que M. Thiers penche ; il y aura
donc plutôt un accroissement qu'une diminution de la majorité.

On le pressent de tous côtés : « Si le ministère n'a pas plus de force et de courage que

ce Dufaure, disait, à la fin de la séance, M. Picard, nous sommes perdus ! » Puis, avisant M. Rouher qui se trouvait près de là, il comprit qu'il était allé trop loin, et, voulant se rattraper : « Nous nous en tirerons ! ajouta-t-il plus haut, nous en sortirons ! N'est-ce pas, monsieur Rouher ? » lui dit-il en l'interpellant : — « Oui ! Monsieur, oui ! dit M. Rouher, qui ne fit que passer, *vous en sortirez!* »

Le journal le *Soir* s'attend à la capitulation du gouvernement et s'apprête à battre la chamade, en l'insultant : c'est un autre symptôme. L'Assemblée paraît très animée, et il se peut que les finesses de M. Thiers soient définitivement usées ; hier soir, mardi, tout le monde ne s'abordait qu'en se demandant : « Va-t-il tomber ? »

M. le duc de Padoue, avec qui j'ai eu une longue conversation, mercredi soir, m'a paru fort déterminé ; il partait le lendemain matin pour Chislehurst ; il était d'avis qu'il fallait saisir l'occasion. Il semble qu'on se prépare réellement ; on a pensé même aux dernières mesures, à des détails (l'uniforme, le cheval du Prince, etc.). Le duc de Padoue est un esprit non ardent, mais qui a de la suite : il croyait que le moment ne pouvait être éloigné. Le Prince est fort résolu, l'Impératrice moins ; on le comprend, elle n'est pas que Souveraine, elle est mère...

Je suis sorti, me disant que, si le coup se faisait avant peu, je ne m'en étonnerais pas ; — s'il ne se fait pas, je n'en serai pas non plus étonné. M. le général Pajol, avec qui je m'entends très bien, ne croit pas, lui, le moment aussi proche ; sa principale raison est que le Prince n'a pas près de lui un homme résolu, propre à l'accompagner, et qui lui dise : « Voici l'heure ! partons ! »

22. — Dernières nouvelles avant le vote de vendredi : le centre droit n'est pas sûr. Cependant, on compte sur la droite et les impérialistes, 200, et la gauche, 200 ; ce serait suffisant.

Chacun apporte ses raisons pour ou contre le succès de M. Thiers. La plupart, et je suis du nombre, croyant peu au courage des Assemblées, s'imaginent qu'il y aura des défections, et qu'il l'emportera de quelques voix. D'autres prétendent savoir que nul ne bougera de la majorité, et que M. Thiers a déjà pris ses mesures pour partir. D'autres, regardant le triomphe de M. Thiers comme certain, disent qu'il en usera durement tout de suite, que quatre journaux seront supprimés, l'*Ordre*, le *Gaulois*, le *Pays*, la *Patrie*, qu'on déportera deux cents personnes, etc., bref, un 18 fructidor.

Tout Paris n'est occupé que de la crise. Ce

matin, on ne pouvait avoir de journaux ; à deux heures, on s'arrachait ceux qui rendaient compte de la séance du matin. Le discours d'hier, de M. Dufaure, avait exaspéré la droite, par son insolence et sa déclaration de proclamer la République ; les quatre lignes de M. Thiers, non moins impertinentes, n'avaient pas calmé cette irritation. Cependant le même doute existait pour le résultat.

Le discours de M. Thiers est une série de critiques de tous les partis et d'éloges de lui-même et, par-dessus tout, une préoccupation de l'Empire, qui se manifeste par le dernier paragraphe, où il veut faire entendre à la droite qu'elle est le jouet de l'Empire. Une phrase est particulièrement odieuse, celle où il déclare qu'il refusa de faire la paix avec la Commune, à la condition que l'armée ne rentrerait pas dans Paris : « *Il y aura des torrents de sang plutôt*, mais l'armée rentrera ! » Les radicaux affectent la plus vive indignation devant une telle indifférence de sacrifices humains. Sans relever les mensonges, les contradictions, les vanteries de cet éternel factieux, il suffit de savoir que son discours a été écouté avec une froideur générale ; quand il a eu fini, la séance étant levée de droit, on n'entendait partout dans la droite que ces mots dits avec l'accent du plus profond dédain : « Va-t'en ! va-t'en ! »

Le commerce est, non pas entravé, mais arrêté, les nouvelles des provinces témoignent de leur inquiétude ; un industriel du Nord a même écrit à l'un de ses parents que « ses ouvriers parlaient de marcher en armes sur Paris, *où l'on se bat,* etc. ». Ce sont là les bienfaits du régime républicain.

Entre les deux séances, dont le résultat ne sera connu que ce soir, j'ai vu M. le baron Tristan Lambert, revenu hier de Chislehurst. Il a passé dix jours chez le Prince et l'Impératrice : on est prêt, on est décidé à agir ; le Prince a dit : « Je ne me ménagerai pas de retraite. » Il y avait à Chislehurst MM. Rouher, le duc de Padoue, le général Fleury, Béhic. Le Prince a pris part à deux conseils, et ce qu'il a dit était d'un cœur généreux. Il interroge sur les hommes, leur valeur, leurs principes, ce à quoi il peut les employer ; il a pris de plus en plus l'apparence d'un homme. L'Impératrice est remontée et montre beaucoup d'énergie. Elle fera ce qu'il faudra, et on les trouvera tous deux au moment.

23. — Il paraît certain que le Prince Impérial était d'avis, ces jours-ci, de venir, et qu'il n'en a été empêché que par l'Impératrice. L'effet de ce bruit qui circule dans quelques cercles a été excellent. On aime l'audace dans la jeunessse.

24, 10 *heures du soir*. — Le coup qui a renversé M. Thiers a été terrible, inattendu et émeut en ce moment tout Paris. Depuis midi, ma maison n'a pas désempli, chacun venant chercher ou apporter des nouvelles. M. Lefebvre-Duruflé, ancien ministre, et M. D. Nisard, ancien sénateur, qui dînaient en ville, chacun de son côté, me disent qu'il arrivait, d'heure en heure, dans la maison où ils étaient, des télégrammes annonçant la marche de la crise. La démission de M. Thiers, acceptée, après deux votes hostiles et par une majorité qui s'accroissait en s'avançant, a été connue presque instantanément de tout Paris ; on se couche soulagé et dans les rêves de l'espérance.

25. — Dès sept heures et demie, M. Georges Seigneur est entré, annonçant le vote d'hier soir et le remplacement de M. Thiers par le maréchal duc de Magenta. Toutes les personnes que l'on rencontre manifestent leur joie ; on entend des gens du peuple, dans les rues, se féliciter tout haut de ce qu'on sera bientôt débarrassé de la République ; car c'est ainsi qu'est pris ce changement : « Nous n'avons plus la République ! »

Le changement, du reste, doit entraîner d'autres conséquences, celui de préfets et de magistrats, et l'on assure que des garanties ont été données aux impérialistes, qui auraient non seulement des ministères, mais des préfectures. Il n'y a qu'un danger à redouter : rendre, grâce à de bons fonctionnaires, la République acceptable et possible, ce qui acoquinerait le bourgeois, qui s'y habituerait, sans voir que tout cela craquera au moindre accident. Le plus grand avantage, c'est que les impérialistes pourront manifester leurs vues et leurs espérances plus franchement, et montrer l'Empire au public, comme la seule fin désirable et possible.

26. — Le changement de gouvernement a produit un effet instantané : tout le monde est rassuré, les affaires ont repris immédiatement ; de toutes les parties de la province, on écrit que l'on sent comme un poids levé de la poitrine. Une quantité de gens qui se disaient ou se croyaient républicains, ramenés par leur intérêt, abandonnent M. Thiers, qu'ils adoraient hier ; la masse du public va plus loin : elle voit bien que ce coup d'État, ce 2 Décembre pacifique, doit avoir une fin ; que l'on est sauvé, mais que c'est encore le provisoire, et le mot par lequel on prévoit cette fin est partout le même : « C'est l'Empire ! »

27. — Le ministère compte plusieurs ministres favorables à l'Empire : M. Magne, ouvertement ; M. Batbie, bien disposé ; l'ami-

ral d'Hornoy, aussi ; M. Deselligny, également. M. le général Du Barrail est peu connu ; on n'a pas osé imposer le général Desvaux, parce qu'il était trop franchement impérialiste ; mais, d'un autre côté, on a évincé le duc d'Audiffret-Pasquier, les impérialistes n'en ont pas voulu à tout prix. Ces détails me sont donnés par M. le baron Eschassériaux, un des trois qui ont traité avec les légitimistes. Ce ministère a à faire un nettoiement : tout d'abord, on a envoyé un commissaire à la *République française*, au *Corsaire*, au *Rappel*, etc., pour leur dire que, s'il y avait une émeute, tous les rédacteurs seraient arrêtés : personne n'a bougé. On a aussi commencé tout de suite le mouvement préfectoral.

Cependant, il y a lieu de douter que l'on ait toute l'énergie désirable : un gouvernement parlementaire n'a jamais la force d'un homme. D'abord, il a refusé de proroger l'Assemblée pour un mois, de peur de passer pour faire de la dictature, et c'est précisément à quoi eût applaudi la France : c'est la dictature qu'il faut et que l'on veut! En second lieu, il attend les démissions (il fallait révoquer), ou il refuse des démissions, comme celle de M. Lanfrey : « Nous ne voulons pas, a dit M. Batbie, révoquer M. Ch. Blanc, directeur des beaux-arts, d'abord, parce qu'il n'a pas donné sa démission, puis parce qu'il

est le frère d'un député de l'opposition. »
(M. Louis Blanc le Sophiste.) Eh! c'est précisément pour cela qu'il fallait le révoquer! On
connaît ses mauvais principes; la meilleure
politique est de ne pas garder ses ennemis
dans la place. M. Ch. Blanc, exécré des
artistes, à cause de ses façons disgracieuses,
avait sa démission dans sa poche.

Chez M. Rouher, étaient accourus nombre
d'impérialistes. M. Rouher, qui était rentré à
une heure du matin, est apparu en robe de
chambre. Je pris la parole : « Monsieur le
ministre, c'est une démonstration; nous venons vous féliciter du succès que vous avez
obtenu, et qui nous en présage un autre plus
important. » C'est lui, en effet, qui a mené
cette campagne, où l'Assemblée a frappé des
coups si durs et si précipités ; précipités, car
M. Thiers n'y pouvait croire : il avait espéré
qu'on refuserait sa démission, qu'il aurait le
dimanche pour intriguer, etc. Quand il a su
qu'elle était acceptée, il a eu un moment de
colère, il a levé les bras au ciel, en récriminant contre l'Assemblée. C'est une rude
blessure faite à son orgueil. Mme Thiers et
Mlle Dosne ont pleuré.

28. — La chute de M. Thiers a coïncidé
avec une journée de dimanche très belle, ce
qui est remarquable dans ce mois de mai, où

le temps a été exécrable, et aussi avec le Concours régional de Versailles, à l'occasion duquel on avait pavoisé le jardin. Le peuple demandait naïvement si c'était « pour fêter la chute de M. Thiers ».

Le gouvernement tombé laisse, affirme-t-on, de rudes dettes et un passé chargé de mystères. On annonce que plusieurs personnages seront accusés comme s'étant mêlés à des affaires d'argent indignes ; on nomme MM. Laurier, Gambetta, Ranc, etc. Il s'agit de l'emprunt Morgan, sur lequel auraient été prélevés 68 millions (sur 250), par la différence entre la cote de Paris et celle de Tours, et d'autres opérations, l'emprunt des 3 milliards, sur lesquels auraient aussi été prises des sommes énormes. On aurait employé 20 millions pour les élections, pour acheter la presse étrangère, etc. ; le *Daily News* seul aurait reçu 500,000 francs, la *Presse libre*, de Vienne, touchait 1,500 francs par mois au ministère de l'intérieur, etc. M. Thiers exerçait la corruption en grand. Quant à M. Ranc, il sera attaqué pour sa participation à la Commune, et l'on prouvera comment M. Thiers a empêché qu'on ne le poursuive. Si le ministère n'ose pas attaquer M. Thiers, la Presse dévoilera tous les faits où il a été mêlé. M. Thiers, du reste, comprenait bien les dangers de sa position : il crut jusqu'au dernier moment l'emporter ; s'il eût eu le dessus, dans la nuit même, 150 ou 200 personnes eussent été arrêtées, et quatre ou cinq journaux supprimés. On l'avait annoncé huit jours avant, on l'a confirmé après.

Du 29 au 31. — Les radicaux n'ont pas perdu courage : ils se taisent, mais ils ont l'intention d'attaquer avant peu le gouvernement : ils espèrent désagréger la majorité, qui ne peut être sérieusement unie, ayant des intérêts complexes, et profiter de quelque occasion pour reprendre pied. D'autre part, le maréchal de Mac-Mahon sera bientôt ennuyé des tiraillements des partis, des luttes de ses ministres, qui ne s'entendent pas complètement. M. Beulé n'a pas l'oreille de la Chambre ; il est en dissidence avec M. Batbie ; il y aura, probablement, quelque modification ministérielle ; les radicaux chercheront à exploiter toutes les occasions.

Le projet du gouvernement, d'accord avec la majorité, est de faire voter seulement quelques lois, de laisser là le projet de Constitution, de congédier l'Assemblée le plus tôt possible, pour compléter, à l'abri de toute interpellation, ses balayages et nettoiements, de suspendre les journaux radicaux, etc. S'il agit ainsi, il sera béni de tout ce qui n'est pas coquin, sot ou fou.

JUIN-AOUT 1873

1er *juin*. — Ce que j'ai appris, depuis et avant la chute de M. Thiers, m'a donné la conviction qu'un coup de force était possible et même facile. Le Prince Impérial, à qui l'on demandait : « Qu'auriez-vous fait, si M. Thiers l'eût emporté ? » avait répondu : « Je serais monté à cheval. » Tout était prêt, les chefs de corps prévenus et acquis : M. le général Pajol me l'a dit formellement après, comme il me l'avait fait entendre avant. Je ne peux croire que ces projets soient abandonnés.

Maintenant qu'elle est tombée, on raconte de bons traits de l'avarice de M**e Thiers, pendant la présidence de son mari. Quand elle visita l'Elysée, elle se fit conduire partout par l'ancien intendant. Elle se fit montrer la chambre de l'Impératrice : « C'est là que vous mettrez mon lit, dit-elle, à la même place que le lit de l'Impératrice ; — là, mon cabinet de toilette, en choisissant celui de l'Impératrice ; — là, ma place », en désignant celle où l'Impératrice s'asseyait à table. Elle a voulu aussi voir les bains ; en les trouvant si bien installés : « Cela devait coûter bien cher à l'Etat ! s'est-elle écriée. — Non, lui répondit-on, l'Impératrice les payait. — Oh ! alors, a-t-elle dit vivement, je n'en veux pas ! »

Il y a aussi l'histoire des pêches que l'on avait apportées de Trouville, au mois de septembre, et que M. Thiers, à un déjeuner, les avisant sur le buffet, avait étourdiment dit d'apporter, pour en offrir à une belle dame Anglaise assise à ses côtés : « Mais elles sont pour le dîner ! » s'écria Mᵐᵉ Thiers alarmée. M. Thiers se le tint pour dit et n'en offrit que trois, à la dame Anglaise, au pauvre M. Barthélemy Saint-Hilaire et à lui-même. Je ne parle pas de tous les autres contes que l'on fait sur Mᵐᵉ Thiers. La fronde Parisienne s'égaie sur la petite bourgeoise et ne tarit pas.

On vient à peine de faire une révolution, on songe déjà à en faire une autre : voici dix jours que le maréchal de Mac-Mahon a remplacé M. Thiers comme président de la République ; on s'apprête déjà à le renverser.

Tous les partis y travaillent. Les orléanistes

comptent le miner sourdement et faire arriver leurs Princes. Ils se plaisent à colporter le mot de M. Thiers : l'avant-veille de sa chute, chez M. le duc de Galliera, quelques députés lui communiquaient leurs craintes et nommaient le Maréchal de Mac-Mahon comme pouvant le remplacer ; M. Thiers leva les épaules : « Mac-Mahon ! mais il est incapable de gouverner ! Il n'est pas plus propre à être homme d'Etat que moi apothicaire ! Et encore, moi, reprit-il, je pourrais être apothicaire, je sais de la chimie. » Ce petit homme sait Tout ! C'est toujours le même qui disait au roi Louis-Philippe : « Non ! Sire, je ne le crois pas ! je suis aussi fin que le roi ! — Je ne le pense pas, répliqua le roi, parce que vous me le dites. »

On rencontre bon nombre d'impérialistes qui comptent sur le Maréchal pour ramener l'Empire ; ils citent un mot qu'il aurait dit à l'Empereur à Sedan : « Si votre dynastie tombe, elle peut revenir ; à ce moment, comptez sur moi, je ferai ce qu'il faudra pour y aider. » Plus tard, en 1871, on l'avait fait pressentir, au cas où le pouvoir lui serait remis ; il avait répondu « qu'il garderait le pouvoir six mois, pour les changements nécessaires dans l'administration ; puis, qu'il ferait appel au peuple ». Quelques bonnes âmes prennent ces paroles pour un engagement; mais je sais un autre mot de l'Empereur à Mme la vicomtesse Pajol : « Le maréchal de Mac-Mahon ! n'en attendez rien ! il ne pense qu'à lui et à garder ce qu'il a. » Je ne doute pas que la chute de M. Thiers, quoiqu'on doive s'en féliciter, n'ait retardé le retour de l'Empire. Un coup de force eût été plus facilement fait. On connaît le caractère entêté du Maréchal : s'il a conservé de la reconnaissance pour l'Empire, il a pris vis-à-vis de l'Assemblée un engagement : il est homme, assure-t-on, à faire arrêter également le Prince Impérial et le comte de Chambord. Il paraît déjà ahuri des questions politiques qui fondent sur lui : « Il n'est pas, me dit M. Ernoul, ministre de la justice, jusqu'à l'arrivée du Schah qui ne l'embarasse. » Du reste, grand seigneur et fort désintéressé.

Les difficultés naîtront sous les pas de ce nouveau gouvernement, tant qu'il y aura une Assemblée réunie. M. le maréchal de Mac-Mahon sera bientôt exaspéré ; son ministère n'est pas homogène : le duc de Broglie n'a pas un caractère agréable ; il a dû déjà se faire rappeler à l'ordre par le Maréchal, sans qui il avait réuni le conseil des ministres : le Maréchal a déclaré qu'il voulait assister à tous, pour connaître les questions et s'éclairer. Une partie des ministres, la minorité, trois, auraient souhaité que le ministère de la guerre fût donné au maréchal Canrobert; il y a eu dissentiment sur ce point important. La plupart des nouveaux préfets sont orléanistes; l'un d'eux même, l'ancien précepteur des enfants du duc de Broglie, qui de catholique s'est fait protestant, a été, malgré cette tache, fait préfet de Toulouse par son ancien patron, catholique libéral; les habitants de Toulouse ont protesté, on l'a nommé à Bordeaux. Tous ces faits prouvent que ce ministère n'aura ni énergie, ni unité, ni durée. Il y aura des changements successifs; on sera bientôt désenchanté.

Les princes d'Orléans, d'ailleurs, semblent accepter l'état présent comme ce qu'il y a de préférable. Il faut voir le Prince de Joinville faisant queue au guichet de la gare, entre des bourgeois de toute sorte, pour prendre son billet, et mettant ses sous dans sa poche! Rien de moins royal; il fait la risée des assistants. Mais qu'importe! ils jouissent du moment, et la République, au fond, paraît leur convenir : ils sont en France, vivent grandement, avec des honneurs; l'idéal serait que cela durât toujours.

Du 5 au 10. — On commence à manifester hautement son désappointement et son étonnement du peu d'énergie du ministère : M. le duc de Padoue m'a exprimé son vif mécontentement de la part si minime que l'on fait aux impérialistes, et si grande aux orléanistes, dans les préfectures, sous-préfectures, etc.; de l'indulgence avec laquelle on garde M. Rampont aux postes, M. Lanfrey à Berne, M. Charles Blanc aux beaux-arts, etc.

Cette conduite m'a été expliquée, à Versailles, par les députés bonapartistes. Le ministère, dirigé par M. le duc de Broglie et M. Boulé, ne veut rien faire pour les impérialistes; bien plus, il prétend les jeter de côté et les combattre partout; et en voici le motif. Dès que M. Thiers eut été renversé, l'opinion publique, toujours vive et allant droit au but, ne s'y trompa pas; on s'écria : C'est l'Empire ! Les bonapartistes n'auront peut-être pas toute la prudence désirable, et le gouvernement comprit vite ce qu'il était pour le public : une *transition*. De là, colère des orléanistes. Il y a deux ou trois jours, M. Boulé, s'étant trouvé en wagon avec quelques députés de ses amis, ne s'était pas gêné de leur manifester ses intentions : « L'Empire seul est à craindre, nous écarterons les bonapartistes et, pour combler le déficit qu'ils laisseraient dans la majorité, nous irons chercher un appoint dans le centre gauche, parmi les républicains modérés, qu'il n'est pas impossible de détourner. » Malheureusement, il y avait dans le wagon un voyageur, dont messieurs les orléanistes ne se défiaient pas, le voyant lire le *Journal des Débats*, et qu'ils ne connaissaient pas, M. Rabou, aide de camp du Prince Napoléon. C'est ainsi qu'on apprit les intentions du ministre de l'intérieur, assez visibles par le choix de ses préfets. Les orléanistes ont promptement oublié qu'ils n'ont pu renverser M. Thiers que grâce au groupe impérialiste (trente-cinq voix). Le ministère a été poussé par M. Target, qui, avec une douzaine de républicains, avait aidé à la chute de M. Thiers : M. Target a mis le ministère en demeure de choisir ; le ministère s'est décidé à sacrifier les impérialistes et à s'appuyer sur la gauche, comme M. Thiers. Cette manœuvre ne lui réussira pas plus qu'à lui ; en outre, le public ne tardera pas à s'apercevoir du désaccord des membres du ministère, du mécontentement du maréchal de Mac-Mahon, et les craintes recommenceront. M. le duc de Padoue m'a confirmé très nettement ce que j'avais pressenti : « Oui, on était prêt ; oui, des généraux chefs de corps étaient gagnés ; si M. Thiers l'eût emporté, on arrivait. » M. le duc de Padoue m'a peint le Prince comme un jeune homme mûri, ayant la démarche de son père, parlant peu comme lui, un peu timide, mais ne disant que des choses auxquelles il a pensé : tous ceux qui l'ont vu récemment en ont emporté la meilleure impression.

Du 25 au 30. — J'avais demandé une audience à M. Ernoul, garde des sceaux, qui est mon cousin. Il m'a répondu en m'invitant à déjeuner le samedi 28. Nous étions en famille, avec sa femme et son fils. Nous ne nous sommes mis à table, soit dit en passant, qu'à une heure et quart, M. Ernoul ayant été retenu jusque-là à son ministère par des audiences.

Les ministres qui demeurent à Versailles sont fort préoccupés de Paris : on voit combien, à si peu de distance, on est peu au courant du mouvement de l'opinion. Je lui ai dit que l'opinion de Paris importait peu, que l'on allait toujours à la force qui se fait sentir, et que plus on montrerait d'énergie, plus on serait applaudi. D'après quelques mots de M. Ernoul, le ministère n'est pas sans inquiétudes : il redoute toujours les radicaux ; il n'a pas voulu faire, d'un seul coup, tous les changements ; mais il les fera peu à peu, et tous ceux qu'il faudra. A cette occasion, M. Ernoul m'a cité le mot de M. de Broglie, le 24 mai au matin. Il lui exprimait quelques doutes sur la majorité qu'ils auraient : « Ne craignez rien, lui dit le duc de Broglie, *les victoires font toujours des prisonniers.* » Les journaux de M. Thiers irritent plus le ministère que les radicaux : « Ce sont là les plus mauvais ! » m'a dit M. Ernoul, en me montrant le *XIXe Siècle* et le *Soir.* » De là, il est parti pour une campagne contre la presse, qu'il a jugée très sévèrement, disant qu'elle était presque toute une affaire de boutique et d'argent, ne faisant d'exception que pour un petit nombre de journalistes. Il a prononcé, à ce moment, ces mots significatifs : « Si sept à huit hommes l'eussent voulu, la France n'en serait pas où elle est ! » Ceci se rapporte à la démarche que lui, M. Ernoul, de concert avec quelques autres députés, fit l'an dernier, à Anvers, près de M. le comte de Chambord, pour obtenir des concessions qui, à leur sens, eussent amené la fusion. Cette démarche, non seulement ne fut pas appuyée, mais fut blâmée par les principaux organes légitimistes. M. Ernoul pense que, s'ils l'eussent soutenu, la démarche eût abouti. Je crois qu'il se trompe : les sept ou huit hommes dont il parle représentaient des millions d'hommes, ou du moins, en connaissaient les sentiments ; leur opposition était donc plus que personnelle.

On avait rapporté incomplètement sa conversation avec M. Tolain, député radical, après le 24 mai. La voici en entier : « Ce que je vous demande, lui dit M. Tolain, c'est de me faire transporter sous un climat agréable. — Regardez-moi, répliqua M. Ernoul, et voyez si j'ai la figure d'un otage, — ou d'un proscripteur. Du reste, si vous le voulez, nous prendrons des garanties réciproques : je vous

donnerai la mienne, donnez-moi la vôtre. »
M. Tolain lui tourna le dos sans répondre, et
disparut.

4 juillet. — Toujours la fusion, mais, cette
fois, il s'agit de la fusion légitimiste-orléaniste. Il paraît que les princes d'Orléans, malgré leurs ouvertures et demi-promesses, qui
remontent à plusieurs mois, sont fort perplexes
sur la conduite à tenir. M. le duc de Nemours
avait, ces jours-ci, fort ébranlé son neveu,
M. le comte de Paris, presque décidé à aller
trouver le comte de Chambord, à faire sa
soumission, et à se poser simplement comme
Dauphin. Il en a parlé à M. le duc de Broglie,
qui a fort mal accueilli cette idée, et lui a
déclaré que, s'il le faisait, il serait aussitôt
abandonné de tout son parti, qui passerait à la
République modérée, et princière, — c'est-à-
dire, au duc d'Aumale; le comte de Paris
s'est arrêté.

On a su, lors de l'établissement du Maréchal
à la présidence, de nouvelles petitesses de
Mme Thiers : elle se faisait livrer les fruits des
jardins de Versailles, sans payer : « Cela nous
appartient », disait-elle. Mme de Mac-Mahon,
à qui les jardiniers sont venus apporter les
fruits, comme à Mme Thiers, les a acceptés,
mais à condition de les payer, « cet argent
devant revenir à l'Etat », selon sa théorie dif-

férente de celle de Mme Thiers. Quant à M. Thiers, les journaux ont fort remarqué qu'en allant mardi, à l'Assemblée, il avait donné une poignée de main à M. Gambetta ; mais ils n'ont pas dit qu'étant arrivé par la rue de Rome dans la grande halle du chemin de l'Ouest, il l'avait parcourue en entier, sans être salué que par trois ou quatre personnes ; les députés, en grand nombre à cette heure-là, s'arrangeaient pour ne pas sembler le voir. C'est la punition de ce révolutionnaire. On le dit détendu, se soutenant par des sinapismes. Il sera obligé de s'éloigner, avant peu, de tout mouvement trop violent.

Du 5 au 10. — L'entrée et le séjour du Schah de Perse occupent uniquement les esprits. J'ai assisté à son arrivée, près de l'arc de triomphe de l'Etoile, et je l'ai très bien vu : il a l'air intelligent et une physionomie caractérisée. Il y avait une foule d'autant plus grande. que ce pauvre Paris est affamé de distractions et de fêtes, dont il est frustré depuis plus de trois ans. Si l'on demande quelle est l'opinion politique de Paris, il faut répondre qu'au fond il n'en a qu'une, le besoin et l'amour du plaisir. Les Champs-Elysées étaient garnis de la foule la plus élégante, du haut en bas des maisons, jusque sur les toits. La rue Balzac, qui est en pente très marquée, présentait le spectacle unique d'une rue pavée de faces humaines, en rang ; elle était rose d'un mur à l'autre ; c'était à crier. Le Schah de Perse est entré par la plus belle voie qui soit peut-être dans l'univers : c'est un enchantement d'un bout à l'autre. Tout le monde pensait à M. Thiers, pendant cette journée radieuse. On racontait que, depuis huit jours, le travail avait repris d'une façon inattendue (quatre heures de plus dans les ateliers de bijouterie, par exemple); que le Schah avait, en mai, fait pressentir Mme Thiers sur les diamants qu'il désirait lui donner; que Mme Thiers avait indiqué son goût, et que ces diamants allaient être offerts à la maréchale de Mac-Mahon. Inutile de dire que ce petit conte venait des dames. Le Schah ne s'est arrêté sous l'arc de triomphe que le temps de tremper ses lèvres dans un verre de vin de Marsala, puis est remonté en voiture. Aussitôt, les membres (surtout les radicaux) du Conseil municipal se sont précipités sur le buffet et l'ont mis à sac, avec un tel emportement qu'une partie des cristaux a été brisée. C'est le seul désordre de la fête, qui a été bien entendue.

SEPTEMBRE-OCTOBRE 1873

Nouvelles de la fusion. — Impressions en province et à Paris. — M. Thiers à Bordeaux en 1871. — Effondrement de la fusion.

Du 2 au 10 septembre 1873 (à Paris). — Pendant mon absence, au commencement d'août, un grand fait s'est accompli, qui a vivement agité l'opinion publique : la visite du comte de Paris au comte de Chambord, la réconciliation des princes d'Orléans et du chef de la Maison de France, ce qu'on appelait depuis si longtemps la *fusion.*

Par les journaux que je recevais en Bretagne, j'ai compris la gravité de cet événement et j'en ai redouté les conséquences pour le parti impérialiste. Les journaux légitimistes manifestaient à la fois la joie la plus vive et une confiance absolue dans le résultat prochain ; les journaux impérialistes, au contraire, avaient une attitude propre à effrayer : ils étaient violents, injurieux ; en face du péril, ils avaient perdu la tête, ils insultaient leurs adversaires, donc ils les craignaient. S'ils avaient cru que les légitimistes s'abusaient sur le succès, ils eussent été plus dignes, ou simplement ironiques : le calme atteste la force, l'emportement prouve la faiblesse.

En repassant par Paris, mon premier soin a été de voir les personnes qui pouvaient me renseigner et me faire connaître la vérité. A cette époque, il y a peu de monde à Paris, mais il reste les journalistes, et ce sont les plus importants ; car les journalistes, quand on cause avec eux, sont bien plus instructifs et plus véridiques que leurs journaux. En une semaine, outre MM. Rouher, Chevreau, de Bouville, le duc de Padoue, etc., j'ai eu des conversations avec des journalistes de diverses opinions, de l'*Ordre*, du *Pays*, de la *Patrie*, du *Journal de Paris*, du *Moniteur*, du *Monde*, de l'*Univers*, etc. Ce qui m'a le plus ému, c'est l'opinion des orléanistes (*Journal de Paris* et *Moniteur*) : « La fusion est faite, me disent-ils ; les Princes se sont réconciliés ; l'Assemblée n'aura qu'à voter le rétablissement de la monarchie, et il y a 100 voix de majorité assurées. Les questions politiques ont été réservées entre les Princes ; l'Assemblée les résoudra. On gardera le drapeau tricolore ; le comte de Chambord aura le drapeau blanc pour sa maison. Le gouvernement sera parlementaire; le roi acceptera ce qu'aura décidé l'Assemblée. Nulle difficulté ne peut surgir. L'opinion, il est vrai, n'est pas favorable à la légitimité, mais qu'importe! La France accepte tout, elle ne demande que la sécurité, pour faire ses affaires. Cette sécurité, on la lui donnera, et elle sera heureuse de n'avoir plus à se préoccuper de rien. Ainsi s'établira la monarchie, et elle durera! — Ah! ajoutait-on, cela ne vous fait pas rire, vous autres impérialistes; mais, que voulez-vous, vous avez laissé échapper l'occasion, nous l'avons saisie; en révolution, c'est celui qui ose qui l'emporte! »

Telle n'est pas l'appréciation d'hommes moins passionnés que les orléanistes. Un écrivain de talent et à vues politiques, M. Coquille, du journal le *Monde*, me semble plus près de la vérité : « La fusion n'aboutira pas. me dit-il, parce qu'il n'y a pas eu fusion. Les princes d'Orléans sont allé voir leur cousin, et l'ont reconnu comme le chef de leur famille; mais ils n'ont fait aucune déclaration publique; ils n'ont rien rétracté de leurs opinions, rien renié de leur passé; ils n'ont pas désavoué 1830, reconnu les fautes ou les crimes de leurs pères; ils ne se sont donc pas soumis. Ils gardent par devers eux leurs sentiments, et peut-être l'espoir que leur démarche aura démontré l'inanité de la légitimité, et ramènera vers eux les partisans de la monarchie, désenchantés d'un Prince opiniâtre, qui ne veut rien céder aux exigences du temps. D'autre part, M. le comte de Chambord est résolu à ne rien céder, et voici ce qu'il dit, non sens raison: « Je ne dois revenir et ne peux servir que pour restaurer la France et contribuer à sa régénération morale. Je ne peux le faire que si j'ai l'autorité nécessaire ; il me faut, et j'accepterais une Constitution comme celle de 1852, qui laisse au Souverain sa liberté d'action, en lui réservant l'aide de conseils établis autour de lui, qu'il doit consulter, mais qui n'entravent pas son pouvoir. Si l'on ne me veut pas à ces conditions, il est inutile que je revienne. » Or, c'est ce que n'entendent pas les orléanistes ; ils prétendent garder le gouvernement parlementaire, parce que, dans ce gouvernement, ce sont eux qui sont rois plus que le Roi. Rien donc ne se fera, dans l'Assemblée, ni dans la nation. »

Du 10 *au* 15. — On voit, en ce moment, à Paris, plusieurs personnes qui y reviennent déjà, ou des provinciaux qui le visitent. Leurs rapports sur la province sont intéressants à connaître. M. le baron Jorant me dit que, dans le département du Nord (où il est procureur général), l'émotion a été grande. On croyait le succès de la fusion certain, on ne doutait pas que les royalistes ne convoquassent tout de suite l'Assemblée, et l'on voyait les espérances de l'Empire ajournées pour plusieurs années. L'inertie où sont restés les royalistes a dissipé les craintes. M. le baron Jorant était allé, il y a quelques mois, à Rome ; il eut une audience du Pape, qui le reçut couché, encore souffrant, mais l'esprit très libre : « Quand vous verrez votre Président, lui dit-il, dites-lui... — Saint-Père, répondit M. Jorant, je demande la permission d'assurer à Votre Sainteté que je suis beaucoup moins à l'aise pour parler à M. Thiers qu'avec Elle. — Si vous l'entretenez, reprit Pie IX, dites-lui ceci : la monarchie sera rétablie, et je vivrai peut-être assez pour le voir. » M. le baron Jorant est fort dévoué à l'Empire et homme d'énergie. C'est avec lui que M. Thiers et M. Barthélemy Saint-Hilaire eurent une entrevue importante, au commencement de février 1871, à Bordeaux, où il était premier avocat général et chef du parquet, le procureur général étant absent. M. Gambetta s'était mis en révolte contre le gouvernement de Paris, et M. Thiers était très inquiet : « Si vous le voulez, proposa M. Jorant, *je le ferai arrêter ; je m'en charge.* Je n'aurais pas hésité, me dit-il, j'aurais eu ma page dans l'histoire ! » M. Thiers, lui, hésita, puis refusa. Par cette arrestation, la Commune eût été précipitée, ou prévenue, mais, à coup sûr, avec moins de danger.

M. de Mayol de Luppé (de l'*Union*), revenu de Froshdorff, affirme que la fusion est certaine. Cependant, quand on le pousse, il laisse percer quelques doutes. Il est impossible, en effet, que les légitimistes ne soient pas au courant de ce qui se passe en province. Des personnes qui arrivent du Poitou, de Picardie, de Nantes, sont d'accord pour assurer que les populations rurales et ouvrières sont très montées contre la fusion. Les paysans du Poitou semblent même plus exaspérés que les autres : ils ont en exécration le *règne des nobles et des prêtres*, et l'on va jusqu'à craindre que, si la monarchie était rétablie, ils ne se portent aux derniers excès, qu'ils ne brûlent les châteaux, et que l'on n'assiste à une véritable Jacquerie.

A Paris, mêmes dispositions dans la classe ouvrière et le petit commerce. Les ouvriers, dans beaucoup de réunions, déclarent qu'ils abandonneront volontiers la République, qui leur a apporté la misère, et qu'ils se rallieront à l'Empire, plutôt que de consentir au retour de la monarchie. On défend devant eux l'Empire, sans qu'ils récriminent : dans une réunion récente qui a eu lieu rue de Choiseul, ils ont laissé parler une heure et demie un impérialiste dévoué, M.***, qui a présenté un tableau apologétique de l'Empire. M.*** est un homme du Midi, d'un esprit alerte et original, qui a

su leur faire entendre beaucoup de vérités :
« La République en France, leur a-t-il dit, est
un rêve irréalisable, » et il a réfuté toutes les
calomnies contre l'Empire. — Et le Mexique?
lui a-t-on crié : « Le Mexique, je suis heureux
qu'on me l'objecte, a-t-il répliqué. L'Empire a
voulu y fonder une monarchie. Qui s'y est
opposé? les États-Unis. Pourquoi? parce que
les États-Unis, république, ne pouvaient
admettre qu'une monarchie s'établit au milieu
de l'Amérique républicaine. Eh bien, ce qu'a
fait l'Amérique, l'Europe monarchique le fera
vis-à-vis de la France. Elle ne supportera pas
qu'une République menaçante se fonde au milieu de ses monarchies. La République en
France sera forcément renversée, comme la
monarchie au Mexique, et par le même intérêt
de conservation. La République en France est
donc une utopie! » Il a été applaudi.

15. — M. le comte de Chambord a chargé,
il y a quelque temps, deux personnes en qui
il a pleine confiance, l'une, dit-on, son con-
fesseur, l'autre un jésuite, de se rendre en
France, pour examiner l'opinion, avant de
prendre un parti définitif. Voici quel aurait
été le rapport de ces affidés : « Il n'y a d'autres royalistes fidèles que ceux qui existaient
en 1830; les bourgeois sont orléanistes; les
deux seuls partis vivants sont celui de l'Em-

pire, qui a laissé les plus vivaces souvenirs, et les républicains. » Sur quoi Mme la comtesse de Chambord a donné cette jolie définition : « Et les républicains sont les mécontents et les impuissants de tous les partis. »

18. — Hier, au soir, le bruit s'est répandu dans Paris que le Prince Impérial avait été assassiné. L'émotion a été grande. Un télégramme a tout de suite rassuré ; rien n'était vrai. Mais on a pu juger, à la terreur de beaucoup de gens, quelle perte l'on ferait. Le danger n'est pas passé, il est toujours présent. On se demande si l'*Internationale* ne trouvera pas des scélérats qui tenteraient ce crime. Heureusement, la police est très bien faite en Angleterre ; mais on a vu un point noir, et il peut reparaître encore.

Après quelques jours passés à Paris, je pars pour le midi, fort inquiet.

*Château de *** en Beaujolais, 15 octobre.* — Malgré tous les motifs de distraction, de plaisir et d'agrément que j'ai eus ici depuis un mois, ce séjour a été un des plus pénibles de ma vie. C'était le moment où se décidait la question de la monarchie, et j'étais seul impérialiste au milieu d'une société royaliste.

Cette société ne recevait que des journaux royalistes, ne voyait que des royalistes, ne

connaissait rien au delà de son cercle royaliste; elle n'entendait que les voix qui lui
disaient d'espérer, elle n'avait aucun doute
sur le succès. J'étais le seul qui ne partageât
ni ces opinions, ni ces espérances et, ne voulant
pas entrer en discussion avec des hommes
que j'estimais, j'assistais en silence au développement de leurs espérances et de leurs
projets. Je ne lisais que leurs journaux, et,
malgré moi, j'étais impressionné, tant s'y
trouvait, non la confiance, mais l'assurance
de la victoire, et je voyais qu'ils avaient la
volonté d'imposer leur Roi à la nation, malgré l'opposition et la répulsion qu'ils ne pouvaient nier.

20 (à Paris). — J'étais donc fort inquiet
pendant toute cette période; je ne savais rien
qui pût me consoler et, quand je partis pour
retourner à Paris, le regret que j'éprouvais
de quitter cette aimable résidence fut diminué
par l'espérance que j'avais de bientôt faire
cesser mes doutes par quelque conversation
dans un autre monde.

Je n'ai guère été rassuré à Paris. Les premiers impérialistes que j'ai vus affectent de n'a-
voir aucune crainte, mais, ainsi que je le leur
ai dit, ils emploient à mon égard les mêmes
formules vagues par lesquelles j'essaie de rassurer les personnes qui m'interrogent. M. Rou-

her me dit bien que la tentative de fusion est absurde, repoussée par la nation ; mais il n'ajoute pas qu'elle est impossible. De l'avis de ceux qui sont bien informés, il ne s'agit en ce moment que de quatre à cinq voix de différence. Aussi les légitimistes triomphent-ils ouvertement. M. de ***, rédacteur en chef d'un journal de province, qui est venu prendre le mot d'ordre à Paris, et qui m'a visité deux fois dans la même journée, ne cache pas sa satisfaction et sa foi absolue dans la réussite. Il ose même me dire : « Certainement, s'il y avait un appel au peuple, je crois que le Prince Impérial aurait la majorité, mais, cet appel, on ne le fera pas, et le peuple, une fois la royauté établie, l'acceptera. »

23. — Vivement ému par tout ce que j'apprends, je ne doute pas, moi aussi, du succès de la fusion ; et je n'y vois qu'un remède : *l'arrivée soudaine du Prince Impérial.* Je l'écris au général Pajol, en ce moment à Chislehurst : « Le Prince, dis-je, dans cette lettre brève, se présentera au nom du droit national méconnu ; il aura pour lui les campagnes, l'armée, la majeure partie du peuple de Paris. Il est impossible de se laisser enterrer vivant sans résister. »

26. — Le général m'a répondu et essaie de

me calmer : « Il reconnaît le danger, mais nos chefs veillent, il le sait et, quant au Prince, il a plus besoin d'être retenu que poussé. Il m'annonce son arrivée à Paris pour la fin du mois, et il fera tout pour me rencontrer sans délai. »

30. — Jamais je n'avais autant éprouvé de craintes que depuis deux jours. Les personnes que j'ai vues ce matin semblaient abattues, ou ne jugeaient d'autre moyen de salut que dans un coup de force. Je l'ai dit à M. le général Fleury, que j'ai rencontré dans le salon d'attente de M. Rouher : « Il faut que le Prince vienne ! — Oui, a répondu le général, mais il faudrait qu'il fût appuyé par une autre force que la rue. » Il ne semblait pas sûr qu'on eût pris ses précautions vis-à-vis des chefs de l'armée : « L'Impératrice, a-t-il ajouté, est fort inquiète, et a envoyé deux personnes à Paris. »

Un rédacteur du journal la *Patrie*, que je rencontre, me dit en courant : « Tout est détraqué, j'en suis sûr, je le sais ! — Comment ? depuis quand ? — Je ne puis le dire. A une réunion, ce matin, les orléanistes et les légitimistes se sont dit de gros mots ; tout accord est désormais impossible. » Qu'est-ce que cela signifie ? Je suis, néanmoins, loin d'être rassuré.

31. — Revirement soudain, coup terrible,

joie éclatante, risée générale ! Une lettre est arrivée hier soir, du comte de Chambord, qui a renversé du coup tout l'échafaudage de la fusion. Je ne l'ai su que ce matin, et voici comment.

Je venais d'arriver chez M. Rouher, avec qui j'avais rendez-vous, et je demandais aux secrétaires s'il y avait quelque chose de nouveau, quand un bruit s'est fait entendre dans l'escalier. C'était M. Rouher, qui arrivait de Cercey, avec Mme Rouher, le prince Murat, MM. Chevreau, Raimbaud, etc. M. Th. Gautier se précipite au-devant de lui et lui crie : « Une lettre du comte de Chambord ! Il maintient son drapeau blanc, ses déclarations, et refuse toute concession. » M. Rouher s'élance dans son cabinet, où nous entrons tous, avec le baron Eschassériaux, qui arrive, et M. Rouher dit à M. Gautier de lire la lettre. Dès les premiers mots, on lève les bras : « Ce n'est pas possible ! c'est inventé ! ce n'est pas vrai ! » Le doute cesse, quand on nous dit que la lettre est publiée en tête de l'*Union*.

Alors, c'est une explosion de joie générale, et particulièrement de M. Rouher. Il ne se tenait pas ; il allait, il venait, il interrompait par des plaisanteries, des calembours : « L'*Épée* de la France. Comment est-ce écrit l'*Épée*? Le nouveau Bayard, Braillard !... Et moi ! disait-il, qui, ce matin, éveillé, excité, ai passé deux heures à composer mon discours ! Je voulais leur dire : « C'est le coup d'État le plus monstrueux qu'ait jamais osé faire une Assemblée ! » Je ne le prononcerai pas ! Gautier, vous ferez tirer cette lettre à cent mille exemplaires, et vous enverrez le premier exemplaire à Msr Dupanloup... Padoue, ajoute-t-il, en s'adressant au duc de Padoue qui arrive, nous n'avons pas de comité aujourd'hui ! Nous allons porter nos hommages à M. le comte de Chambord. » M. Grossier entre : « *Manus habent*, s'écrie M. Rouher, *et non palpabunt ; pedes habent, et non ambulabunt*, etc. »

Je ne l'avais jamais vu ainsi : sa joie débordait, irrésistible et, par la violence de l'explosion, on pouvait juger quelle avait été la vivacité de ses craintes. Il est vrai qu'il avait partagé toutes nos appréhensions et qu'il avait considéré la monarchie comme faite. A certains moments, il se rassérénait et cherchait à ramener chez les autres la confiance, mais cet état ne durait pas. Il y a quelques jours, Mme la comtesse Lepic, qui, par ses relations, recevait d'exacts renseignements était allée à Cercey, et avait apporté des assurances telles que tout le monde s'était relevé ; on s'était mis à danser, et M. Rouher avait dansé la *bourrée d'Auvergne*. Mais ce n'avait été qu'un éclair, et les nouvelles du lendemain avaient renouvelé les inquiétudes et assombri les esprits. Au milieu de l'explosion de joie de tous ceux qui étaient là, on n'oubliait pas quelques détails piquants : « Et Soubeyran, disait-on, qui jouait à la hausse, et qui y était pour plusieurs millions ! Quel bouillon il va boire ! »

La nouvelle, en effet, avait été connue dès hier soir, par l'*Union*, et la petite bourse du boulevard avait subi une forte baisse : c'est ce que savait le rédacteur de la *Patrie*, que j'avais rencontré. Dès le matin, la réunion légitimiste-orléaniste avait eu connaissance de la lettre, et c'est ce qui avait amené un éclat de récriminations qui faisait prévoir la rupture complète.

D'un autre côté, Mme la comtesse de Chaumont, autrefois attachée à la Maison du comte de Chambord et qui est restée dans son intimité, avait annoncé le refus du Prince à M. Georges Seigneur, qui me l'avait redit ; mais je l'avoue, M. Georges Seigneur est si optimiste que je n'avais attaché aucune importance à cette déclaration. On s'étonne que M. Rouher ait connu si tard, ce matin, à dix heures, ce que presque tout Paris savait hier à six heures. M. le comte Andréany avait, me dit-il, envoyé tout de suite une dépêche, de Fontainebleau, pour l'informer. Ainsi, on connaissait la nouvelle à Fontainebleau, à sept heures, hier soir, et M. Rouher l'ignorait ce matin. Cela semble insuffisant, et quelques personnes expriment leur surprise qu'un chef de parti, dans une telle crise, passe à la campagne une partie de la semaine et ne soit pas à demeure à Paris.

Toute la journée, la lettre du comte de Chambord a été l'objet unique des conversations. Mais bientôt, parmi nous, la question a été posée : « Que va-t-on faire? » J'étais des impatients, et je ne crois pas que je me trompasse. J'allai à la réunion de la rue Montmartre, et là, demandant ce qu'on allait décider, j'éclatai : « Il faut que le Prince Impérial arrive, et tout de suite. S'il était ici demain, il serait acclamé ; peuple et commerçants diraient : « Tant mieux! » Tout est pour nous, nous avons la fortune étrange que l'Assemblée n'est pas réunie ! Il n'y aurait pas de discussion. Personne ne sait ce qui va se faire, et tout le monde attend. Qu'il vienne ! Cette audace de jeune homme plaira, il sera acclamé avec enthousiasme ! » Sauf M. Ch. Abattucci, on était de mon avis, mais ce n'était pas nous qui pouvions décider un tel coup.

Je ne m'en tins pas à ces paroles, j'écrivis aussitôt à M. le baron Tristan Lambert, lui répétant ce que je venais de dire, et lui demandant d'en faire part au Prince.

La journée s'est finie au milieu des suppositions de chacun sur l'avenir. Quant à M. Rouher, il s'est contenté, après avoir connu la nouvelle, de dire : « Messieurs, *il n'y aura pas comité aujourd'hui!* » Eh! c'est précisément *aujourd'hui* qu'il devait y avoir comité, pour décider ce qu'il fallait *faire.* Et le chef du parti n'a trouvé qu'une chose à faire : *prendre un congé*, comme les écoliers !

NOVEMBRE DÉCEMBRE 1873

Du 1er au 5 novembre 1873. — La Toussaint et le lendemain, dimanche, n'ont apporté que des bruits qu'on peut appeler des cancans, mais qui montrent l'impression produite par l'échec de la fusion. Les légitimistes purs sont douloureusement affectés et peinés, les orléanistes furieux ; la colère de ceux-ci est si violente, si aveugle, si excessive, qu'elle en devient comique : ils espèrent et désirent ouvertement la mort du comte de Chambord ; ils l'appellent de tous les noms : on l'entend qualifier de « crétin, imbécile, animal, âne, brute, triple sot, etc. ». Les légitimistes qui ont travaillé activement à la fusion sont aussi forcenés. M. Ernoul incrimine le comte de Chambord au moins autant que les impérialistes, bord au moins autant que les impérialistes,

qui sont, pourtant, innocents de tout ceci :
« Mais il peut mourir, s'est-il écrié, en laissant déborder sa colère, et alors nous ferons
arriver le comte de Paris! » C'est presque le
même mot que celui de Mme de La Rochejaquelein; ces légitimistes en sont à faire des
vœux pour la mort de leur Roi.

On fait même parler les absents; on prête
au général des Jésuites, le R. P. Beckx, ce
mot : « Nous comptions sur le comte de Chambord; il n'a pas su vouloir; maintenant, *il ne
lui reste plus qu'à mourir !* » Il est vrai que ce
mot est colporté par M. l'abbé..., un de ces
abbés (ils sont rares heureusement) qui courent les bureaux de journaux, comme ceux du
siècle dernier couraient les ruelles, sans y gagner beaucoup de considération. Le mot le
plus doux et le plus chrétien est celui du cardinal de Bonnechose : « En vérité, m'a-t-il
dit, M. le comte de Chambord n'est guère
raisonnable! » Et le mot le plus vrai peut-être,
celui de M. de La Borderie, député légitimiste : « Le comte de Chambord est un *illu-
miné;* il a rendu la monarchie impossible ! »

Je conçois la douleur des légitimistes : « Ni
vous, ni moi, m'a dit M. de Saint-Chéron,
nous ne verrons une époque calme et un règne
assuré; le comte de Chambord ne l'a pas voulu!
On lui a mis la couronne sur la tête, il l'a
prise et l'a jetée par la fenêtre ! » Il ne m'a pas

parlé des conditions léonines des orléanistes, des quarante préfectures exigées par M. le duc d'Audiffret, de l'argent demandé par d'autres, etc.

Les sceptiques s'égaient sur les princes d'Orléans, à qui le comte de Chambord a joué, volontairement ou non, le tour le plus cruel, en les accueillant, puis en les mettant, par sa lettre, dans l'impossibilité de se séparer de lui sans se déshonorer.

En province, le désarroi n'est pas moindre. On m'écrit du Midi que cette noblesse, que j'ai vue si unie, est en plein désaccord ; les uns sont pour le drapeau blanc, les autres pour le drapeau tricolore ; ils ont décidé de ne plus parler politique, ils en seraient venus aux mains ; ils se sont sagement astreints à se taire.

On apprend aussi des détails amusants, qui prouvent à quel degré de confiance étaient arrivés les fusionnistes : des préparatifs étaient faits, comme si l'événement était certain ; des drapeaux blancs étaient commandés en grand nombre, pour les arborer aux fenêtres. Le directeur de la maison de détention de Poissy avait souffert qu'on commandât et fît exécuter par les prisonniers une quantité de lanternes vénitiennes avec ces mots : *Vive Henri VI* Inquiet, il s'était informé au ministère ; on lui avait répondu « qu'il pouvait

laisser faire ». Des négociants avaient, le mois
dernier, fait fabriquer des objets propres à cé-
lébrer le retour du roi : brassards, bouquets,
cocardes, etc. Ils pensaient faire une bonne
affaire ; tout cela a été perdu, la spéculation a
été mauvaise. Cette déconvenue a rappelé le
trait de ce marchand Anglais qui, l'an dernier,
lors de la maladie du prince de Galles, le jugeant déjà mort, était venu à Paris faire une
rafle de tous les gants noirs qu'il avait pu
trouver, de toute étoffe et de toute grandeur,
pour les revendre en Angleterre. Le prince
de Galles guérit, et les gants restèrent au marchand ; on en a ri, et il a été ruiné.

6. — M. le général Pajol est venu me voir :
il passe la journée à Paris et repart ce soir.
Il pense qu'il faudra attendre la majorité du
Prince. Le Prince a toute l'ardeur et l'impatience d'une nature généreuse, et il faut le
calmer. Ses sentiments patriotiques sont très
vifs ; il parle constamment de la France, et
avec chaleur et amour ; son caractère est très
décidé. Le 15 août, MM. Rouher et Pinard
voulaient lui faire son discours : « Vous le
feriez beaucoup mieux que moi, leur dit-il,
mais je sais ce que je veux dire, et je le dirai. »
Il se retira un quart d'heure, puis vint dire
au général Pajol : « Écoutez-moi. » Et il ré-
cita son petit discours de mémoire ; il le pro-

nonça très fermement devant la foule des Français venus à cette occasion et, animé par les applaudissements qui l'interrompirent, il s'échauffa encore et en dit la fin avec une singulière énergie, qui frappa tout le monde.

Il est d'un cœur très chaleureux, aimant et spontané. Après une conversation avec le général Pajol, où celui-ci lui avait fait entendre que ce n'était plus le temps où Louis XIV entrait, éperonné, la cravache à la main, dans le Parlement, mais qu'il faudrait avoir de la patience, rencontrer et combattre les obstacles, il avait été deux jours assez froid vis-à-vis du général. Le général s'adressa directement à lui, le troisième jour : « Monseigneur, lui dit-il, depuis deux jours vous n'agissez pas conformément à votre caractère. Je suis un ancien ami de votre père, qui m'accordait sa confiance ; j'ai encore un an à vous parler comme je le crois utile, et je ne cesserai pas de vous dire la vérité, parce que je vous la dois. » Le Prince fut ému de ces paroles sincères et se jeta au cou du général, en le priant de continuer à lui parler comme il avait fait. On voit, par ce trait, la bonne nature du Prince. Sa décision n'est pas moins remarquable : « Je ne ferai pas comme Louis XIV, dit-il au général, j'écouterai tout le monde (par parenthèse, le Prince se trompe, car Louis XIV consultait beaucoup) et je ferai ce que j'aurai décidé. »

Du 7 au 10. — Je viens de passer quelques jours en Poitou. J'ai eu occasion de converser avec beaucoup de personnes et de juger de l'opinion publique. L'impression que j'en ai rapportée est bien meilleure que je ne l'espérais. Les paysans m'ont spontanément témoigné leur répugnance pour la monarchie de l'ancien régime, et demandaient des portraits photographiés du Prince Impérial, « que nous ferons encadrer », me disaientils. Les bourgeois, qui avaient donné dans la fusion, étaient encore sous le coup de leur désappointement et vexés, de sorte que, d'abord, ils résistaient à l'idée de l'Empire et du Prince : « Un enfant ! » s'écriaient-ils avec dédain. Mais, peu à peu, en leur expliquant la situation, l'impossibilité de rien établir de durable et de sûr avec la République, et en leur racontant plusieurs incidents relatifs à la famille Impériale, je remarquais qu'ils m'écoutaient avec un vif intérêt ; ils s'apaisaient, et finissaient par dire : « Eh bien, qu'il vienne ! nous ne demandons pas mieux ! Ce sera fini ! »

Les orléanistes, cependant ne perdent pas courage et comptent parvenir à leurs fins par des moyens détournés. Une de ces machines de guerre est la proposition relative à la prorogation des pouvoirs du maréchal de MacMahon ; ils les lui feront donner très étendus, puis le renverseront, pour les transporter au duc d'Aumale, qui, alors, ferait le coup d'État nécessaire. Le Maréchal, dont on connaît la simplicité, ne se doutait de rien ; le maréchal Canrobert est allé le trouver, pour le prévenir et l'engager à se garder. Le grand meneur de l'intrigue est M. le duc de Broglie ; aussi veut-on absolument le maintenir au ministère, quoi qu'il arrive : il est fort battu en brèche d'un autre côté, et on fait tout ce qu'on peut pour le jeter à bas.

Au milieu de ces compétitions, la situation de la France à l'étranger est vraiment pitoyable. M. le baron de Montgascon, qui se rend à Constantinople, en qualité de premier secrétaire d'ambassade, me disait hier combien était pénible l'attitude des diplomates Français à l'étranger : on les écarte de toutes les grandes questions, et ils ne peuvent rien dire, ignorant constamment sous quel gouvernement ils seront dans huit jours.

Du 15 au 20. — Nous venons de passer par une crise qui s'est terminée sans satisfaire personne. L'Assemblée a voulu constituer quelque chose de plus durable que le régime sous lequel nous vivons depuis deux ans, c'est-à-dire, qu'à une tente en toile elle a substitué une baraque en planches, qui ne protège pas davantage, aussi exposée à être enlevée par une bourrasque, mais qui a l'apparence plus solide. Elle a donné *sept ans* au maréchal de Mac-Mahon. Personne ne s'abuse sur le résultat et ne doute que ces sept ans ne soient un terme illusoire ; aucun des partis ne prétend demeurer sept ans sans tâcher de s'emparer de la position. Le gros public seul, toujours imbécile, ne voit que le moment présent et croit aux sept ans de tranquillité : « Sept ans de prorogation, s'est écrié un auteur dramatique spirituel, M. Sardou, quinze jours de paix ! » Il n'est pas impossible qu'il y ait une reprise de quelques semaines dans les affaires ; puis, les orléanistes commenceront leur sape pour renverser le Maréchal ; les républicains s'efforceront de faire élire leurs candidats pour se renforcer à l'Assemblée ; les légitimistes feindront de croire au retour du Roi, et les impérialistes attendront un événement.

Je vois avec peine l'atonie de notre parti. On se félicite du grand succès oratoire de M. Rouher et, en effet, il a montré le plus grand talent et la plus haute raison. On dit : il a conquis la tribune, il a prouvé qu'il était le plus grand orateur de l'Assemblée et notre parti peut s'en enorgueillir. Hélas ! pendant trente-cinq ans, M. Berryer a été le plus grand orateur des Chambres, et son éloquence n'a pas fait avancer la légitimité d'un pas !

22. — On a appris quelques incidents de

cette lutte, où le ministère a joué le jeu parlementaire, c'est-à-dire, a menti, pour obtenir le vote des sept ans. Les impérialistes, fort inquiets, avaient demandé à M. Rouher d'aller voir le maréchal de Mac-Mahon et de lui faire comprendre qu'il n'était qu'un instrument dans la main des royalistes, que la prorogation à long terme ne terminait rien, ne faisait que prolonger la crise, et qu'il faudrait tôt ou tard en arriver à l'appel au peuple. M. Rouher y est allé, conduit par plusieurs de ses collègues jusqu'à sa voiture, ce qui lui a fait dire : « Êtes-vous défiants, vous autres Corses ! vous avez craint que je n'y aille pas; vous m'avez mis en voiture, emballé, et vous ne m'avez quitté que lorsque la voiture a été en route ! »

Il a donc vu le Maréchal et lui a parlé pendant trois quarts d'heure, avec une telle force, lui rappelant ses paroles à l'Empereur à Sedan, ses engagements, lui peignant l'Impératrice et le Prince Impérial, que le Maréchal en a été ému jusqu'aux larmes : « Mais, s'est-il écrié, ce n'est pas moi qui tiens à ces dix ans, à ces sept ans. Peu m'importe la durée! Ce que je veux, c'est pouvoir user de l'autorité qu'on me délègue pour écarter les dangers qui menacent la société! Qu'on me donne un an, si l'on veut ; je l'accepterai, pourvu qu'on me donne un pouvoir fort. » Il offrit à

M. Rouher de le mettre vis-à-vis de ses ministres, pour qu'il leur exposât ce qu'il venait de lui dire si énergiquement. M. Rouher acceptait, prêt à parler, disait-il, *urbi et orbi;* mais les ministres refusèrent cette entrevue.

De cette conversation, il résultait donc que le Maréchal ne demandait qu'un pouvoir fort et de peu de durée; mais ce n'était pas le compte des ministres. Ils répandirent le bruit que le Maréchal voulait absolument sept ans, sinon qu'il se retirerait. Et alors on tombait entre les mains de M. Thiers, des radicaux, etc. C'est ce qu'on appelle, dans le langage parlementaire, *la carte forcée.* Les députés hésitants eurent peur et votèrent les sept ans, et M. le duc de Broglie fut consolidé!

25. — Quelques personnes ne paraissent pas étonnées de l'échec de la fusion : elles citent ce mot de Mme la comtesse de Chambord dit au mois de septembre : « Rien n'est plus problématique que notre retour », et elle avait clairement donné à entendre que le Roi ne ferait aucune concession. Mais ce qui étonne, c'est la candeur du comte de Chambord : les journaux ont raconté qu'il avait passé plusieurs jours à Versailles, espérant que la prorogation des pouvoirs du Maréchal ne serait pas votée, que la question de la forme du gouvernement serait forcément posée; — et

qu'il avait eu l'idée de *se présenter lui-même à l'Assemblée*, ne doutant pas d'être acclamé! L'*Union*, le journal officiel de la royauté, a même fait allusion à ce projet, en disant qu'on « connaîtrait plus tard toute la *naïveté* et la grandeur du comte de Chambord ». Il paraît qu'en effet il a été abusé sur l'effet de sa lettre du mois de février, et qu'il croyait qu'elle avait été reçue avec enthousiasme; il avait été trompé par le langage de ses journaux et le ton respectueux des feuilles adverses. Le séjour qu'il a fait ici, tout ce qu'il a vu et entendu, a dû le détromper; il est sans doute parti éclairé et désabusé.

Comme on ne s'entretient que de la fusion et du comte de Chambord, on rappelle toutes sortes de traits rétrospectifs : M. Albert Du Boys, ancien magistrat, très lié avec Mgr Dupanloup et homme de mérite et d'honneur, raconte que, pendant la guerre, après la chute de l'Empire, un royaliste dévoué alla trouver M. le comte de Chambord et lui dit : « Savez-vous, Monseigneur, ce qu'il faut faire ? Entrer en France, vous mettre à la tête des troupes de Charette et de Cathelineau, et appeler à vous tous ceux qui détestent à la fois l'étranger et l'anarchie; vous aurez pour vous la masse de la nation! » Le comte de Chambord ne lui répondit qu'un mot : « Mon cher, vous êtes fou! »

Parmi les ministres partis, M. Beulé n'a pas été un des mieux vus. M. Beulé était si acharné contre l'Empire, qu'au mois de septembre, il avait dit, à Anvers : « Nous étoufferons les impérialistes, nous étranglerons les radicaux ; nous laisserons le commerce aller à la misère, et alors, nous établirons le gouvernement que nous voudrons. » On s'est souvenu, à cette occasion, de la bassesse de M. Beulé, qui, sous l'Empire , fréquentait assidûment les Tuileries, et qui avait voulu que sa femme apprît l'espagnol, pour pouvoir causer en cette langue avec l'Impératrice! Les révolutions sont une rude et triste école de morale : on y voit combien, en France, les hommes sont passionnés, et faites donc un gouvernement républicain avec de tels emportements! On y voit aussi leur lâcheté ; enfin, leurs prétentions sans bornes : à Mâcon, on m'a parlé de l'ambition de M. Ch. Rolland, député de cette ville, — qui connaît M. Ch. Rolland ? — d'arriver au poste de... *Président de la République!* Dans un temps où l'on a tout vu, personne, en effet, ne doute de rien.

Du 1er au 10 décembre. — Le plus content des nouveaux ministres est, paraît-il, M. Depeyre ; il avait soif d'être ministre, et craignait un échec. Aussi sa joie a-t-elle été vive, quand il a été nommé. On raconte qu'il a couru chez lui, et est entré comme un tourbillon, criant à sa femme : « Nous sommes ministres! » Celle-ci, non moins agitée d'un bonheur si désiré, n'a pas dormi de la nuit, et, dès six heures du matin, descendait chez sa concierge et lui apprenait la nouvelle : « C'est un grand honneur pour la maison! » s'est écriée la concierge, qui s'est empressée d'annoncer l'*événement* à tout le monde, ce qui a donné lieu aux réflexions les plus bizares des locataires, selon leurs opinions, et au classement qu'on a fait Mme Depeyre en *bien pensants* et *mal pensants*. On est vraiment stupéfait de l'importance que certains hommes attachent à un poste de ministre, si précaire dans un temps de révolution, où l'on connaît tant d'anciens ministres, qui sont à présent de bien petits personnages.

La mort du fils de M. V. Hugo, François V. Hugo, a été l'occasion d'un scandale républicain : M. V. Hugo et la famille (sa belle-sœur et ses tantes) avaient commandé une messe. La pression de la tourbe démocratique a obligé le poète à préférer un enterrement civil! Des républicains modérés, tels que M. Ch. Blanc, ne se sont pas gênés de manifester leur dédain d'un tel acte de faiblesse et de basse flatterie vis-à-vis de la plus vile plèbe. De ses quatre enfants, M. V. Hugo n'a plus que sa fille cadette ; l'aînée a péri dans la Seine ; le fils aîné est mort dans le lit d'une fille publique à Bordeaux ; la fille cadette, mariée à un Anglais, est folle, assure-t-on ; le dernier vient de mourir. Quel châtiment de ce père, et quelles morts! On ne peut s'empêcher de se souvenir que, sous Louis-Philippe, ses fils étant adolescents, M. V. Hugo soupait, eux présents, chez M⁰ Ozy, et qu'il la tenait sur ses genoux. Il les a formés!

Le 27 octobre, est mort, à Montauban, un des plus savants bibliographes de ce temps, M. P. Pinçon, bibliothécaire à la bibliothèque Sainte-Geneviève, et l'un des auteurs du *Manuel de Bibliographie universelle*, qui fait autorité en cette matière.

Ce qui augmentait le mérite de M. Pinçon, c'est qu'il s'était formé tout seul et par la force de sa volonté. Il avait commencé par être *coiffeur*, et il le fut près des deux tiers de sa vie. Mais, dès sa jeunesse, il avait été attiré vers l'étude par une véritable passion. Dans l'intervalle de ses courses en ville, il lisait sans cesse, et il ne se contentait pas de ce qui lui tombait sous la main; de bonne heure, il sut choisir les livres qui pouvaient le mieux l'instruire, et diriger ses études avec méthode. Il acquit ainsi des connaissances nombreuses, variées et, ce qui vaut mieux;

rangées d'après une classification qui lui était propre, et bien ordonnées.

Il serait, cependant, demeuré peut-être toujours inconnu, sans un hasard, — si tant est qu'il y ait un hasard — qui le révéla au monde intellectuel et à lui-même. Il comptait dans sa clientèle M. Philippe Dupin, (un des trois Dupin). Philippe Dupin, soit dit en passant, n'était pas seulement un avocat de talent ; c'était un homme d'esprit : il ne permettait pas à ses clientes de leur exposer leur affaire : « N'ignorant pas, leur disait-il à elles-mêmes, que les femmes parlent beaucoup trop longtemps, je vais vous interroger, vous répondrez », et au bout de quelques instants : « Je sais ce dont il s'agit, vous pouvez vous retirer, » et il connaissait l'affaire, en effet. Il était quelquefois plus vif encore : un client vient le consulter au moment où il allait sortir : « Vous allez me faire manquer mon audience; dépêchez-vous! » Le client, un provincial, le tient une demi-heure. Dupin sort enfin en pestant. Le lendemain, le client revient : « Que voulez-vous? Je n'ai pas besoin de vous entendre, je suis au courant. — Mais... — Je n'ai pas le temps. — Je n'ai qu'un mot à vous dire. » Dupin prend le chapeau du client, et le jette par la fenêtre : « Allez chercher votre chapeau, moi, je cours au palais. » L'autre no se découragea pas, il était Auvergnat, et Philippe Dupin plaida pour lui.

Un jour donc que Pinçon *accommodait* Ph. Dupin, une des personnes présentes commit sur un point d'histoire je ne sais quelle erreur de citation ou de date. Pinçon, avec la vivacité du Méridional, ne put se retenir, et d'un mot rapide rectifia l'erreur. M. Philippe Dupin retourna la tête : « Comment savez-vous cela ? » dit-il. Il s'ensuivit une explication, où le pauvre coiffeur, intimidé et rougissant, développa une telle étendue de connaissances, que M. Ph. Dupin courut chez Villemain, ministre de l'instruction publique, lui fit part de sa découverte et le pressa d'assurer à son protégé une position qui lui permît de s'appliquer à des travaux dont la science profiterait un jour. Peu de temps après, par l'intermédiaire de M. Dupin, Pinçon présenta à l'Institut un Mémoire, sorte de vaste encyclopédie en germe, qui lui valut une mention honorable et la recommandation de l'Académie Française au ministre.

Villemain se piquait de protéger les lettres : il fit venir Pinçon et, pour lui témoigner sa sympathie et lui donner les moyens de se livrer entièrement à ses études, le nomma immédiatement *quatrième* surnuméraire, à la bibliothèque de Saint-Geneviève, *sans appointments.*

M. Pinçon avait quarante-deux ans, il était marié et père de famille.

C'était l'usage, d'ailleurs, en ce temps-là ; quelques mois après, Paul Foucher, l'auteur dramatique, était nommé *cinquième surnuméraire* à la même bibliothèque ; mais il n'avait que quarante ans.

M. Pinçon n'hésita pas, pourtant, à accepter, tant était grande son ardeur pour la science. Mais il fallait vivre : il avoua au ministre que, quelle que fût sa reconnaissance pour la preuve d'estime qu'il venait de lui donner, il serait obligé, tout en faisant son service de bibliothécaire, de continuer son état de coiffeur et un petit commerce de parfumerie qu'il avait entrepris depuis peu. Villemain ne s'étonna pas ; ce cumul lui parut très simple et très convenable : « M. Pinçon pouvait mener sa vie comme il l'entendrait ; en dehors de la bibliothèque, il était libre. Quant à de l'argent, il attendrait, le ministre n'en avait pas. » Cela se passait sous le régime parlementaire du roi Louis-Philippe.

A partir de ce jour, M. Pinçon fut donc à la fois bibliothécaire surnuméraire et coiffeur-marchand-parfumeur. De dix à trois heures, il donnait des livres à la bibliothèque Sainte-Geneviève, non seulement des livres, mais des renseignements précieux et les indications les plus utiles aux hommes instruits qui le consultaient ; et, de quatre à onze heures, il vendait des peignes et de la pommade, rue Notre-Dame-de-Lorette, n° 11, dans une boutique dont l'enseigne portait, écrit en grandes lettres, son nom : PINÇON.

Il n'en continuait pas moins à travailler, et consacrait une partie de ses nuits à des recherches bibliographiques et, les écrivains et les bibliophiles comprendront l'importance et la difficulté d'une telle œuvre , à la composition d'un grand ouvrage sur les *Anonymes*.

Cette situation dura cinq ans, jusqu'en 1848. Dans l'intervalle, on lui avait accordé un traitement de six cents francs; le ministre et la Chambre n'avaient pas voulu faire plus. Il ne se trouva pas un seul homme de courage et de talent, qui vînt exposer à la tribune l'indignité qu'il y avait à laisser un fonctionnaire d'une des plus importantes bibliothèques de France dans la nécessite de soutenir son existence par une occupation si misérable ; si M. Pinçon n'était propre qu'à débiter des brosses à cheveux et du savon de Windsor, qu'on le laissât dans sa boutique! Si l'Académie ne s'était pas trompée, en appelant sur lui l'attention du ministre de l'instruction publique, qu'on lui assurât une position digne de son mérite, digne surtout de la France, qui tire des œuvres de ses savants et de ses écrivains une partie de son influence et de sa gloire !

Il fallut une révolution pour changer la situation du bibliothécaire-coiffeur. La révolution de Février, comme toutes les révolutions de la rue, avait jeté le trouble dans le commerce ; M. Pinçon fut un des plus éprouvés. Un banquier, aussi riche qu'instruit et généreux, trois qualités qui ne sont communes nulle part, le comte Pillet-Will, possesseur d'une belle bibliothèque, dont M. Pinçon avait fait le catalogue, prit en mains ses intérêts, l'aida à vendre son fonds de parfumerie, et plaça avantageusement l'argent qu'il en retira. Pinçon avait perdu son fils, ses besoins étaient modestes, il se trouva assez riche, et à près de cinquante ans, il lui fut enfin permis de remplir complètement la place à laquelle la munificence de Villemain l'avait appelé, d'être uniquement bibliothécaire:

De là datent ses grands travaux : il avait déjà publié le catalogue des livres relatifs à l'histoire de la bibliothèque de Sainte-Geneviève. Il se chargea d'une des parties les plus importantes et les plus ardues du catalogue, les *Anonymes* et *Pseudonymes*. C'est lui qui dressa, avec M. Ferdinand Denis, la liste des écrivains de tous les temps, dont les noms sont gravés en longues tables sur la façade de la bibliothèque. Bientôt il entreprit une œuvre plus considérable. Le savant M. Ferdinand Denis se l'associa avec M. de Martonne père, ancien magistrat, pour composer le *Manuel de Bibliographie universelle*, ouvrage immense, qui coûta quinze ans de travail aux auteurs, et qui résume toutes les bibliographies; guide précieux qui indique les livres les plus importants publiés dans toutes les langues de l'Europe sur tous les sujets.

C'était déjà un honneur et un hommage que cette collaboration avec un homme de la valeur de M. Ferdinand Denis, M. Pinçon n'eut pas heureusement que l'honneur : on vivait alors sous l'Empire, sous ce gouvernement de luxe, de corruption et de jouissances matérielles, comme personne ne l'ignore. M. Pinçon fut récompensé de ses efforts et de ses travaux, autant qu'il le méritait, et peut-être plus même que sa modestie ne l'eût espéré. Il devint, successivement et en peu de temps, sous-bibliothécaire, bibliothécaire; un logement lui fut donné dans la bibliothèque ; on lui alloua une indemnité pour le travail spécial dont il s'était volontairement chargé ; enfin, en 1867, il fut *décoré !* C'était le comble des vœux de l'ancien coiffeur, — et il avait à peine osé élever ses regards jusqu'à cette haute récompense. Maintenant, il n'avait plus, disait-il, qu'à mourir.

Hélas ! il ne jouit pas longtemps du prix de

ses études : frappé de paralysie, en 1874, obligé de cesser toute occupation sérieuse, il demanda à se retirer et voulut aller finir ses jours dans sa ville natale. C'est là qu'il s'éteignit, aimé, vénéré de tous ses concitoyens.

La ville de Montauban était fière de cet homme qu'elle avait vu partir enfant, un petit paquet sur l'épaule, au bout d'un bâton, et qui lui était revenu entouré de la considération d'écrivains éminents, portant sur sa poitrine cette croix, signe et preuve de ses talents, — et à qui, depuis plusieurs années d'ailleurs, elle avait ouvert les portes de son académie.

A quelques lieues de là, Agen se glorifie d'un autre coiffeur, Jasmin, le poète. Le coiffeur de Montauban, Pinçon, n'eut ni l'éclatante réputation, ni le génie émouvant du chantre de *Marthe l'aveugle* ; mais son œuvre modeste et utile rendra longtemps des services aux écrivains reconnaissants. Agen a élevé une statue à Jasmin ; Montauban, un jour, consacrera un buste à Pinçon.

JANVIER-FEVRIER 1874

Du 1er au 5 janvier 1874. — L'année va s'inaugurer tristement pour nous. On célébrera, le 9, l'anniversaire de la mort de l'Empereur. A cette occasion, il doit y avoir une réunion de quelques hommes considérables à Chislehurst : MM. Rouher, le général Pajol, le prince Charles Bonaparte, etc. Plusieurs questions importantes y seront traitées, en première ligne, la conduite à tenir à l'égard du Prince Impérial, à partir du 16 mars, jour de sa majorité : le Prince doit-il retourner à Woolwich, terminer ses études, ou se déclarer majeur et rester à Chislehurst, comme futur Empereur? C'est le premier parti qui paraît devoir être adopté : l'Impératrice tient à ce que le Prince achève son éducation. On pouvait regretter d'abord cette détermination, mais, en y réfléchissant, elle est la plus sage : en restant à Chislehurst, et se déclarant prétendant, le Prince attirait sur lui l'attention, on épiait le moindre de ses mouvements, et c'était un grave inconvénient. Son séjour à Woolwich le montre, au contraire, comme un jeune homme préoccupé de ses études; s'il y a, d'ailleurs, une occasion, il partirait de Woolwich aussi facilement que de Chislehurst. L'Impératrice n'a pas voulu qu'on vînt en Angleterre le 9 janvier, elle a prié qu'on restât en France, pour donner plus d'éclat à la manifestation de l'anniversaire. Elle a fait exception seulement pour le général Pajol : elle lui a écrit qu'elle le demandait, et qu'elle voulait que, pendant qu'il serait en Angleterre, il n'eût pas d'autre table que la sienne.

M. le docteur Bertrand de Saint-Germain me raconte un dîner auquel il vient d'assister chez M. Thiers. Les convives étaient, outre les deux dames, MM. Dumas, le savant; Duvergier de Hauranne; Paul Janet, le professeur de philosophie; de Pressensé, le ministre protestant; Fr. Lenormant; Barthélemy Saint-Hilaire; un député et le docteur. M. Thiers a émis quelques opinions dignes d'être notées. Le docteur lui demandait s'il profitait des beaux jardins de l'hôtel Bagration pour se promener : « Non, a-t-il répondu, tous les jours je sors, je passe par la place Louis XV (il ne dit jamais la place de la Concorde), et je remonte les Champs-Élysées, en regrettant chaque fois de ne pouvoir m'arrêter à Guignol ! A Rome, j'allais souvent entendre Polichinelle. Le Pape, quoique Pulcinella se permît bien quelques satires, laissait parler Pulcinella ; mais mon ami Victor-Emmanuel, depuis qu'il est à Rome, l'a supprimé ! » On parla du synode des Protestants, qui s'est clos il y a peu de temps : « Les Protestants vinrent me trouver, j'étais alors au pouvoir, dit M. Thiers, et me firent part de leur intention de se réunir. Je cherchai à les en dissuader : Vous allez rendre publics vos dissentiments, leur dis-je. Je ne pus les convaincre. Ils avaient pour eux le Concordat, il fallut le leur permettre. Qu'est-il arrivé ? C'est que leur assemblée n'a servi qu'à augmenter leurs divisions ; ils n'ont pu s'entendre sur aucun des points importants ; au contraire, ils se sont disputés avec acharnement ; ce n'est pas seulement de la discorde, c'est de l'anarchie ; non seulement des dissentiments, mais de la haine. C'est à ce point que, nous, à l'Assemblée, en comparaison, *nous sommes des frères !* » On peut juger de l'effet d'un tel mot, surtout quand on connaît les haines avouées, personnelles, des partis de l'Assemblée : « La nation n'est plus rien ! » disait récemment un député de la gauche, M. de Lacretelle. On a demandé à M. Thiers ce qu'il pensait du procès du maréchal Bazaine. Il était alors debout, devant la cheminée ; voici sa réponse, dite avec un accent et une pose oratoires : « En mon âme et conscience, le maréchal Bazaine n'est pas coupable ; en un temps où tous ont concouru à la catastrophe, il est déplorable qu'un seul soit considéré comme responsable. Il a fait des fautes politiques ; mais les autres, ceux qui l'accusent, en ont fait bien davantage, et, lui, a payé plus qu'eux de sa personne ! » On sait, du reste, que M. Thiers a toujours défendu le Maréchal. Il eût voulu que M° Allou fût son avocat, au lieu de M° Lachaud ; mais M° Allou, républicain, s'y est refusé.

M. Thiers a, dans un autre moment, entretenu le docteur B. de Saint-Germain de ses travaux philosophiques ; il prépare les éléments d'un grand ouvrage sur les progrès des sciences, et fait, à ce sujet, des études de physiologie, d'histoire naturelle, etc. Il a interrogé le docteur sur les opérations du cerveau, les rêves, que le docteur explique par une théorie ingénieuse et fort vraisemblable, etc. Il a même, à cette occasion, prononcé un mot significatif : « Je ne suis pas

positiviste, mais je suis *positivement spiritua-
liste.* » Il est, il faut le reconnaître, un vrai
disciple de l'école de Voltaire, un homme
du xviiiᵉ siècle, déiste, reconnaissant l'immortalité de l'âme, un Dieu rémunérateur, etc.
mais n'allant pas au delà. Au surplus, le livre,
qu'il prétend composer est conçu sur un plan
si vaste qu'il ne lui sera pas donné de le faire ;
il oublie son âge, et que déjà la mort étend
son ombre vers lui.

10. — La messe pour l'anniversaire de la
mort de l'Empereur a passé toute attente, par
l'extraordinaire affluence des personnes qui y
ont assisté. Non seulement Saint-Augustin
était plein, même les galeries supérieures, à
regorger, mais il y avait autant de monde
dehors que dedans. La place, qui est très
vaste, était couverte de gens qui n'avaient pu
entrer. Ce sont eux qui, à la sortie, en voyant
M. Rouher, ont jeté le cri de *Vive l'Empereur !*
qui a retenti avec tant de force, s'est prolongé,
a pénétré dans l'église et a été répété jusqu'au
milieu de la nef ; mais ceux qui étaient le
plus éloignés, vers le chœur, ont aussitôt,
par leurs gestes et leurs *chut* répétés, apaisé
l'effervescence. Il s'agissait de ne pas compromettre une telle manifestation, si calme,
par des cris inutiles, et de ne pas empêcher
que d'autres cérémonies aient lieu plus tard.

On n'en fut pas moins fortement ému, et il y eut, un moment, un véritable emportement. En sortant, je rencontrai sur la place l'ancien Préfet de police, M. Piétri, et je lui demandai ce qu'il en pensait. Voici sa réponse : « Je connais les foules, j'ai été très frappé de ce mouvement ; s'il avait eu lieu tout à fait en dehors, il eût pu devenir quelque chose. » On ne peut nier, en effet, qu'il y avait là un inconnu et un aléa ; *on ne dirige pas les foules.*

J'ai rencontré également le géuéral ***, venu exprès du Poitou, avec qui je suis lié depuis vingt ans. Il m'a renseigné sur le compte de plusieurs généraux, qui peuvent jouer un rôle à l'occasion : Billot, Du Barrail, etc. Quant au Maréchal : « Qu'on ne s'abuse pas, m'a-t-il dit, *c'est un lâcheur;* à un moment, il sera ennuyé de tous ces tripotages et enverra tout promener. »

Du 15 au 20. — M. ***, qui a vu quelques-uns de ses compatriotes. venus d'Espagne, m'a raconté les traits les plus piquants de la Révolution Espagnole du 3. C'est le général Pavia qui, au milieu de l'anxiété générale, a dit à Serrano et aux ministres épouvantés d'une Révolution légalement votée et radicale : « Il faut faire ce qu'a fait le général Bonaparte au 18 brumaire. — Mais qui s'en chargera ? — Moi! et, de plus, je ne veux rien être après ; je ne demande qu'une chose, c'est que vous frappiez énergiquement ceux que j'aurai abattus. » On accepta : il manda quelques colonels qui avaient servi sous lui, leur donna ordre de garder les avenues des Cortès, fit braquer l'artillerie sur la place, et envoya, par un aide de camp, un message au président Salmeron, où il accordait dix minutes, pour prononcer la *dissolution des Cortès*. Le président et la gauche levèrent les bras au ciel ; mais, bientôt, entra un capitaine de gendarmerie, à la tête d'un peloton : « Les dix minutes sont passées ! » On se récrie : « Apprêtez armes ! » cria-t-il. Deux coups de fusil furent même tirés en l'air. A cet ordre, à ce bruit, fuite universelle, tous décampèrent. Les portes sont fermées, gardées ; patrouilles dans les rues ; le peuple était enchanté. Un journal satirique Anglais a représenté le général Pavia, une *demoiselle* en main, et remettant les pavés en place. Rien ne plaît davantage au peuple que la victoire de l'ordre sur les parleurs vaniteux et importants des Chambres.

22. — On a souvent parlé de l'inertie du Maréchal, mais les preuves qu'il en donne sont propres à étonner. La situation où nous sommes est insupportable ; on regarde de tous côtés d'où peut venir une solution, et l'on fait

grande attention aux moindres gestes et démarches de chaque parti. Ainsi, l'on croit que les d'Orléans pourraient, s'ils avaient de l'audace, s'imposer : le duc d'Aumale a pris une position très forte dans son commandement de l'Est. Les Impérialistes, en conséquence, ont demandé le commandement de l'armée de Paris pour le maréchal Canrobert. Le conseil des ministres, à cette occasion, a été divisé : cinq ministres étaient pour, cinq contre. M. Rouher a exprimé au maréchal de Mac-Mahon son étonnement que, dans ce partage si égal, il n'ait pas, lui Président, donné sa voix, qui avait une valeur prépondérante : « Je n'y ai pas pensé! » a répondu le Maréchal. Et ce n'est pas une défaite ; c'est la vérité, il n'y a pas pensé !

Du 1er au 5 février. — M. Rouher est revenu de Chislehurst, avec l'air de la plus parfaite satisfaction. Ce qu'il a rapporté du Prince est conforme à ce qu'on en savait déjà. Il s'est fortifié et prend de plus en plus l'apparence d'un jeune homme. Il ressemble, à mesure qu'il avance en âge, davantage à son père, pour le caractère réfléchi, lent dans ses décisions, et résolu. Une lettre de lui, adressée à M. Ch. Abbatucci, m'a frappé par deux côtés : elle est écrite comme par un homme de trente ans, et d'un style fait; après avoir dit que ses

« vœux sont conformes à ceux qu'on lui exprime », il ajoute : pour les réaliser, « ni la résolution, ni le courage ne me manqueront ». On peut donc croire qu'il est décidé à profiter d'une occasion.

On a arrêté, à Camden-Place, ce qu'on fera pour la majorité du Prince, le 16 mars : il y aura une manifestation éclatante par le concours de nombreux visiteurs, et le Prince parlera, de manière à faire entendre ce qu'il veut. On désire qu'il n'y ait pas, comme au 15 août, de délégations d'ouvriers avec bannières ; cela a eu des inconvénients, et « nous a coûté beaucoup », m'a dit M. Rouher. On s'occupe de faire un travail, pour savoir à peu près combien de visiteurs pourront aller en Angleterre. On compte sur quinze à vingt par département, le double de tous les départements à Paris, en tout environ trois mille. Une compagnie s'organise pour transporter tous les visiteurs en première classe, les nourrir et les loger à bon marché.

Si l'on veut avoir une idée de l'ardeur et du désintéressement de quelques personnes pour la cause impériale, il faut savoir que Mlle Delphine Marquet, de la Comédie-Française, envoie tous les mois à l'Impératrice un bouquet de fleurs des Tuileries ; au mois de janvier, elle envoya en Angleterre une couronne, avec une adresse signée de seize sociétaires du

Théâtre-Français. J'avoue que je suis singulièrement touché de ce trait, car les acteurs du Théâtre-Français n'ont rien à attendre du retour de l'Empire : ils ne seront ni députés, ni conseillers d'État; ils agissent donc par pur dévouement, reconnaissance et fidélité.

La conviction que le Prince Impérial va bientôt revenir est devenue une opinion courante : on entend dire de tous les côtés qu'il arrivera le 16 mars.

L'Assemblée, de son côté, est fort préoccupée de cette impulsion qui porte le peuple vers l'Empire ; elle a les regards attachés sur le 16 mars ; elle voudrait prendre un congé, mais toutes ses combinaisons sont faites ou cherchées en vue de cette date : elle sera réunie le 16 mars, comme si cela pouvait empêcher une révolution ! Elle est si peu estimée, que le premier qui la jetterait à la porte serait acclamé, — et populaire, au moins pendant huit jours.

Du 15 au 20. — Il importe de constater la quantité de personnes qui se préparent à aller à Chislehurst le 16 mars. Les départements de Seine-et-Oise et Seine-et-Marne auront un contingent considérable; une lettre du Limousin annonce quatre visiteurs dans une seule commune et s'étonne même que ce soit si peu, quand on devrait s'étonner du contraire, vu le prix du voyage. On cite des chiffres de souscripteurs peu vraisemblables dans quelques autres pays. Il est certain que le nombre des pèlerins sera beaucoup plus grand qu'on ne l'avait d'abord pensé. Que fera cette foule ? on ne le saurait dire.

Le discours de M. D. Nisard, à la réception de M. Saint-René Taillandier, n'a pas été publié au *Journal officiel*. M. de Broglie lui a écrit, pour le complimenter, mais lui expliquer que les passages où il a peint si spirituellement et avec tant de vérité le génie Allemand étaient de nature à éveiller les susceptibilités de la Prusse ; que ce serait dangereux en ce moment, etc. C'est fort bien, mais, comme le disait une dame, en étant prudent, on pouvait se dispenser de paraître lâche ; pour cela, il suffisait de ne pas publier le discours de M. Saint-René Taillandier, pas plus que celui de M. D. Nisard. C'est ce qu'on n'a pas fait, et la crainte de la Prusse a éclaté à tous les yeux.

21. — Le Gouvernement vient de publier une circulaire à ses préfets, à l'occasion du pèlerinage de Chislehurst ; cette circulaire a été la plus grande maladresse qu'il pût commettre. Beaucoup de gens ignoraient ce voyage ; plusieurs journaux se seraient bien gardés

de le mentionner ; aujourd'hui, grâce à la circulaire, il n'est pas un hameau qui n'en soit informé, pas un journal qui ne soit obligé d'en parler ; la force du parti impérialiste est déclarée par le Gouvernement lui-même. Les dispositions du public se manifestent, d'ailleurs, de plus en plus. Dom Gardereau, de l'abbaye de Solesmes, qui prêche le carême à Paris, arrivé depuis quatre jours, été si frappé du mouvement de l'opinion vers l'Empire, qu'il a écrit à Dom Guéranger, abbé de Solesmes, que tout le monde regardait à Paris la restauration de l'Empire comme certaine : « Pour nous, a-t-il ajouté, nous ne verrons pas la restauration Impériale avec peine. Nous y applaudirons même, à une condition seulement, c'est qu'on ne nous donne pas des ministres de l'instruction publique comme M. Duruy. » Je l'ai rassuré à cet égard, en m'appuyant sur la connaissance qu'on avait des sentiments religieux du Prince, et je lui en ai rapporté quelques traits significatifs. Il m'a écouté avec une grande attention, puis a dit, et cette réflexion marque la qualité d'esprit de ce moine : « Oui, il faut qu'il soit religieux, mais il est préférable qu'il ressemble plutôt à Charlemagne qu'à saint Louis. — Pourquoi? lui dis-je. — Parce que, entre nous, saint Louis était un peu *capucin*, et qu'il faut que le Prince soit plus *roi*. » Il a terminé, en m'exprimaut sa satisfaction de ce que je lui avais appris sur le Prince, ainsi que sur MM. Rouher le général Pajol, le duc de Padoue : « M. Rouher a vu, m'a-t-il dit, M⁶ʳ Berthaud, évêque de Tulle, et a été si satisfait d'un entretien qu'il a eu avec lui, il y a environ deux ans, qu'il est allé le revoir le lendemain » Il m'a assuré qu'il allait écrire à Solesmes, pour faire part de tout ce dont il venait d'être informé.

22. — On rapporte une conversation de M. Rouher avec le général Changarnier. M. Rouher, ayant eu l'occasion de parler des princes d'Orléans, le général Changarnier crut qu'il avait employé vis-à-vis d'eux une expression malsonnante et le lui fit remarquer. M. Rouher le détrompa et ajouta : « Je suis, d'ailleurs, toujours respectueux, en parlant des Princes et, quant à MM. les Princes d'Orléans, si l'on m'en croyait, au retour de l'Empire, on les laisserait demeurer tranquillement en France. » M. le général Changarnier s'écria vivement : « M'autorisez-vous à le leur dire ? » Un tel cri montre assez les craintes et les dispositions des Princes.

On ne compte plus, d'ailleurs, les aveux de nos adversaires : Mᵐᵉ de St.-C. demandait hier à [Mᵐᵉ E. L. pourquoi elle ne recevait plus ? Mᵐᵉ E. L. répondit qu'elle n'y était pas disposée en ce temps-ci ; que ce serait plus tard. — « Oui, dit à demi-voix Mme de St.-C. à une dame assise près d'elle, — *quand il sera revenu !* » On affirme même que M. le duc de Nemours aurait exprimé sa conviction que l'Empire était proche, ajoutant que, du moins, ce serait une fin à une situation intolérable. Quelques personnes croient que MM. les princes d'Orléans n'auraient pas d'autre ambition que d'obtenir de rester en France. Je l'ignore, mais je n'y vois pas d'inconvénient : l'éloignement est favorable aux prétendants.

Du 20 au 28. — M. l'abbé ***., qui part pour Rome, où il va demander la bénédiction du Saint-Père, en faveur de l'œuvre de la Colonie agricole qu'il se propose de fonder en Algérie, m'a exprimé quelque inquiétude au sujet des réponses qu'il aurait à faire à des questions qu'on lui poserait sur l'avenir et le passé ; particulièrement sur les dispositions du Prince Impérial à l'égard de l'Italie et du Pape, et l'abandon de Rome par les troupes Françaises en 1870. Pour l'avenir, je lui ai répondu : « Que l'on ne pouvait avoir aucun doute sur les sentiments du Prince ; qu'il portait le plus tendre respect au Pape, son parrain ; qu'il ressentait autant d'indignation que de douleur de la position où l'ont mis la duplicité et l'impudente ambition des Piémontais ; que l'Empereur lui-même avait ressenti vivement l'indignité de la conduite du Piémont empressé de profiter de sa défaite pour violer les conventions et mettre la main sur Rome ; que la prudence ne permettait pas d'exprimer publiquement ces sentiments et des vœux qui seraient d'ailleurs stériles en ce moment; mais que, lorsque l'Empire sera revenu, on ne saurait douter qu'on ne fasse tout ce qui sera possible en faveur d'une cause qu'on respecte et qui est celle même du principe d'autorité ; et qu'il peut hardiment affirmer que le Gouvernement Impérial fera pour la Religion et l'Église non pas autant, mais plus que quelque gouvernement établi par un autre parti. Du reste, les preuves existent : quand la fusion a été sur le point de réussir, les Puissances avaient été pressenties, et particulièrement la Russie. M. de Bismarck ne faisait aucune difficulté sur le rétablissement du comte de Chambord, mais il lui imposait cette condition, de ne rien entreprendre contre l'Italie *avant dix ans.* En dix ans, que d'événements pouvaient changer la situation ! Le comte de Chambord y résista tant qu'il put, mais fut enfin obligé de promettre; de plus, il dut en faire part aux députés qui lui furent envoyés, et ce n'est pas une des moindres difficultés qui entravèrent et finirent par amener l'échec de la fusion.

« Quant à l'abandon de Rome, voici ce

qu'il y aura à répondre : Si l'Empereur eût été victorieux, jamais le Piémont ne se serait enhardi jusqu'à pénétrer sur le territoire Pontifical. Cela est attesté même par des écrivains *cléricaux*, entre autres par M. Jacquemont, ancien capitaine des zouaves pontificaux, qui raconte, dans un livre publié en 1871, que « les Piémontais, au début de la guerre, massés sur la frontière des États du Pape, attendaient impatiemment les nouvelles, annonçant hautement leur intention d'agir selon les événements. Dès que le désastre de Sedan leur fut connu, ils franchirent la frontière et marchèrent sur Rome, ce qu'ils n'avaient osé jusque là. » La sécurité du Pape était liée à l'existence du gouvernement Impérial : tant que l'Empire était debout, la parole de la France suffisait pour protéger Rome, comme la plus puissante armée. L'Empire tombé, la République laissait passer l'armée Piémontaise. Le retrait des troupes Françaises n'a pas été la cause de la prise de Rome par les Piémontais ; cet envahissement a été la conséquence de la défaite de la France et de la République imposée à la nation, le 4 septembre. »

MARS 1874

Du 1er au 10 mars. — Les préoccupations sont toutes au voyage de Chislehurst; non seulement, on parle du voyage parmi les Impérialistes, mais partout. Le Gouvernement, inquiet des demandes d'absence de beaucoup de généraux, leur a permis le voyage, à condition d'être de retour à Paris le 12, c'est-à-dire, quatre jours avant la manifestation à Chislehurst. Le général Pajol même, qui avait obtenu sa permission, il y a deux mois, et n'était pas parti, par suite d'une attaque de goutte, n'a obtenu que jusqu'au 15 au matin. On nous écrit de Londres que tous les hôtels sont retenus; il faut s'y prendre d'avance pour obtenir une chambre. Il y aura de nombreux visiteurs, mais on en ignore encore le nombre : les départements au delà de la Loire en don-

neront peu, le voyage coûtant cher ; le Nord,
davantage ; Paris et les environs, beaucoup.
On n'a voulu accorder de subvention à personne, de peur qu'on ne dise que le voyage
a été payé ; mais des ouvriers de Belleville et
des Batignolles, désireux d'aller en Angleterre,
ont pris ce moyen : ils se sont mis dix-huit,
ont versé chacun 5 francs, et ont tiré au sort ;
celui que le sort a favorisé ira voir le Prince :
avec 90 francs, en troisième classe, cela suffira. On a eu la même idée parmi les paysans
de Seine-et-Marne.

On n'est pas sans être informé, dans le public, de quelques-uns de ces traits de fidélité
et de dévouement, et d'en être touché. Aussi,
y en a-t-il qui annoncent franchement leur
intention de passer à l'Empire : « Tout y va,
m'a dit ces jours-ci, M. Beslay, rédacteur en
chef du *Français*, journal officieux de M. de
Broglie ; le ministère jouit de son reste ; aussi
nous commençons — il suffit de lire entre
nos lignes — à faire notre tour de conversion
vers le soleil levant. »

Ce qui n'est pas à prouver, c'est la multiplicité des témoignages de dévouement qu'inspire à la population, et dans toutes les classes,
le voyage de Chislehurst. On porte au Prince
un encrier de la valeur de douze mille francs
recueillis par souscription ; les noms de tous
les souscripteurs devaient y être gravés ; tous

n'ayant pu y tenir, on a tiré au sort, et il en est qui ont payé jusqu'à mille francs, pour acheter d'un autre la faveur d'être inscrits à sa place. M. Reinhard, propriétaire de la fameuse confiserie Siraudin, a commandé cent grosses de bouquets de violettes (cela fait je ne sais combien de milliers), afin d'en couvrir la chapelle de Chislehurst ; plusieurs maisons sont uniquement occupées à ce travail ; on ne peut, d'ailleurs, suffire aux demandes de violettes de tous les côtés. On envoie aussi une branche du marronnier du 20 mars, couverte de feuilles vertes. M. Reinhard est disposé à dépenser 10,000 francs pour cette occasion solennelle. M. de Waldeck, le peintre centenaire, envoie, par mon entremise, le portrait de Bonaparte à vingt-cinq ans, qu'il a fait l'an dernier, à 107 ans ; dans quelques lignes, il dit au Prince qu'il est né, comme lui, le 16 mars, quatre-vingt-dix ans avant.

J'emporte un grand nombre d'adresses signées d'ouvriers, de prêtres, d'employés, de garçons de bureau, de soldats, de nobles, de gendarmes, de journalistes. Elles sont presque toutes remarquables par l'ardeur et l'énergie de l'expression. Un gendarme de Concarneau met au haut de sa lettre ces mots naïvement touchants : *Témoignage de satisfaction.*

De jeunes volontaires, qui me sont venus voir, et dont l'un est neveu de M. le comte

Benedetti, m'ont dit que l'armée se déclarerait toute pour le Prince, s'il paraissait. Ils sont du 9ᵉ chasseurs à cheval, où commande le duc de Chartres. Ils affirment qu'on se plaît, quand il passe dans les corridors de la caserne, à crier : *Vive l'Empereur !* dans les chambres.

On annonce aussi que la Charente-Inférieure envoie, à elle seule, 100 pèlerins en Angleterre.

Il est impossible que le Gouvernement et nos adversaires ignorent un tel mouvement ; aussi l'avouent-ils. Un député dans une lettre au duc Decazes, qui a été publiée, montre, avec les progrès de l'Empire, le désarroi du ministère et de ses conseillers. M. de Mayol de Luppé, directeur de l'*Union*, m'a dit, de son côté : « Je ne nie pas les progrès de l'Empire, je reconnais, aussi, que quelque parti que ce soit n'arrivera que par un coup de force; mais je ne sais comment vous ferez, car il ne se trouvera pas un général assez osé pour mettre la main sur le Maréchal. » M. de Luppé se trompe : un général, un simple capitaine, si le Prince est là, avec un ou deux régiments qui se déclareront, ira trouver le Maréchal et lui donnera ordre de venir trouver le Prince. Si l'on échoue, l'homme qui serait tué peut-être, n'a qu'un risque à courir, de gagner l'immortalité.

A la troisième soirée de M. Rouher, où se trouvaient réunis tous les hommes marquants du parti, et quelques revenants, M. Rouher nous a raconté, à trois ou quatre arrivés de bonne heure, les luttes qu'il a à soutenir pour la liquidation de la liste civile, et nous a donné des preuves de la mauvaise foi des républicains. Il y a, entre autres, M. Le Royer, ancien magistrat, dont il a été obligé de relever les erreurs volontaires, en lui mettant le texte de la loi sous les yeux. Puis, M. Rouher nous a répété les termes précis (que l'on connaissait, dès mercredi, parmi nous) des deux dépêches de l'Impératrice, qui lui disaient, l'une : « M. Guizot nie avoir reçu des services de l'Empereur ; affirmez-le, j'en ai les preuves écrites ! » — l'autre, quelques heures après : « J'apprends la mort de la fille de M. Guizot, je ne veux pas ajouter à la douleur d'un père ; regardez ma dépêche comme non avenue. » On sait qu'il s'agit des 48,000 francs de dettes du fils de M. Guizot payés par l'Empereur. M. Lefebvre-Duruflé, m'avait déjà appris que, trois semaines après le 2 Décembre, l'Empereur avait, par l'entremise de lui, M. Lefebvre-Duruflé, et sur la demande de M. Guizot, nommé receveur général M. de la Bruyère, neveu de M. Guizot, receveur particulier à ***. M. Rouher a terminé son récit par ces mots : « Jusqu'en 1870, j'ai estimé

M. Guizot; en 1868, je voyais déjà avec peine M. Guizot harceler l'Empereur, aller incessamment aux Tuileries; mais je l'excusais, en attribuant cette insistance à la sollicitude d'un père qui voulait faire nommer son fils sous-directeur des cultes protestants : il l'obtint. Le 4 Septembre arriva. J'étais en Angleterre, et on me lisait les journaux Anglais. Eh bien, tous les jours, ou tous les deux jours, le *Times* contenait une lettre de M. Guizot, infâme contre l'Empereur, ignoble de ton, et remplie des accusations les plus calomnieuses. J'étais indigné; de ce jour, j'ai cessé d'estimer M. Guizot. » Le mot est faible pour caractériser le sentiment qu'inspire cet *austère* vieillard.

Le dernier fait raconté par M. Rouher fut aussitôt confirmé par une des personnes présentes, qui affirma qu'elle se trouvait alors en Belgique, où les lettres de M. Guizot étaient reproduites dans un journal du pays.

Du 10 *au* 20. — Nous sommes partis pour l'Angleterre, le vendredi, 13, et en sommes revenus le jeudi, 19; j'étais accompagné de ma femme. Je ne raconterai pas cette solennité, dont les détails se trouvent dans tous les journaux et seront l'objet de livres et de brochures. Je ne signalerai que ce qui peut compléter le tableau général.

A l'hôtel de Charing-Cross, la plupart des

voyageurs étaient Français ; on avait loué exprès une quantité de domestiques parlant français. On y rencontrait tous les hommes connus dans le parti impérialiste, depuis M. Rouher, M. de Nieuwerkerke, M. Piuard, jusqu'aux plus modestes journalistes. Le duc d'Aumale y était aussi logé ; il était venu pour l'entrée de la duchesse d'Édimbourg.

Dès samedi matin, visite à Camden-Place, en compagnie d'une très nombreuse société de Français. Nous étions annoncés, et l'on nous avait inscrits pour une audience particulière, grâce à la bienveillante attention du général et de Mme la vicomtesse Pajol. Nous fûmes reçus d'abord, ma femme et moi, par l'Impératrice. Je lui donnai, par quelques traits, une idée du mouvement de l'opinion à Paris et dans les départements. Comme l'audience se prolongeait, et qu'il y avait beaucoup de personnes à recevoir, on vint l'avertir. Je voulus me lever ; elle me retint et me demanda de continuer : je pus donc lui dire à peu près tout ce qui était le plus pressé. Elle fut extrêmement gracieuse, et même chaleureuse dans ses remerciements, en partant comme en arrivant.

Il y eut, dans cet entretien, un petit incident qui m'inquiéta un moment. En lui rapportant l'opinion de Dom Gardereau, je lui dis le mot sur le ministre de l'instruction publique ; son visage, jusqu'alors souriant, devint sérieux et ses traits prirent une expression de gravité qui montra qu'elle était péniblement impressionnée.

C'était, en effet, une critique de la conduite de l'Empereur. Je vis bien cette marque de mécontentement, mais je continuai, sans me troubler, et ce que j'ajoutai lui donna bientôt une nouvelle impression; elle reprit sa sérénité et sa grâce aimable.

Cependant, un peu inquiet et craignant de l'avoir blessée, je fis part au général Pajol de ce qui venait de se passer : il n'en fut pas fâché; au contraire, il m'approuva : « Vous lui avez fait connaître la vérité, tant mieux ! Tout le monde fait des fautes, l'Empereur a fait celle-là. L'Impératrice sait bien à quoi s'en tenir sur le ministre dont vous avez parlé. »

Quelques instants après, j'eus une audience du Prince, tout aussi chaleureux. Je lui remis et lui expliquai les *adresses* que j'apportais; il y en avait de fort remarquables, une, entre autres, de nombreux ouvriers de La Villette, du faubourg Saint-Denis, du chemin de fer du Nord, et de quarante à cinquante soldats de la caserne de la *Nouvelle-France*, qui donnaient le numéro de leur bataillon. Le portrait, par M. de Waldeck, le frappa aussi beaucoup.

Je le trouvai grand, frais, gai, la figure animée et intelligente, l'air assuré, l'allure vive. Nous partîmes fort satisfaits.

Le dimanche se passa à Londres.

Lundi 16, fut le grand jour. Nous fûmes du petit nombre de personnes (trois cents environ) qui purent entrer dans la chapelle, pour la messe, et entendre le discours de l'abbé Goddard, qui a été incomplètement reproduit par les journaux. Il était divisé en trois parties : l'éloge funèbre de l'Empereur, — le Prince Impérial, — l'Impératrice. Il traça, en larges traits, le tableau des grandes actions de l'Empereur ; il insista sur sa bonté, dont il avait vu tant de marques, sur sa magnanimité, qui ne songeait pas à se venger ; il fut fort ému à ce moment, en face du tombeau de celui dont il parlait ; puis, il s'écria, avec l'accent le plus énergique : « Il a été renversé, non par le peuple Français, mais par la fange de la populace, et cette révolution est la plus *infâme* qu'on ait jamais vue dans l'histoire, car elle fut faite en présence et au profit de l'ennemi. » Ces paroles qui, dans la bouche d'un Anglais, avaient bien plus de force que chez un Français, furent accueillies par un frémissement général ; on fut sur le point d'applaudir.

A une heure et demie, discours du duc de Padoue, et enfin, l'énergique discours du

Prince, qui y mit le sang-froid, la précision, l'accent propre à vivement impressionner. Ce qu'on remarqua surtout, ce fut la réunion de ces trois qualités : la voix, le style et les pensées d'un homme. Il est difficile de pousser au delà l'enthousiasme de l'auditoire ; à certains moments, ce fut une frénésie. La foule se dispersa ensuite dans le parc, et se groupa, pour le lunch, autour des poteaux, par départements : il y en avait des plus éloignés, de Marseille, des Pyrénées-Orientales, d'Oran, etc., etc. Nous prîmes le lunch dans le château.

Le mercredi 18, beaucoup de personnes étaient parties ; il n'y avait que des invités à Camden-Place. Je visitai, ainsi que quelques personnes, la chambre et le cabinet de l'Empereur. Je reconnus la place où il était assis devant son bureau, quand il me reçut si aimablement la seconde fois ; le lit sur lequel il est mort était entièrement couvert de violettes et de couronnes ; au-dessus, la belle gravure où il est représenté mort. En descendant, M. le comte Clary m'apprit que le Prince, qui avait promis plusieurs audiences, n'en donnerait pas une seule, mais qu'il passerait devant nous tous, et parlerait à chacun. Pendant cette revue, je pus constater combien il avait de vivacité, d'entrain, et de mémoire ;

il n'avait oublié personne, même ceux qu'il avait vus, il y a plus d'un an.

Parmi les personnages intéressants qui se pressaient à Camden-Place, un des moins curieux n'était pas Mme Lebou, venue au nom des dames de la Halle. Petite, forte, bien portante, avec une belle robe de soie et un chapeau à plumes, elle semblait avoir cinquante-cinq ans, quoiqu'elle en eût soixante-dix-sept, m'a-t-elle dit. Elle fut reçue par le Prince un peu avant moi, le samedi. Elle devait lui débiter une harangue qu'on lui avait faite, et lui demander ensuite la permission de l'embrasser ; mais elle n'y tint pas et, dès en entrant, elle courut à lui, les bras ouverts, et l'embrassa sur les deux joues. Elle avait aussi embrassé l'Impératrice ; autrefois, elle avait embrassé l'Empereur, au bal des Halles, en 1852. Elle avait apporté, nous dit-elle, un *plan* pour le retour du Prince, et elle le lui laissa. Elle était charmée de sa bonne mine, de sa santé, de sa ferme poignée de main : « Si quelqu'un vous dit, lui demanda le comte Clary, qu'il ne se porte pas bien maintenant, que répondrez-vous ? — Je lui f... ma main sur la figure ! » Elle nous apprit que nombre de dames de la Halle auraient voulu venir, mais qu'elles avaient craint qu'on ne leur fît perdre leur place à la Halle. Elle est partie ravie.

Du 20 au 31. — On ne s'attendait pas à une telle foule, et personne n'en a été plus étonné que l'Impératrice ; elle le dit à M. A. Vitu, le dimanche : « Attendez à demain, Madame, a répondu M. A Vitu, vous verrez bien autre chose ! » En effet, le lendemain, 16, il y eut 7,092 signatures de Français. C'est le chiffre officiel. On avait cru qu'il pourrait y avoir deux ou trois mille visiteurs, et la tente avait été construite en conséquence.

Le discours du duc de Padoue avait été lu en conseil, comme celui du Prince, et souleva une objection : le duc de Padoue avait, dans une phrase assez nette, parlé du pouvoir temporel du Pape, de manière à exciter des espérances et des craintes. On a pensé qu'il ne fallait pas toucher cette question, étant actuellement dans l'impuissance de la résoudre ; on n'a pas voulu prendre des engagements qu'on ne saurait tenir tout de suite. D'autre part, en recevant M. Georges Seigneur, le Prince Impérial lui dit : « J'espère que les catholiques voudront s'associer à la réaction de justice qui se fait en faveur de l'Empire, et qu'ils sauront reconnaître leurs véritables amis. » C'est là une invitation qui sera portée à son adresse.

Le dernier écho, pour le moment, a été l'élection de la Gironde, où les Impérialistes ont eu 48,000 voix contre 22,000 données au candidat du gouvernement. Le candidat impérialiste, le général Bertrand, n'a eu au-dessus de lui que le candidat radical, ce qui n'est pas étonnant avec le scrutin de liste.

Du 29 au 31. — Nous sommes revenus, jeudi 19. Nous avons trouvé tout le monde préoccupé de ce qui venait de se passer à Chislehurst, chacun questionnant, écoutant, même quand on feignait l'indifférence ou qu'on était hostile. On voit bien que cela est capital, et doit avoir les plus grandes conséquences. Ayant dit à M. Rouher: « Nous étions là, l'avant-garde de la France, et tous ceux qui sont rentrés dans leur province sont les *trompettes* qui annonceront le grand événement. — Oui, répliqua-t-il, les *trompettes du jugement dernier !* »

Le mouvement de l'opinion n'en continue pas moins; je l'ai fait connaître par une lettre à M. le baron Tristan Lambert, qui est resté près du Prince. Chacun sent qu'on court à l'Empire ; le sentiment populaire est même d'accord avec l'expression de M. Rouher : « Dans cinq à six mois, on sera au plus haut point ! » disait un sergent de ville au général Pajol, son ancien colonel. Il faut donc profiter du moment. M. le général Pajol m'a fort satisfait, en m'apprenant que le Prince Impérial était très impressionné des tentatives de

Boulogne et de Strasbourg ; que lui, le général, avait essayé de le détourner de ces idées, mais qu'il avait bien vu que le Prince persistait. Ces informations concordent avec ce que m'a fait entendre M. Tristan Lambert : le Prince saisira une occasion.

Le général ayant été appelé au conseil, on lui a demandé des renseignements sur la question militaire, — si l'on s'était assuré des généraux pour le moment décisif. On ne savait rien, et l'on n'avait rien fait. Il en était assez peiné : « Mais, lui ai-je dit, c'est à vous de vous en occuper! Nul plus que vous n'est en mesure de le faire : le parti impérialiste, ai-je ajouté, peut seul plusieurs choses que la République est impuissante à faire : donner des titres et les grades les plus élevés ; il n'y a que cinq maréchaux, le Prince peut en faire sept. Plusieurs généraux sont riches; il n'y a pas à leur offrir de l'argent, mais ils désirent être barons, comtes, etc. ; on les anoblira ! D'autres sont besogneux, on les connaît; d'autres, même, soi-disant républicains, sont disposés à accepter l'Empire, par habitude de l'ordre, de la discipline, sentiment de l'autorité. On gagne les hommes par l'argent, les titres, les grades, les honneurs, quand on ne les a pas, ce qui est plus rare, par la sympathie, la fidélité et le dévouement! » J'ai écrit dans le même sens en Angleterre.

Intermède littéraire. — Outre l'affaire Ollivier, l'Académie a été assez agitée par la succession littéraire de M. de Ségur, à l'occasion
de laquelle ses enfants et M. le comte de Ségur d'Aguesseau se disputent, non sans scandale; des paroles dures ont été échangées
dans des mémoires rendus publics. M. Marmier, pour un mot de son discours, à la
réception de M. de Viel-Castel, a été assez
malmené par les Ségur.

M. Victor Hugo fait des jeux de mots —
peu plaisants. Voici un de ses derniers : parmi les candidats au fauteuil de l'Académie, se
trouvait M. Boissier, critique et professeur de
mérite. M. Victor Hugo, qui affecte d'ignorer
tous les écrivains d'un certain genre, s'est
étonné que M. Boissier se soit présenté : « Il
paraît, a-t-il dit, que l'Académie tient à avoir
chez elle des confiseurs (il y a un confiseur
fameux, nommé Boissier), alors, au lieu de
Boissier, pourquoi ne prend-elle pas Siraudin ? » Cet homme est trop *énorme*, selon son
mot favori, pour bien rire.

Il ne cesse d'arriver à Camden-Place des
visiteurs, à qui il était interdit de venir pour
le 16; c'est, chaque jour, des conseillers généraux, des maires, des prêtres, des généraux.
M. le baron Tristan Lambert m'a montré une
lettre qu'a écrite, à cette occasion, le Prince

Alphonse, fils de la reine Isabelle, au Prince Impérial ; elle est fort chaleureuse et bien tournée.

Il y aura, au Salon, un portrait du Prince Impérial, par M. J. Lefebvre : on le dit très beau. M. Lefebvre s'en est chargé, sur le refus de M. Cabanel, comblé par l'Empire. A ce sujet, il est bon de remarquer combien ont été peu fidèles les tristes hommes que, à la suggestion de M. Sainte-Beuve, on a cherché à attirer à l'Empire. On peut en juger par les *Lettres à une princesse;* ce n'étaient pas seulement des athées, des libertins, des débauchés, mais de plats personnages, à commencer par Sainte-Beuve le premier, qui n'avait pas attendu la chute de l'Empire pour passer à l'ennemi. Il faut en être persuadé : il n'y a d'honnêteté vraie, de fidélité que chez les chrétiens ; pourquoi les autres seraient-ils fidèles, si cela est contre leur intérêt ?

Le citoyen Courbet est à Ornans, où il peint force tableaux, plus ou moins vilains, qu'il vend sous main, au préjudice de l'Etat, qui en fait, quand il peut, saisir le prix, pour payer la reconstruction de la Colonne. Il est devenu presque impotent, il marche à peine, tant il a bu ; on pense qu'il ne vivra plus longtemps.

Dernier écho des dîners de M. Thiers : il y a

raconté sa première entrevue avec l'Empereur,
en 1848. Le Prince lui avait fait exprimer, par
M. Vieillard, le désir de le voir : M. Thiers
sortit de la salle des séances et le trouva dans
une salle voisine : « Monseigneur, dit-il. —
Ne m'appelez pas Monseigneur, dit le Prince.
— Vous serez toujours pour moi un Prince,
et je vous traiterai comme tel. Du reste, vous
n'avez pas à m'en remercier : si vous êtes ici
comme représentant, c'est malgré moi. Ce
sont, ajouta-t-il, en montrant la salle des
séances, dont la porte était entr'ouverte, *ces
imbéciles-là* qui l'ont voulu ! Ils n'ont pas
compris qu'en introduisant parmi eux un
Prince, ils se donnaient un maître. »

AVRIL-JUIN 1874

Du 1er au 5 avril. — L'Assemblée est en vacances, les journaux chôment, et les nouvelles manquent. Cependant, on est encore informé du mouvement de l'opinion, par les journalistes, les députés et les salons. Ce qu'il y a de plus marquant, c'est la situation prépondérante que prennent les orléanistes, absorbant les légitimistes, au point qu'on peut dire qu'il n'y a plus, pour ainsi dire, de légitimistes ; tous vont aux princes d'Orléans ; ils ne voient l'avenir que là, puisque le comte de Chambord semble avoir fermé la porte derrière lui.

7 avril. — Il est difficile de se faire une idée des menées des partis. Tout semble calme à la surface, et tous conspirent l'un contre l'autre, et contre le Maréchal. Le Maréchal ne

paraît pas s'en douter : il chasse et se donne
du mouvement, pour combattre un coup de
sang dont il est préoccupé. Quant à se décider,
il en est incapable, dans aucun sens. Une personne liée avec lui et impérialiste lui a porté
un extrait de Macaulay, publié dans l'*Ordre*,
où est raconté comment Monck renvoya le
Rump Parlement, convoqua une nouvelle
Assemblée, et amena ainsi la Restauration des
Stuarts. (C'est moi qui avais envoyé ce fragment à l'*Ordre*.) Le Maréchal le lut avec attention, le posa sur la table, poussa un soupir,
et ce fut tout : pas un mot.

10. — M. le baron Tristan Lambert, de retour
de Chislehurst, où il est resté quinze jours
après tout le monde, est venu me voir, et,
dans une longue conversation, m'a mis au
courant de ce qu'on y pensait. Le Prince est
décidé à venir, dans les cas suivants : Si
M. Thiers reprenait le pouvoir ; — si la fusion
tentait un coup, — ou le duc d'Aumale ; —
si le radicalisme menaçait de l'emporter. L'Impératrice n'est plus hésitante ; elle comprend
qu'il faudra agir. On ne se faisait pas [une
idée exacte de la puissance de l'opinion en
faveur de l'Empire ; les personnes qui vivent
autour du Prince, sauf une ou deux, n'ont pas
d'initiative. Aujourd'hui, après la manifestation du 16 mars, on est persuadé que le mou-

vement impérialiste est très fort, et l'on croit aussi qu'on n'arrivera que par un coup de force. Les députés, en leur qualité de parlementaires, sont moins décidés, parce que, sans qu'ils se l'avouent, comme députés, ils sont *quelqu'un*, et ils se plaisent dans leur importance. Le Prince, lui, jeune et ardent, est plus résolu : il avait mis dans son discours une phrase qu'on lui a fait ôter ; il disait que, « si l'anarchie se déclarait, il viendrait. » Je crois qu'on a eu tort : en France on se serait dit : « Nous avons là-bas un sauveur ! » On peut le penser, mais autre chose est de l'entendre dire par le sauveur lui-même !

La Société des gens de lettres, qui. depuis le 4 Septembre, et même avant, était si mal dirigée, vient enfin de se mettre sur un pied un peu plus honnête. De même que la politique, la littérature, même avant la révolution, faisait pressentir un changement. Les assemblées de la Société des gens de lettres étaient des séances de club, où dominaient les énergumènes. Aussitôt que le 4 Septembre eût renversé l'Empire, elle imita les hommes politiques: elle renversa son président, et se mit en république ; elle n'eut plus de chef et ne fut dirigée que par un comité, et ce comité même fut composé de républicains ardents, violents, surtout de médiocrités. C'était une

curiosité et une honte à la fois d'en lire la
liste ; c'est par des noms tout à fait inconnus
ou de la dernière incapacité qu'était représen-
tée et menée cette Société soi-disant des
hommes de lettres de France. Enfin, peu à peu,
la raison et le courage ont reparu : on vient,
dans une récente assemblée, de balayer tous
ces pitres, ces niais, ces impuissants, et le
comité a été reformé, en majorité, d'hommes
plus capables, plus honnêtes et plus raisonnables. Il n'a rien eu de plus pressé que
d'élire un président, si bien que voilà la monarchie rétablie, au moins dans la Société des
gens de lettres. Par malheur, ce nouveau
comité a eu une triste affaire à son début.
L'ancien comité, véritable complice de la
Commune, avait gardé des relations suivies
avec les écrivains qui avaient fait partie de la
Commune : Félix Pyat, Vallès, Razoua, etc.,
et leur faisait assez souvent passer des secours
pris sur les fonds destinés à aider le membres
malheureux de la Société. Les ministres de
l'intérieur et de l'instruction publique en furent
instruits et s'en émurent, d'autant plus qu'ils
accordaient à la Société une subvention de
12,000 francs. (Il faut ajouter que l'on ne donnait pas qu'à ces fugitifs de la Commune, condamnés à mort, mais à d'anciennes maîtresses,
de prétendues veuves de ces condamnés, ou
d'autres qui ne valaient pas beaucoup mieux.)

Ils menacèrent de retirer la subvention. M. Paul Féval, quelques jours avant la nomination du nouveau comité, dans lequel il savait qu'il devait entrer, alla trouver le ministre de l'instruction publique, et lui promit que, une fois élu, avec quelques gens honnêtes, il ferait éliminer les membres de la Commune. Le ministre convint d'attendre, et tout eût marché conformément aux conventions, quand un écrivain, non prévenu, M. Auguste Vitu, dénonça publiquement la situation faite par le comité à MM. Félix Pyat, Vallès, etc., l'ignominie des secours qu'on leur envoyait, et souleva ainsi l'indignation générale.

L'article de M. A. Vitu, destiné à frapper l'ancien comité, parut précisément au moment où le nouveau venait d'être élu. Grand alors a été l'embarras : la Société, dirigée par son comité, a cru de sa dignité de ne pas céder aux injonctions du ministre, qui demandait qu'on lui communiquât la liste des membres secourus, — en menaçant, si l'on refusait, de retirer la subvention. Le nouveau comité, en obéissant au ministre, eût semblé faire bon marché de l'indépendance de la Société. Il est résolu à sacrifier pour le moment la subvention, mais il est non moins résolu à chasser plus tard les communards qui compromettent la Société. Comment, quand ? C'est une question de temps et d'occasion. Seulement on cherchera l'occasion ou on la fera naître, et la subvention pourra être rendue.

M. J. Janin est très mal, mangeant à peine, perclu de goutte, ne remuant presque plus. Il s'est produit, à cette occasion, un phénomène qui se comprend : il avait, depuis assez longtemps, autour de lui quelques amis dévoués. Quand on a su le danger où il était, une quantité d'anciennes connaissances, auteurs dramatiques, hommes de lettres, acteurs, actrices, etc., sont accourus, et ont envahi sa maison de Passy ; ce n'était qu'un va-et-vient, une cohue, qui a effrayé les vrais amis, lesquels se sont écartés et éloignés, ennuyés de ces revenants, qu'attirait autant la curiosité que l'intérêt. Malheureusement, au bout de quelque temps, le flot de ces curieux s'est écoulé et, avant que les anciens amis, informés que l'inondation avait cessé, soient revenus, le pauvre J. Janin s'est trouvé presque abandonné. Sa femme était en Normandie, près de son père mourant, partagée entre lui et son mari. Rien n'a été plus pénible que cet isolement à ce vieil écrivain, si brillant, si bienveillant, si laborieux, qui, pendant plus de quarante ans, a fait le travail le plus rude qu'aucun homme de lettres de nos jours ait accompli et pût accomplir avec autant de bonheur, qui avait été entouré par une véritable cour d'esprits distingués et souvent supérieurs : « Je ne veux pas mourir seul ! » disait-il, voulant avoir toujours près de lui son domestique. Il y a lieu de croire, cependant, que les fidèles vont revenir, et, espérons-le aussi, que l'un d'eux ou sa femme aura l'idée d'amener un prêtre.

17 mai. — Ce qui a occupé l'opinion, ces jours-ci, ce qui l'occupe encore, car ce n'est pas fini et, quand ce sera fini, ce sera à recommencer, c'est la chute du ministère de Broglie et la crise ministérielle.

Le Maréchal commence, pourtant, à donner signe de vie : il est agacé, et les ennuis qu'il a eus et ceux qu'il prévoit ont pu lui suggérer le mot qu'on lui attribue, et qui a été répété au Jockey-Club par un ami particulier de la famille, M. de Bernis : « Si, d'ici à trois mois, on n'a pas voté les lois constitutionnelles, je me retirerai ! » Ce n'est pas que les partis en fussent fâchés, mais ils trouvent que c'est trop tôt, ils ne sont pas prêts.

Du 10 au 20. — Le général Fleury, qui était en Angleterre, au moment du voyage du Czar, a profité de son ancienne situation d'ambassadeur à Saint-Pétersbourg, pour traiter avec lui de questions sérieuses, et c'est à son insinuation qu'on attribue ce trait si remarqué du Czar qui, à la revue de l'école de Woolwich, a invité le Prince Impérial à sortir des rangs, et à monter à cheval, pour passer cette revue *à côté de lui*. Un tel fait est significatif et propre à frapper les imaginations.

En outre, dans un banquet (non celui de la Ville), le Czar a porté un toast au Prince Impérial, à son bonheur et *à son avenir*.

J'ai eu une conversation intéressante avec M. Pradié, chef d'un groupe de l'Assemblée. Je connais M. Pradié depuis 1848 : il était républicain catholique, alors, avec M. Arnaud (de l'Ariège) et le père Lacordaire ; sous l'Empire, vers la fin, il s'était rallié, persuadé que l'Empire était fondé, et il m'en avait lui-même fait la déclaration expresse. Aujourd'hui, il m'a avoué, avec non moins de sincérité, qu'il ne croyait pas à la République ; que, s'il publiait des lettres sur la situation, où il adjure les partis à se rallier au Septennat, c'est qu'il ne voyait rien à faire pour le moment ; qu'il s'employait donc à tenter d'organiser ce qui existe ; mais qu'il ne se dissimulait pas que tout ce qu'on essayait était vain et ne durerait pas ; qu'il fallait une monarchie ; qu'il ignorait si la légitimité ou l'Empire l'emporterait ; mais que, lorsqu'il faudrait se décider, lui et le groupe qu'il préside prendraient une détermination, et seraient aussi résolus dans le parti qu'ils adopteraient, qu'ils sont irrésolus, en ce moment. Puis, presque sans transition, il m'a accablé de questions sur le Prince Impérial, ses sentiments religieux, l'influence des hommes qui l'entourent, et, après m'avoir écouté attentivement et même avec plaisir, s'est écrié : « Là sera peut-être le salut ! Je ne ferai aucune difficulté d'accepter l'Empire, quoique je n'aie rien à lui demander ! » Et, insistant, il m'a exprimé sa peine et son étonnement d'être l'objet d'attaques des journaux impérialistes, lui si peu hostile à l'Empire, a-t-il ajouté, et m'a prié de faire entendre la vérité sur son compte à ces journaux, et d'obtenir qu'on cesse de lui faire la guerre, De plus, il m'a annoncé la prochaine publication d'un livre sur les *Rapports de l'Église et de l'État*, publié par fragments dans la *Revue du monde catholique*, et m'a demandé « de le faire parvenir au Prince Impérial, qui aurait du profit à le connaître ». Au milieu de ces aveux, de ces aspirations, rien n'était plus remarquable que le caractère d'importance que s'attribuent les députés : M. Pradié me racontait comment il était en délicatesse avec le duc de Broglie, qui s'était, dit-il, approprié devant une commission une partie des idées que lui-même avait exposées dans un rapport. Il ne s'était pas contenté

d'une lettre dans les journaux ; il lui avait écrit,
pour se plaindre, et dans cette lettre, il disait :
« Je suis moi, représentant du peuple, une
partie du souverain ; vous, ministre, vous n'êtes
que le délégué de l'Assemblée, et soumis à ses
décisions ; vous avez donc eu tort de... etc. »
M. de Broglie a répondu humblement. On voit
de quel ton le prennent ces députés : ils se
croient réellement rois, ils le disent et le veulent
faire croire. Et l'on s'imagine que de tels infa-
tués consentiront à abdiquer sans y être for-
cés ! Il faut méconnaître la nature humaine.

Du 1er au 19 juin. — Les séances violentes
à l'Assemblée continuent : celle du 9 juin,
événement capital de ces derniers jours, où
M. Gambetta a traité les impérialistes de *misérables*, a montré quelle terreur les républicains ont du retour de l'Empire. Malgré les
réticences des journaux, on ne saurait affirmer
que l'on ne se soit pas porté à des voies de fait
à la buvette et, le lendemain, à la gare Saint-
Lazare. D'après les récits de quelques personnes, il y aurait eu des bras saisis violemment ; M. Gambetta aurait même été frappé.
Ce qu'il y a de certain, c'est que, à la gare, les
sergents de ville ont été bousculés, et qu'à la
buvette de l'Assemblée, M. Galloni d'Istria,
s'avançant vers le tribun borgne, lui a crié :
« C'est vous qui êtes un misérable, un misé-

rable, et, qui plus est, un *Génois !* » On sait, que, dans la bouche d'un Corse, c'est le superlatif de l'injure. Ce qui est moins incontestable, c'est l'impression produite sur l'opinion. A la Chambre, sauf quelques énergumènes, la droite s'est bien comportée et a hué M. Gambetta ; 200 membres environ soutenaient M. Rouher, moins par sympathie pour M. Rouher que par peur pour eux-mêmes.

Je reçois une lettre de Nantes, où l'on me dit: « Ce que vous m'annonciez, dans une de vos dernières lettres, est arrivé, je veux dire le changement d'opinion. La campagne est entièrement fatiguée de la République ; au premier moment, elle croyait y voir autre chose ; maintenant, elle se retourne en arrière, et le paysan dit : *Eh bien, quand le petit Badinguet revient-il?* » Il est singulier que cette chanson faite par les ennemis du père ait, au contraire, popularisé le nom de l'enfant.

Les émeutes de la gare de l'Ouest ont effarouché nombre de gens ; les hôtels se sont vidés ; beaucoup de personnes s'imaginaient qu'elles allaient revoir les insurrections armées, même le triomphe de la Commune ; quelques-unes faisaient leurs dispositions pour s'enfuir. Cette terreur est exagérée, puisque, si l'ordre devait être troublé, ce ne serait pas à Paris, où le peuple n'est plus armé, et où veille une armée forte et bien disposée. Le commerce n'en a pas moins été ébranlé.

Il est difficile de savoir jusqu'à quel point les esprits sont encore abusés : on entend des bourgeois, des commerçants, répéter, après trois ans, les calomnies contre l'Empereur, cent fois refutées par trois millions de brochures, tant le mensonge a été facilement accueilli, tant la vérité a de difficulté à pénétrer jusqu'aux dernières couches. Le maréchal de Mac-Mahon lui-même a été obligé de rectifier les faits les plus connus, près d'un homme de sens et d'esprit, M. le marquis de Caraman, et de lui assurer que « l'Empereur ne commandait pas à Sedan, qu'il s'était exposé au feu, qu'il était présent, qu'il l'avait vu, etc. ».

25. — Des perquisitions ont été ordonnées chez plusieurs des principaux bonapartistes. Le hasard a fait que je suis arrivé dans une des maisons où l'on venait de faire des recherches, une heure après le départ de la police, chez M. Mansart. On n'a rien trouvé de compromettant, car il n'y avait rien. Le commissaire, M. Jacob, a été poli ; les agents, qui suivaient M. Mansart partout où il allait, ont trouvé moyen de lui faire entendre qu'ils voudraient bien avoir des portraits du Prince et de l'Impératrice, tels que ceux qu'il possédait ; M. Mansart leur en a promis.

JUILLET-DÉCEMBRE 1874

Du 1ᵉʳ au 10 juillet. — La grande affaire de la la semaine a été l'assaut livré au *Septennat* par une partie de l'Assemblée, qui, après un vote hostile, n'a pas osé aller plus avant, ce qui a encouragé le maréchal de Mac-Mahon. La situation ne laisse pas que d'être piquante, l'Assemblée prétendant être maîtresse, et le Maréchal affirmant que, par la délégation qu'elle lui a faite de son pouvoir, elle a enchaîné sa souveraineté ; cela fait deux souverains face à face, et promet de nouvelles complications.

Il y aurait quelques chances pour que l'Assemblée pût être jetée à la porte. Quant à s'en aller de son plein gré, il n'y faut pas compter. Outre les raisons que j'ai déjà données, il en est une péremptoire : beaucoup de députés vivent de leur position. J'ai appris, d'un homme en mesure de le savoir, que plus de la moitié ont des *retenues* sur leurs appointements ; ils ne sont donc pas disposés à partir. Pendant cette lutte qui a duré deux jours, l'attente était vive à Paris, et l'on souhaitait en général que l'Assemblée eût le dessous ; en France, instinctivement, on aime la force, et la force exercée par une seule main.

M. le général Pajol est venu me voir ; il traversait Paris, avant de se rendre à Arenenberg, où il va passer trois semaines ; il n'a pas dissimulé au ministère de la guerre sa destination, qui a été indiquée sur sa permission. Il m'a parlé du voyage du Czar en Angleterre : le général Fleury se serait à tort vanté d'avoir insinué au Czar de demander au Prince Impérial de venir près de lui, pour passer la revue de Woolwich. Le Czar *avait écrit et annoncé ce qu'il ferait.* Le général Pajol est bien renseigné ; il n'aurait pas osé l'affirmer s'il n'en était pas sûr. Il emporte une lettre explicite, que je lui avais écrite l'avant-veille, sur l'état de l'opinion. Je l'ai trouvé plus décidé pour l'action qu'il y a quelques semaines ; il croyait, auparavant, à la dissolution prochaine, à un appel au peuple, etc., et repoussait l'idée d'un coup de force. Cette fois, il m'a paru y accéder ; j'en ai profité pour le pousser, et lui dire qu'il fallait tout préparer, profiter de la première occasion pour renverser le Maréchal, en se mettant soit avec la droite, soit avec la gauche. On a commis une grande faute, en le plaçant à ce haut poste ; il n'a pas compris son devoir. On vante la loyauté de ce soldat : *autrefois la première condition de la loyauté était de rester fidèle à son serment ; aujourd'hui, on appelle loyauté la constance à rester dans la place où l'on vous a mis.* Le général n'a pas repoussé cette idée : il a été d'autant plus aidé à l'accueillir, qu'il est de plus en plus écœuré par l'inanité des parlementaires : il avait assisté le matin à un conseil, et il en était sorti ahuri des paroles inutiles qu'il y avait entendues, de l'indécision de ce petit Parlement, du peu qu'on y faisait, ajournant toutes les décisions, etc. Ce n'est pas par de tels moyens qu'on arrive à un changement. Il m'a confirmé dans l'opinion que j'ai des sentiments de l'armée, en me rapportant que, lorsqu'il partit, avant le 16 mars, pour l'Angleterre, le général de Cissey, qui commandait à Tours, lui dit : « Je vous prie de présenter au Prince et à l'Impératrice l'assurance de mes sentiments de respect, de fidélité et de dévouement. »

18 *août.* — Je suis allé à Cercey, m'entretenir avec M. Rouher. Au moment où il dé-

ployait ses journaux, je lui ai dit : « Vous voyez l'*évasion du maréchal Bazaine !* — Quoi ! s'est-il écrié, c'est donc vrai ? » Il était deux heures, il l'ignorait encore : « Tenez, me dit-il, lisez ceci. » C'était un petit carré de papier, où étaient écrits ces mots, d'une écriture contrefaite : *Bazaine évadé hier ; amicus et fidelis.* » Il avait reçu cet avis, hier soir, par la poste, à Paris, et l'avait jeté parmi ses autres lettres, croyant à une mystification. C'était évidemment une personne attachée de près au Gouvernement, qui en informait M. Rouher avant tout le monde.

Cet événement a fait aussitôt l'objet de toutes les conversations, et a été accueilli par les risées des uns, enchantés de ce tour joué au Gouvernement, la satisfaction des impérialistes, et les cris de fureur des orléanistes et des républicains. La vérité n'est pas connue des moyens employés pour cette évasion, malgré la multiplicité des récits ; mais la maréchale Bazaine semble y avoir joué le rôle d'une héroïne de roman.

Si l'on osait, si l'on était dirigé par des hommes d'action, il y aurait quelque chose à faire : l'Assemblée est absente, le Maréchal parti pour un voyage ; tandis qu'il est à Brest, à l'extrémité de la France, — entrer, — prévenir à Lyon le général Bourbaki, faire dire au maréchal Canrobert de se mettre à la tête de quelques régiments, et venir à Paris. Échoua-t-on, l'effet serait bon; on saurait que notre jeune Prince est homme à oser.

M. Fröhner, attaché sous l'Empire au musée du Louvre, et savant archéologue, qui a travaillé avec l'Empereur, arrive de Chislehurst. Il a été fort content des dispositions d'esprit de l'Impératrice, qui le connaissait et a longuement causé avec lui. Il s'est attaché surtout à combattre la confiance qu'elle pouvait avoir encore dans le maréchal de Mac-Mahon, et à la convaincre que l'on ne réussirait pas par les moyens parlementaires, mais seulement par la force. L'Impératrice a confirmé ce que l'on savait : dès 1871, l'Empereur, jugeant, à la tournure des choses, que le pouvoir pourrait être livré au Maréchal, le fit sonder. Le Maréchal répondit qu'il garderait le pouvoir *six mois*, pour les changements nécessaires dans l'administration, puis qu'il ferait un appel au peuple. On fut satisfait de cet engagement. Mais l'Empereur mourut, et le Maréchal a oublié ses serments; il agit comme la plupart des hommes qui possèdent l'autorité : il se plaît à la garder.

Je reviens d'un voyage en province.

J'ai vu bourgeois, riches, gens au moins à l'aise, légèrement égoïstes, ne demandant qu'à ne pas être troublés dans leur quiétude, en somme, indifférents. — Quand on les interroge, ils constatent avec beaucoup de sagacité le mouvement de l'opinion, les progrès de l'impérialisme, les royalistes peu aimés, la République impossible à garder. Ils ont un grand dédain pour le gouvernement parlementaire, et avouent qu'il faudrait et qu'il accepteraient un gouvernement fort, qui imposerait silence. Mais, qu'ils fassent un effort dans ce but, il ne faut pas s'y attendre. Ils vous demandent seulement : « Comment cela finira-t-il ? » Je répondais invariablement : « *C'est une loi de l'histoire que jamais une Révolution ne finit, et un gouvernement durable ne s'établit que par la force* », et je laissais tirer la conclusion : que le Prince ne peut revenir autrement. On accédait, et l'on avouait qu'on n'y ferait aucune opposition. Ce qui n'est pas moins à remarquer, la province connaît aussi bien que Paris la valeur du maréchal de Mac-Mahon : on le sait dépourvu de toute initiative, laissant tout aller, esprit borné, qui ne voit pas qu'il mène la France à sa perte par son abstention même. Quant au clergé, il suit la politique de l'*Univers;* il ne sera pas hostile à l'Empire, si l'Empire est chrétien.

20 septembre. — J'ai des nouvelles du Prince, qui est en ce moment à Arenenberg :

il profite de ses vacances en jeune homme actif et ardent ; il aime les exercices violents ; il nage, il gravit les glaciers. Il ne perd pas, cependant, de vue la politique, et paraît juger sainement les choses et les hommes : le général Fleury est, malgré ce qu'on a dit, bien vu ; son fils a été invité à Arenenberg.

Le Prince manifeste toujours les sentiments les plus religieux ; l'abbé Goddard a exercé sur lui une sérieuse influence. Autour de lui, il y a eu trois courants d'hommes : des chrétiens, des révolutionnaires, des indifférents : les révolutionnaires sont désormais tout à fait écartés.

A mon retour à Paris, j'ai trouvé les impérialistes fort irrités contre le Gouvernement, qui les pourchasse, et contre le comité, qui ne fait rien. Le Gouvernement, qui est entre les mains des orléanistes est logique : il voit bien où est le danger, et il ne donne aucun répit aux impérialistes ; il descend même à des mesures puériles : ainsi, il ne se contente pas de défendre de publier le portrait du Prince dans la nouvelle *Abeille* ; il a ordonné même de supprimer la *ruche* de la couverture ! Quant à notre comité, le reproche qu'on lui adresse ne manque pas de vérité : le parti impérialiste, contre-partie du parlement, est conduit par des parlementaires, qui croient aux moyens parlementaires. Mais ils en usent sans habileté : ils ont fait plusieurs fois réussir le Gouvernement dans des occasions douteuses, en se portant de son côté, et ils n'ont pas imposé de conditions. Aussi n'en tient-on pas compte, on s'en est servi, et maintenant on les berne ! Ce n'est pas ces sortes de chefs qu'il faut à un parti tel que celui-là. On a laissé échapper trois occasions au moins, depuis dix-huit mois : à la chute de M. Thiers le 24 mai 1873, où l'Assemblée était désorientée, — après la lettre du comte de Chambord, où l'on s'attendait à un maître, qui se dérobait, — au 16 mars dernier, où l'on croyait à l'arrivée du Prince.

Il est temps que le Prince revienne : jeune, chrétien, actif, il reprendrait tout en main, et nul ne songerait à s'écarter et à bouger. M. le général de Courson, que j'ai rencontré récemment, a été frappé du tableau que je lui traçais, et il m'a quitté, en disant, à plusieurs reprises, le mot vrai : « *Il nous faut un jeune homme !* »

Du 20 au 25 décembre. — L'anarchie continue ; on est d'accord sur un point, c'est que les choses ne peuvent rester telles qu'elles sont ; mais on ne sait comment les changer. Il est convenu que le ministère doit être modifié, mais personne de considérable ne veut être ministre, ni M. le duc de Broglie, ni

M. de Fourtou, à qui on l'a proposé depuis trois semaines. Les hommes modérés avouent que la nation désire un coup d'Etat ; que les luttes parlementaires sont incomprises de la masse du public ; que les paysans croiraient qu'on se moque d'eux, si on leur demandait s'ils sont pour le *septennat personnel* ou *in personnel* ; et enfin que toutes les questions politiques débattues dans l'Assemblée passent par-dessus la tête de la nation, qui les voit filer comme des ballons vides. On n'en reste pas moins immobile, et l'on attend.

31. — L'année finit bien : le Prince Alphonse, fils de la reine Isabelle, est proclamé roi et appelé par l'armée. C'est un exemple, un encouragement et une facilité.

JANVIER-FÉVRIER 1875

Du 1er au 10 janvier. — La rentrée d'Alphonse et la République renversée en Espagne,
sont un grand coup, qui émeut tout le monde.
On n'entend que ce mot : Voilà déjà une République de moins ! Il n'y a, sur ce point, ni
légitimistes ni impérialistes : on acclame la
monarchie ; on dit tout haut que cette restauration est la préface d'une autre. En allant, le
1er janvier, voir M. Rouher, je lui ai dit :
« Voilà de belles étrennes, et nous devons
être encouragés à imiter l'Espagne. » M. Rouher a manifesté son contentement, et même
chaleureusement, mais il s'est hâté d'ajouter : « Oui, mais pas par le même procédé. »
Et par quel autre donc, s'il vous plaît !
Toujours l'illusion parlementaire.

On raconte, au sujet de cette restauration, plusieurs mots et traits intéressants. Lorsque le Prince Don Alphonse a reçu la foule des visiteurs qui s'est précipitée vers son hôtel, il n'a pas manqué de donneurs de conseils ; il écoutait tout avec un air fort intelligent, et ne décourageait personne ; mais on a remarqué qu'à plusieurs reprises, il a dit : « Le Prince Louis m'a dit de faire ceci. — ou Louis m'a dit de ne pas faire. etc. » On sait, en effet, qu'il existe la plus grande intimité entre les deux jeunes Princes, que rapprochaient leur position et leurs espérances.

L'Impératrice avait immédiatement envoyé un télégramme à la reine Isabelle, pour la féliciter. La Reine répondit par une dépêche, où elle exprimait « l'espoir d'avoir à faire à l'Impératrice le même compliment ». Grand embarras des employés du télégraphe ; on alla porter la dépêche à M. le duc Decazes, qui ne fut pas moins embarrassé, et tellement qu'il garda la dépêche jusqu'au soir, vexé et enrageant d'avoir à la transmettre. Il crut, enfin, ne pouvoir s'en dispenser, la Reine était mère du nouveau Roi. Il doit, d'ailleurs, savoir à quoi s'en tenir sur le mouvement de l'opinion.

Le général Pajol, à son retour à Paris, a été frappé de trouver nombre de cartes de généraux, qui, depuis quatre ans, ne lui donuaient pas signe de vie. Nous avons traité la question du retour du Prince ; il est plus décidé que jamais ; il trouve M. Rouher bon chef de parti parlementaire, mais insuffisant pour le reste. Il accueille absolument aujourd'hui l'idée de la force : « Oui, a-t-il dit, il ne reviendra que par un coup de chien. » Voilà parler ! A mon avis, il faut renverser le Maréchal et le remplacer par un *civil*. On ne peut trop méditer le mot du général Treuille de Beaulieu, l'inventeur des canons rayés, et, de plus, homme d'esprit et de bons sens : « *L'armée*, me dit-il, *n'obéira jamais à un habit noir*. » Donc elle sera pour l'Empire, ou, tout au moins, elle ne refusera pas d'aider *à chasser les avocats*.

Du 10 au 15. — Le Prince a beaucoup travaillé, ces derniers temps ; aussi, est-il fatigué et pâli, mais il veut passer son dernier examen avec succès, et sortir de l'école en bon rang, afin que messieurs les radicaux n'aient rien à dire ; il a fait de grands efforts, et il y a lieu de croire qu'ils seront heureux ; il sera lieutenant le 18 février.

Le roi Alphonse XII, en abordant en Espagne, s'est penché à l'oreille du correspondant du *Gaulois*, et lui a dit : « Ce sera bientôt le tour du Prince Impérial ! » Ce correspondant, M. H. Chabrillat, avait mis ce mot dans sa lettre, mais le *Gaulois* n'a pas osé l'insérer.

L'avènement d'Alphonse XII a réellement secoué l'atonie où l'on était depuis quelques mois : « Vous ne savez donc pas, me dit un négociant important, à qui je feignais de manifester de grands doutes sur le succès de l'Empire, vous ne savez donc pas ce qui se dit partout, dans les rues, dans les boutiques, dans les omnibus : Le Prince va revenir! Il arrivera dans huit jours! — Il sera ici demain! — Il faut qu'il vienne! Qu'il n'imite pas cet imbécile de Chambord, qui a attendu qu'on le vienne chercher! Qu'il arrive! tout le monde l'accueillera! »

J'ai rencontré M. Beudant, conseiller municipal, dont l'élection a été cassée ; je lui ai demandé s'il se représenterait. Il hésitait, m'a-t-il répondu, puis : « Ah! ce n'est pas parce que j'ai été battu, mais ce suffrage universel! quelle détestable institution! La nation ne sera sauvée, que *si on coupe le cou au suffrage universel!* — Ce n'est pas moi qui vous ai poussé à le dire, ai-je répliqué. Lorsque j'eus l'honneur de voir l'Empereur à Chislehurst, un mois avant sa mort, je pris la liberté de lui exprimer mon opinion sur ce sujet : « Quand Votre Majesté reviendra, elle croira peut-être bon de faire appel au suffrage universel. Ce n'est pas mon avis, votre droit étant absolu; mais, si vous le faites, que ce soit la dernière fois : après, *il faut lui casser les reins !* » Vous voyez qu'entre nous deux, vous républicain modéré, et moi impérialiste, le suffrage universel ne durera pas longtemps.

Le Prince va passer son dernier examen le 22, et sera reçu à un bon rang. Il a toute la gravité et le sérieux qu'on peut désirer ; l'Impératrice a sur lui une influence de plus en plus grande ; il a gardé toute sa pureté, il a voulu communier le 1er janvier. Il est prêt à faire tout ce qu'il faudra, dès que l'occasion se présentera et, marque d'un esprit réfléchi, il est préoccupé, non de revenir, — il sait qu'il le pourra, — *mais de rester.* Il en prendra, d'ailleurs, les moyens, puisqu'il est parfaitement résolu à ne jamais accorder la *liberté de la presse*, c'est-à-dire, à ne jamais laisser intoxiquer le corps social. Le Pape lui a adressé une lettre très affectueuse, à l'occasion du premier de l'an. Il m'a été aussi confirmé ce que je savais, quelle est la grande influence du général Pajol. Il est si dévoué, si capable et si sûr, qu'on ne saurait mieux choisir.

20. — On recommence à parler de la retraite du Maréchal : il est vrai qu'il n'a guère à se féliciter du présent, et encore moins à espérer de l'avenir. La Maréchale même, qu'on disait se complaire dans ces grandeurs, qu'on accu-

sait de jouer à l'Impératrice, témoigne, à cette heure, de bien autres sentiments. Elle a versé des larmes chez les religieuses de..., qu'elle est allée visiter, et leur a dit : « Mes Sœurs, priez Dieu, pour que nous soyons délivrés de ce fardeau du pouvoir qui pèse sur nous! »

On parle d'un bal qui sera une sorte d'événement : il sera donné par M. Boucicaut, propriétaire des magasins du *Bon Marché*, à tout le commerce important de Paris. Et, à ce propos, on a rappelé le passé de M. Boucicaut, le point d'où il est parti, et celui où il est arrivé. C'est véritablement une puissance commerciale, mais une puissance bienfaisante, et la preuve, c'est l'affection qu'il inspire à ses sujets, j'entends ses commis des deux sexes. Ils l'aiment et ils l'admirent : « Monsieur, disait récemment l'un d'eux, qui a une grande position dans la maison, à M. de C.***, M. Boucicaut est le plus grand homme de notre époque ! — Vous m'étonnez, dit M. de C.***, frappé de l'air sérieux de son interlocuteur. — Oui, répliqua celui-ci, car il a *résolu la question sociale* : il a fondé une maison, qui est une véritable société, composée d'un nombre considérable d'hommes et de femmes, et où qui que ce soit, de quelque rang qu'il soit parti, si bas que ce soit, peut s'élever, *par son seul mérite*, au plus haut. » Il a ajouté que M. Boucicaut maintient sa maison dans le plus grand ordre, veillant à l'instruction, à l'amusement, à la moralité de ses commis, leur faisant enseigner les langues, la musique, les mariant, les nourrissant bien, et gouvernant doucement ; faisant le bien avec discernement, aidant les artistes, et augmentant de plus en plus sa maison, de telle sorte qu'il est considéré aujourd'hui comme un des premiers commerçants de France et du monde. Il est certain que ces qualités, cette administration sage et florissante et ce succès ne prouvent pas une tête commune. M. Boucicaut, ce n'est pas d'aujourd'hui que je le pense, ferait un bon ministre du commerce. Et il n'est pas même décoré ! et il en meurt d'envie !

Son bal sera, dit-on, de plusieurs milliers de personnes, il est annoncé pour le 23. Nombre de gens, de la société la plus élevée, ont désiré avoir des invitations ; mais la limite est tracée, et l'on a refusé ; ce sera un bal exclusivement de commerce. M. Boucicaut invite, l'été, à sa maison de campagne, ses commis, à tour de rôle ; des voitures viennent les chercher, et ils y passent souvent plusieurs jours, traités comme des grands seigneurs ; rien n'y manque.

Du 21 *au* 30. — Pour faire trêve un moment aux préoccupations politiques, il est à propos de dire quelques mots du bal du *Bon Marché*.

M. Boucicaut avait invité plus de 8,000 personnes ; il en est venu 7,000. Les magasins sont si vastes, qu'il y avait affluence, sans qu'on fût gêné. La décoration, les rafraîchissements, tout était magnifique et de bon goût ; les dames du commerce avaient étalé tous leurs diamants ; on a dansé jusqu'à près de cinq heures du matin. C'était un spectacle curieux que les abords du *Bon Marché* de minuit à 1 heure ; la circulation des voitures était interdite jusqu'à la rue Vaneau ; les omnibus faisaient des détours considérables ; les rues du Bac, de Sèvres, de Babylone, étaient garnies d'escouades de sergents de ville, et des gardes de Paris à cheval stationnaient devant la porte monumentale de la rue de Sèvres : on eût dit un bal de l'Élysée. Cette fête sans précédents a été un véritable triomphe pour M. Boucicaut.

En me présentant chez Mme Rouher, j'ai appris qu'elle ne recevait pas, étant près de son mari souffrant de la grippe. C'était bien plus que la grippe : M. Rouher, à la suite d'une partie de chasse, où il avait eu les pieds dans l'eau, avait subi une sorte d'attaque, qui ressemble à l'apoplexie. Il a été ébranlé plusieurs jours, et même en a gardé des traces : un de ses yeux est abaissé et ne se relève pas encore. On s'inquiète pour le présent et surtout pour l'avenir. Cette attaque vient du peu d'exercice qu'il prend : fort, bien constitué, mangeant avec appétit, et renfermé presque toujours, son tempérament l'expose à ces dangers : les médecins l'ont engagé à chasser, mais cette exercice est insuffisant. Quant à l'effet que son abstention pourrait avoir sur la direction de son parti, elle aurait moins d'importance que s'il eût été arrêté il y a deux ans. Aujourd'hui, le mouvement est tel qu'il n'y a presque qu'à le laisser aller : la direction parlementaire est moins nécessaire ; on peut marcher sans guide. Et la conclusion devant se faire, non par le Parlement, mais par l'action, la coopération de M. Rouher n'est pas indispensable. On n'en est pas moins affligé dans le parti, et avec juste raison.

La conduite de l'Assemblée, où l'on a décidé de discuter les lois constitutionnelles, avec la résolution de ne les pas voter et où, par conséquent, on parlera pour parler, indigne tout le monde : la lassitude, le mépris pour les députés sont extrêmes ; on entend de tous côtés : « Il faut en finir ! Pourquoi ne jette-t-on pas cette Assemblée à la porte ? Un commissaire avec un peloton de sergents de ville, suffirait. »

Du 1ᵉʳ au 10 février. — Le désarroi est plus grand que jamais dans l'Assemblée. Un

professeur, dont c'est le tour de devenir célèbre pendant quinze jours, M. Wallon, a trouvé
moyen de faire voter quelque chose qui impli-
que la reconnaissance de la République, *à
une voix de majorité*. Personne ne s'est trompé
sur la portée de ce vote, qui peut être changé
demain ; mais les partis ont affecté d'y croire,
voyant que le bon peuple y croyait réellement.
« Maintenant que nous avons la République,
disent les gens du peuple, il faut changer le
Gouvernement ! » Rien de plus logique, mais
c'est ce que n'entendent ni les orléanistes ni
les républicains modérés. Ils prétendent rester où ils sont, avec la République ou la mò-
narchie constitutionnelle des Orléans : « Madame, disait Mme Thomas à une autre dame,
je suis la femme d'un représentant du centre
gauche, et je suis républicaine, parce que je
veux que mon mari garde sa place. »

Cette Assemblée, qui ne fait rien, et
sauf quelques hommes qui, tous ensemble,
ne formeraient pas le nombre des Muses unies
aux Grâces, est composée des gens les plus
médiocres, aura un nom piteux dans l'histoire:
elle s'appellera l'*Assemblée de l'incapacité*.

M. Rouher va mieux. En me présentant
chez lui, dimanche, j'ai appris qu'il était allé
se promener en voiture au bois de Boulogne.

Une personne qui vient de passer un mois

en Alsace, en rapporte les plus pénibles impressions. Ce pays, jadis si Français, se ger-
manise à vue d'œil : les Allemands arrivent
de tous côtés, ainsi que les Juifs ; les meilleurs,
les Français, ont émigré. J'ignore s'il en est
de même en Lorraine ; mais c'est probable.
Où est le temps où ce patriotique pays était
si fidèle et si national ? Un peintre, M. Matout,
qui s'y trouvait pendant la guerre, me dit que
l'on ne voyait pas un homme et une femme parler à un Allemand ; quand les Allemands étaient
dans un lieu public, tous les Français partaient.
Un paysan, dont le fils avait péri dans l'em-
brasement de Bazeilles brûlé par les Allemands, s'était retiré dans sa maison, et n'en
sortit pas de plusieurs semaines. Un jour,
occupé sur le seuil de sa porte à fendre du
bois, il vit passer un officier Bavarois ; il s'é-
lança et, de sa hache, lui brisa la tête, puis, il
s'enfuit. On le chercha en vain ; tout le village,
le maire le premier, homme riche, avait facilité sa fuite, lui avait fourni une voiture, pour
passer en Belgique. La haine, l'horreur des
Allemands étaient le sentiment général de tout
ce peuple. Que sera-ce dans quelques années,
si rien ne change !

Ajoutez que les Protestants, ce que j'avais
prévu dès les premiers jours de la guerre, sont
favorables à l'Allemagne : c'est logique. Et
l'on nie l'influence de la Religion, même en ce

temps de scepticisme ! Cette guerre a été une guerre de religion, autant que de race.

M. Boucicaut, chef de la maison du *Bon Marché*, ne s'arrête pas dans le développement de ses idées et de ses progrès. La galerie de tableaux qu'il a ouverte, est digne, pour la splendeur, le luxe et le goût des décorations, des palais des rois. Le plafond en a été peint par M. E. Lévy. Il y a déjà un assez grand nombre d'œuvres remarquables, entre autres, de MM. Corot, Daubigny, Le Poitevin, Courbet (une de ses bonnes). Les tableaux restent exposés six semaines, sans frais, et plusieurs ont été vendus. M. Boucicaut ne s'en tient pas, non plus, aux leçons de langues, de musique, qu'il fait donner à ses employés ; il vient d'y ajouter des leçons d'*escrime*. Un des principaux chefs m'a assuré que la maison avait fait, l'an dernier, 45 millions d'affaires et que tout faisait présager que, cette année, ce chiffre monterait à 55 : « Depuis quand le *Bon Marché* a-t-il pris un si grand développement ? lui demandaient deux Prussiens, qui avaient désiré visiter les magasins. — *Depuis la guerre !* » répondit l'employé, en se redressant : c'était sa revanche.

12. — On a appris le succès du dernier examen du Prince Impérial. Les journaux Fran-

çais ont eu le bon esprit de s'appuyer surtout de l'opinion des journaux Anglais, qui ont jugé très favorablement le Prince, et prédit son futur avènement.

Seulement, quand? Les partis s'y opposeront jusqu'au bout. Quelqu'un m'a dit, scandalisé : « Savez-vous bien qu'on a osé faire des offres à un général, lui parler de grade, de titre, de millions? — Hélas! ai-je répondu, j'en suis bien fâché, ce n'est pas à un général qu'on aurait dû faire des offres, mais à vingt, et non pas aujourd'hui, mais depuis quatre ans! » Mon interlocuteur, un peu étonné, a répliqué : « Le fait est que cela pourra s'arranger ainsi, quand on le voudra! »

Deux faits ont signalé cette semaine : le procès Wimpffen, et la sortie du Prince Impérial de l'école de Woolvich. Le prodigieux succès de M. Paul de Cassagnac, qui a fait un discours éloquent, le désastreux échec du général Wimpffen, qui s'est vu traiter des noms les plus ignominieux, l'arrêt rendu contre lui, qui justifie tout ce qu'on lui a jeté à la face, la publicité immense, universelle, donnée à tous les faits qui démontrent l'injustice des calomnies contre l'Empereur, et qui a obligé à l'avouer ceux mêmes qui affectaient de l'ignorer, tout cela a été d'un effet considérable sur l'opinion. On a pu dire, et ce n'était pas sans raison, qu'un tel procès valait plus pour la cause de l'Empire que six élections. Là-dessus, est arrivé cet autre succès du dernier examen du Prince Impérial. Ce succès et la confiance qu'il a inspirée aux impérialistes n'ont fait qu'exaspérer nos ennemis.

17. — Les républicains et les orléanistes voient toujours menaçant le spectre du retour de l'Empire et, emportés, les uns par leur haine, les autres par la peur des punitions dont ils seraient justement frappés, ils se sont coalisés, pour organiser un semblant de République, la faire reconnaître comme gouvernement légal et, dès lors, empêcher toute manifestation contraire ; puis, trois habiles gens ont été délégués près du Maréchal, pour lui persuader que « ce n'était pas à lui, Président, de nommer dans le Sénat soixante-quinze membres, qui seraient eux-mêmes appelés un jour à décider de sa réélection ». Cette réélection est un rêve, puisque jamais on ne songera à le réélire ; mais le Maréchal y a été pris ; on faisait appel à son désintéressement, il était tout prêt : « S'il s'agit, a-t-il répondu chevaleresquement, de mon intérêt personnel, je n'hésite pas à le sacrifier ; j'abandonne ma prérogative. » C'est ce qu'on voulait. On a décidé l'élection des soixante-quinze sénateurs par l'Assemblée, et repoussé toute ingérence du suffrage universel, qui est pourtant de principe républicain. Le

pauvre Maréchal en est déjà au même point que Louis XVI en 1791 : on lui laisse le *veto*, jusqu'à ce qu'on le lui retire, puis on le conduira peu à peu à la porte.

Il va tout uniment, droit devant lui, sans penser qu'il y a, à gauche et à droite, une quantité de chausse-trapes, où on cherche à le faire tomber. Il est doué d'une simplicité qui fait sourire ses ministres, madrés renards parlementaires : « Sa *bonhomie,* a dit l'un d'eux (il emploie un mot, moins poli), passe notre espérance. » On raconte des anecdotes qui peignent sa candeur : l'autre jour, au conseil des ministres : « Ah ! Messieurs, a-t-il dit, le Prince Impérial m' écrit ; c'est un jeune homme charmant, j. l'aime beaucoup ; sa lettre est très aimable ! » Et, la tirant de sa poche : « Je vais vous la lire ! — Oh ! s'écria-t-on, Monsieur le maréchal, en plein conseil ! Ce n'est pas possible ! — Eh bien ! dit-il tranquillement, en remettant la lettre dans sa poche, je vous la lirai séparément ! »

On n'est pas plus aimablement et incroyablement naïf que cet excellent Maréchal. Ce récit vient de M. J. Grévy.

Les républicains ne dissimulent pas leurs projets : « Il y aura du tirage, disait récemment le colonel Denfert, tant que le Maréchal sera là, mais nous nous arrangerons pour nous en défaire. »

MARS-AVRIL 1875

5 *mars*. — Une lettre, de M. le baron Corvisart, arrivée hier, charge le général Pajol
de remercier un homme qui avait écrit en
des termes tels que « sa lettre avait ému tous
ceux qui ont aimé l'Empereur ». On ne s'expliquait pas autrement, mais le général m'a fait
entendre qu'il s'agissait d'un personnage considérable de l'armée. J'ose à peine écrire que
je pense que c'est le général Lebrun, qui,
probablement, se mettait à la disposition du
Prince à un moment donné. A mon sens, il
n'y a rien à faire actuellement, qu'à se préparer, pour une heure qui peut être proche.
Ce sentiment est confirmé par le mot qu'a
ajouté le général Pajol : « qu'on était prêt,
plus qu'on ne croyait, et qu'il ne croyait
lui-même ».

Les républicains et les autres ennemis de

l'Empire en ont aussi le pressentiment : quand le feu brûle, quoiqu'on ne le voie pas, si l'on en est séparé par un simple paravent, on en sent la chaleur. Il y a quelque temps, la police a réellement cru à un prochain débarquement. Je sais que quelques personnes ont brûlé leurs papiers, notamment M. de Boislille, un des chefs les plus venimeux de la préfecture de police. Les orléanistes ont profité de ces craintes, pour faire voter les lois constitutionnelles, et renverser le ministère.

8. — Crise ministérielle : il y en a une tous les mois, ou tout au moins tous les trimestres ; celle-ci dure depuis dix jours, sans aboutir, les républicains et les orléanistes voulant chacun l'emporter et dominer dans le nouveau cabinet. Le Maréchal est littéralement ahuri : on prétend qu'il a imposé silence à la Maréchale, en lui disant de ne plus lui parler politique, « à laquelle elle ne s'entendait pas plus que lui ». La Maréchale, effrayée des menaces des radicaux, à qui leur prochain triomphe a fait perdre toute prudence, ne cesse de pleurer. Le pauvre Maréchal est éclairé, d'autre part, sur la situation qu'on veut lui faire, par M. de Saint-Paul, qui, ancien préfet de Nancy, pendant que le Maréchal y était commandant supérieur, a ses entrées libres et parle sans se gêner. De plus,

il reçoit, de temps en temps, les visites de
ses anciens camarades, les généraux Ducrot,
Lebrun, etc. L'un d'eux se serait même expliqué très énergiquement, disant « qu'il fallait
qu'il en finît, soit en faisant un coup d'Etat,
soit en le laissant faire ! » Mais se décide-t-on,
avec un tel caractère?

Le centenaire M. de Waldeck est très mal ;
le Père D..., que je lui ai amené, a su, après
quatre ou cinq entrevues, le décider à se confesser et à communier. Le Père D... m'a écrit,
à ce sujet, une lettre qui prouve ce qui s'est
passé. Il m'a donné, en outre, des détails
intéressants : il avait préparé M. de Waldeck,
en lui apportant une *Imitation* ; deux jours
après, il le trouva la lisant : « Cette lecture
me fait penser », lui dit-il. Il eut avec lui une
conversation très franche ; « J'ai été mal élevé
et corrompu de bonne heure, mais j'ai gardé
mes principes ; » puis, un peu après :
« J'ai bien vu votre politique, dès le premier
jour ; on ne me trompe pas, à mon âge, moi
qui ai vu tant d'hommes et de choses ; mais
j'ai confiance en vous, je ferai tout ce que
vous voudrez, je veux mourir dans ma religion. » Ces paroles ne montrent pas qu'il ait
perdu ses facultés. Le Père D... profita de ces
bonnes dispositions, pour lui faire faire une
confession générale et succincte, puis lui donna

l'absolution, et lui demanda s'il voudrait communier le lendemain. Il accepta et, le lendemain matin, samedi 6, quand il entra, le premier mot de M. de Waldeck fut : « Je vous attendais. » Le Père D... m'a dit que cette scène fut très touchante, qu'il fut étonné de l'expression de foi de M. de Waldeck. Après la confession, il fondit en larmes, et le père D... s'étant penché vers lui, il tendit les bras et l'embrassa, en l'appelant son *bon ami*. Je suis allé le voir ; on l'avait levé pour la première fois depuis quinze jours ; aussi était-il fort affaibli, et sa tête un peu ébranlée ; la conversation a été assez incohérente. Cependant, à ce moment, est arrivé un employé du ministère, avec un mandat de 200 francs (réponse à une demande que j'avais appuyée). Il a fort bien compris ce dont il s'agissait, et a signé, quoique avec quelque difficulté. Le Père D... doit y retourner, et jugera si l'on doit lui donner les derniers sacrements ; car il ne saurait aller loin, il aura cent neuf ans, le 16 mars.

15. — La crise ministérielle est finie, non sans peine : il a fallu que le Maréchal ait craint que la Chambre ne se mît en permanence, avec le secret dessein de le forcer à se retirer et de le remplacer par M. le duc d'Aumale, pour qu'il se soit décidé à briser avec le duc

d'Audiffret-Pasquier et former un cabinet tel quel. La *Patrie* (samedi) avait fait un article aussi énergique que pressant, où elle sommait le Maréchal, au nom de la France, de marcher avec l'opinion publique, qui avait foi entière en lui, et de sauver la société menacée. Cet article avait paru nécessaire, et afin que le Maréchal le connût, on l'envoya, le soir même, sous enveloppe, à la Maréchale. Il n'eut aucun effet ; le Maréchal, quelques heures auparavant, venait de nommer son ministère.

Maintenant, la Chambre prenant près de deux mois de vacances, on va se calmer ; les honnêtes gens, toujours imbéciles, vont respirer et dire : « Eh bien ! c'est fini, il n'y a plus qu'à laisser aller ! » Ils se trompent grandement : tout recommencera, au retour de l'Assemblée, et ce sera une nouvelle crise, — la dixième, la vingtième, qui se calmera, pour recommencer ensuite et indéfiniment.

En effet, tous les partis, sauf les orléanistes, sont mécontents : les légitimistes ne dissimulent ni leur indignation contre leurs anciens alliés, ni leur découragement ; les radicaux sont furieux : « Ce n'est pas là la République ! » s'écrie M. Louis Blanc le Sophiste. Mais ils n'en font que de plus furibonds projets ; dans une brochure sur les sociétés ouvrières, M. Martin Nadaud énumère les forces du peuple, trente-sept mille mécaniciens, etc., et l'on sait ce que rêve et veut ce maçon, qui appelle Robespierre « *le plus illustre* homme d'Etat qu'aient produit nos révolutions et nos Assemblées [1] ». Déjà les radicaux font ce qu'ils peuvent : le Conseil municipal, où ils sont en majorité, refuse systématiquement toute allocation pour les églises et les écoles non laïques. Il y a dix millions de dépenses urgentes à faire pour les églises ; le préfet n'ose pas les demander, parce qu'il est sûr d'être refusé.

Du 16 *au* 31. — On avait pensé à quelque chose, à l'occasion de la crise ; on a cru devoir abandonner les projets un moment conçus ; on a manqué encore une fois l'occasion. Reprendre par la force un trône qui vous appartient, est un fait habituel dans l'histoire, témoins Henri III, Henri IV, Louis XIV. L'armée est peu attachée au Maréchal ; le Prince eût trouvé un corps d'armée qui l'eût soutenu. Si les radicaux s'étaient soulevés, par cela seul que les troupes les auraient combattus, elles auraient été pour l'Empire : tout se résume, dans les troubles civils, par un *cri* et un *homme :* le cri des radicaux étant *Vive la République !* celui des troupes eût été *Vive l'Empereur !* Le Maréchal n'est pas un homme ;

---

[1] On ne peut trop admirer comment cet ouvrier ignorant, qui n'a rien appris, s'imagine savoir ce qu'est un *homme d'Etat.*

il n'y avait d'homme que le Prince. Il eût eu pour lui l'assentiment public et la force militaire ; il eût réussi. Tant que le Prince ne sera conseillé que par des gens sans énergie, il n'arrivera à rien. On lui a fait manquer quatre occasions depuis deux ans ; il faut qu'il écoute sa nature, son caractère et le sentiment de la France.

M. Rouher, parti le 24 et revenu le 31, est allé s'entendre sur les hommes qui doivent enseigner au Prince les choses de l'administration. Cette idée peut avoir de bons effets, mais il ne faut pas en exagérer les résultats. Un Souverain n'est pas obligé de connaître les affaires en théorie ; il n'est même pas besoin qu'il les entende à fond ; car, à lui seul, il ne saurait avoir la science de dix ministres. Ce qui importe, c'est qu'il ait du bon sens et du caractère, pour juger ce qu'il faut adopter ou repousser, et se décider. Louis XIV, quand il commença à gouverner, savait peu ; mais il avait les deux qualités du Souverain, la volonté et le sens droit ; aussi il mena tout de suite son conseil et mérita le nom de *Grand*, que lui a conservé la postérité.

Le Prince va donc s'entretenir avec quelques hommes instruits dans l'administration, puis voyager : il ira en Suède et en Russie, où il est invité avec de grandes instances. Cela est bon, du reste : hors d'Angleterre, il sera moins épié par la police républicaine et, s'il y a une occasion, il pourra venir sans délai et sans obstacle.

Voici un mot de M. Thiers : ayant récemment appris d'une personne de sa connaissance qu'elle avait lu son livre sur le *Salon* de 1848, il lui dit : « C'est bien mauvais ! Guizot, aussi, avait fait un *Salon*, ce n'est pas meilleur, et pourtant quel talent ! » Cette franchise lui fait honneur, et ce jugement littéraire vaut mieux que sa politique.

Du 1er au 16 avril. — Les nouvelles de Chislehurst se résument en ceci : le Prince est très fortifié, *transformé*, c'est le mot qu'on emploie, et d'un caractère très résolu ; on a discuté la question de l'enseignement politique ; cette idée a été acceptée en principe, mais sa réalisation présente des difficultés. M. Rouher avait présenté M. Cottin, ancien conseiller d'Etat. M. Cottin, et je le comprends, s'est excusé ; c'est une lourde charge et une responsabilité qui peut entraîner les plus graves conséquences. Il faut, pour se charger d'une telle tâche, une foi absolue dans la vérité de ce qu'on enseigne, ou un ordre. Ce qu'il importe d'inculquer au Prince, ce sont des principes ; le détail s'apprendra par l'usage.

C'est la règle dans les Assemblées que les violents l'emportent. Ils peuvent établir la République radicale, et l'on ne saurait prévoir ce qui se passera alors. Les radicaux ont parmi eux des hommes à idées fixes, ignorants, des Saint-Just sans pitié, qui ne s'arrêteraient devant rien. Un prêtre Anglais, demeuré à Paris sous la Commune, et que sa nationalité protégeait, alla plusieurs fois solliciter à l'Hôtel de Ville pour des ecclésiastiques emprisonnés ; il en sauva quelques-uns, mais il eut l'occasion d'entendre des discours qui l'éclairèrent. Il vit, entre autres, un jeune homme de vingt-cinq ans, qui avait de l'autorité, et qui lui dit : « Il faut quelques gouttes de sang, pour faire germer l'idée ; nous tuerons les otages. » Il n'était ni emporté ni âpre de ton ; il parlait avec un son de voix très calme ; il était convaincu, et il n'était pas le seul. On fit comme il l'avait dit ; on ferait de même.

Paris présente un très beau spectacle, depuis quelques semaines, le Jubilé. C'est une succession de processions immenses, dans le plus grand ordre, en silence, de milliers de personnes, et de centaines de voitures, qui, tous les jours, viennent de divers points de Paris et se rendent à Notre-Dame. Celles auxquelles je me suis associé remplissaient, dans toute leur largeur, à la fois, les rues de l'Ancienne-Comédie et de Saint-André-des-Arcs, d'un bout à l'autre. Il y avait là des personnes de tout rang ; les habitants des rues où l'on passait regardaient cette foule avec étonnement et convenance ; je n'ai entendu qu'une insulte isolée, d'un homme du peuple ; mais, si les insultes avaient été répétées, ma réponse était toute prête : « Celles que vous insultez, sont vos femmes, vos sœurs et vos mères, car il y a plus de bonnets que de chapeaux ! » Rien n'était plus saisissant et émouvant que ces milliers de voix chantant le sublime *Parce, Domine*, et le non moins sublime *Miserere*.

Du 20 *au* 30. — Les républicains ne peuvent se persuader eux-mêmes de leur succès, et quoiqu'ils aient fait proclamer la République, ils voient toujours avec terreur l'Empire à l'horizon. M. Renaud, préfet de police, l'avoue sans hésiter : « Sauf mes chefs de service, qui ne veulent pas compromettre leur position, tous mes agents, dit-il, sont impérialistes. On lit l'*Ordre*, le *Pays*, etc., dans tous les bureaux. Les sergents de ville sont tous pour l'Empire, non seulement les anciens, mais les nouveaux, qui ont pris, comme cela arrive d'ordinaire, l'esprit du corps, et si le Prince se présentait, loin de l'arrêter, ils se jetteraient au-devant de lui, pour le défendre et le proclamer. »

Voilà, du moins, les propos qu'on lui prête.

Quelques mots du général Pajol m'ont donné espoir. Prévoyant l'objection : que les généraux ne marcheraient pas sans un ordre du Maréchal, ou contre lui, comme je lui disais : « Que le Prince vienne, qu'il trouve un corps d'armée prêt, et on l'a ; qu'il ait auprès de lui, outre plusieurs généraux, un maréchal qui ait autrement de popularité que le maréchal de Mac-Mahon ; qu'il donne ordre aux généraux de le venir joindre, ils viendront, et ne se soucieront pas de Mac-Mahon ! » le général a repris vivement : « Oui ! j'en sais plus d'un, qui ne se souciera pas des ordres du Maréchal et qui obéira tout de suite au Prince ! »

Jeudi, 29, est mort M. de Waldeck, que j'avais vu, il y a huit jours, et qui s'est littéralement éteint, sans beaucoup souffrir, dans sa 110ᵉ année.

MAI-DÉCEMBRE 1875

Du 1er au 15 mai. — Avant de passer à un autre sujet, je termine ce qui concerne M. de Waldeck. Il y avait une centaine de personnes à ses obsèques, qui ont eu lieu à Saint-Pierre de Montmartre. Pendant la marche vers l'église, le consul général du Mexique m'a dit avoir connu M. de Waldeck à la Vera-Cruz et à Tampico, il y a quarante-trois ans ; il en faisait l'éloge, disant qu'alors, âgé de soixante et quelques années, il était gai, aimable, spirituel, officieux et sobre, et qu'il jouissait de la meilleure réputation, « ce qui est rare en pays étranger, a-t-il ajouté, les émigrés n'étant pas d'ordinaire la crème de leur nation ». Parmi les assistants qui sont venus jusqu'au Père-Lachaise à pied, un des moins intéressants n'était pas M. Levaillant, fils du célèbre voyageur, avec qui avait été lié M. de Waldeck ; M. Levaillant fils, aujourd'hui âgé de quatre-vingt-huit ans, avait tenu à rendre ce dernier hommage à l'ami de son père.

M. de Waldeck avait reçu, quinze jours avant sa mort, la visite d'un homme qui semble avoir la prétention de marcher sur ses traces et longtemps : c'est M. Moreau Christophe, ancien inspecteur général des prisons, qui, arrivé à quatre-vingt-neuf ans, vient de publier un livre intitulé *la Macrobie*, ou l'art de prolonger sa vie. C'est un gros in-octavo, que j'ai vu chez M. de Waldeck, à qui il l'avait apporté, et qu'il a désiré entretenir, afin de connaître par quel régime il avait ainsi étendu sa vie au delà des limites ordinaires ; il a eu avec lui une conversation de trois quarts d'heure, et avait promis de revenir. Il a dédié son livre à M. Thiers, *le plus illustre des macrobites vivants*, et l'a fait précéder de son portrait, qui montre une figure spirituelle, fine, et, je le croirais volontiers, un esprit sceptique.

Le général Pajol, peu satisfait, comme bien d'autres, du silence où l'on s'enterre, a écrit à M. le baron Corvisart, à Chislehurst, afin de stimuler les esprits ; M. le baron Corvisart a répondu coup sur coup par deux lettres. Il n'avait pas, disait-il, osé montrer la lettre du général à l'Impératrice, parce qu'elle était mal disposée. Puis, le lendemain, il en avait parlé ; il semble, d'après les termes un peu vagues de la lettre, que l'on avait songé un moment à faire quelque chose le 16 mars, et c'est ce que m'avait fait entrevoir un mot du général. Maintenant qu'on a laissé échapper l'occasion, on exhorte à s'encourager les uns les autres. J'ai annoncé au général que j'écrirais bientôt, afin d'exprimer les sentiments d'impatience et même d'irritation, que je ressens et vois autour de moi.

Vive alerte : un article du *Times* a dévoilé les desseins de l'Allemagne, qui, sans motif, voulait se jeter sur nous et nous achever, dans la crainte que nous puissions reprendre notre revanche d'ici à quelques années. Il ne s'agissait pas moins que d'une guerre prochaine, c'est-à-dire, dans deux mois. On peut s'imaginer le trouble où a jeté cette nouvelle : on ne savait où nous en étions de la reconstitution de notre armée, de nos armes, de nos canons, de nos forts ; on se voyait sans alliés ; la terreur a été grande. Je l'ai partagée pendant quarante-huit heures, jusqu'à ce que j'aie appris, par le général Pajol, qu'une dépêche du prince Gortschakoff était arrivée au comte Orloff, lui annonçant que le Czar avait écrit au roi de Prusse qu'il désirait que la paix ne fût pas troublée en Europe. Quelques heures après, le général Le Flô télégraphiait la même nouvelle ; il s'imaginait être pour quelque chose dans le résultat ; mais la vérité est que l'Angleterre avait pris les devants et fait faire des démarches près du Czar par M. Otto Russell. Quelques personnes ont affecté de prétendre que ces bruits de guerre étaient une manœuvre de bourse ; mais elles ne le croyaient pas. Le duc d'Aumale est accouru de Besançon, informer le gouvernement qu'il y avait 200,000 hommes déjà massés dans la Forêt-Noire. Il suffisait, du reste, de voir l'attitude des journaux : ils étaient aux pieds de la Russie, de qui on voyait bien que dépendait la paix ou la guerre, c'est-à-dire, notre existence. Quand la crainte a été apaisée, ils ont relevé la tête, mais sans forfanterie ; on a compris que cela pouvait n'être qu'ajourné. On n'avait rien dit sur l'état de nos forces, pendant la crise ; on a su, après, que l'on était plus prêt que le public ne l'imagine : nos forts sont armés ; Verdun, entre autres, est devenu une place de premier ordre. Comme les Prussiens n'avaient pas voulu avancer le terme où il nous serait permis de réarmer nos places, on avait fait faire, dans l'intérieur de la France, des ouvrages en bois, tout prêts à transporter et à placer en peu de temps. Notre artillerie s'augmente et est en état ; on s'occupe des pièces destinées à l'armée territoriale. Il y a lieu de croire que, déjà, messieurs les Germains ne nous auraient pas pris au dépourvu, et que la lutte aurait été rude. Maintenant, chaque jour gagné l'est pour nous, et l'on ne perd pas de temps.

Il est heureux que l'Assemblée n'ait pas été réunie pendant ce temps ; les paroles eussent peut-être tout gâté.

Le gouvernement républicain ne paraît pas embarrassé de dépenser de l'argent ; étant irresponsable, il ne se gêne pas. J'apprends, de plusieurs côtés, de l'instruction publique, des finances, de l'intérieur, que jamais on n'a plus facilement laissé aller l'argent pour toutes sortes de dépenses, même les moins nécessaires.

Juin. — Plus que jamais, la politique gouverne l'Académie : on l'a bien vu dans la dernière élection. Les deux candidats sérieux, pour un des fauteuils, étaient l'illustre chimiste M. Dumas, ancien ministre, secrétaire perpétuel de l'Académie des sciences, parlant très bien, écrivain pur ; l'autre M. J. Simon, un des philosophes monnaie de M. Cousin, c'est-à-dire, un écrivain et penseur médiocre. Mais il est républicain, et M. Dumas favorable à l'Empire, quoique manifestant peu ses opinions. Cela a suffi pour que M. Jules Simon eût les voix de plusieurs hommes qui, au fond, l'estiment peu ; la passion a été si forte, que M. de La Prade a écrit, de Lyon, qu'il était désolé d'être malade et de ne pouvoir venir voter pour M. J. Simon. Il ne s'en est fallu que d'une voix que celui-ci ne l'emportât ; il n'y a pas eu de résultat, et l'élection est renvoyée à six mois.

L'Académie a décidé, depuis peu, que l'on ferait les bustes en marbre de tous ses membres, à mesure qu'ils mourraient. On a placé, il y a peu de temps, celui de Sainte-Beuve. Un plaisant — il y en a dans l'Académie — a écrit au crayon, au bas de ce buste, quatre vers, dont je ne me rappelle que le sens, mais où il était dit à peu près ceci :

« Avec cette bouche narquoise et ces yeux effrontés, tu ricanes encore — mais ici seulement ! »

Par allusion à son athéisme et à sa punition probable. L'inscription est demeurée quelques jours, puis, M. Patin, prévenu, l'a fait effacer, après que tout le monde a pu la lire et quelques-uns en prendre copie.

Ce n'est pas quitter la littérature que signaler le trafic que font plusieurs membres de notre Conseil municipal radical des livres qu'on leur donne. Entre autres ouvrages, on a cru devoir leur faire cadeau, comme s'ils y entendaient quelque chose, à chacun, d'un exemplaire de la magnifique *Histoire de la Ville de Paris*, publiée depuis dix ans avec un grand luxe et de grandes dépenses ; l'ouvrage vaut plusieurs centaines de francs. Nos citoyens du Conseil municipal, la plupart sans le sou comme sans instruction, ont vu là un moyen de gagner quelque argent, et se sont empressés de vendre leur exemplaire au rabais. Il est honteux pour Paris d'être ainsi représenté, mais, en République, à quoi peut-on prétendre ? Il paraît qu'ils vendent aussi, à perte, les cartes qu'on leur donne pour entrer au *pesage*, les jours de course. Quand balaiera-t-on ce tas de chiffons ?

Les légitimistes, au milieu des complications parlementaires, semblent avoir perdu tout espoir : beaucoup d'entre eux, quand on les interroge, déclarent qu'ils ne s'occupent plus de politique, qu'il arrivera ce qu'il pourra, etc. Leur journal à un sou, *la France Nouvelle*, ne se tire qu'à 12,000 exemplaires et n'a pas l'espoir d'arriver à un chiffre plus élevé, *à cause de l'opinion* qu'il défend, et qui est *loin d'être en progrès*. Si ce journal était l'organe d'une autre cause, il s'en vendrait plus de 100,000 exemplaires !

Nous sommes dans une nouvelle crise parlementaire, la gauche l'ayant emporté sur l'ancienne majorité et réussi à composer presque toute seule la commission des Trente, destinée à organiser le Gouvernement. On est assez inquiet des suites, et ces suites peuvent en effet être graves.

Rétrospectif. — Voici comment Assi, un des chefs de la Commune, fut reconnu à Versailles : un de ses compagnons prisonniers dit, en passant, à M. le baron O. de Watteville : « *Il y a un colonel parmi nous !* » On fit défiler un à un tous les prisonniers et rebrousser le poil de leurs tuniques : alors apparûrent les traces des galons d'Assi, qu'il avait arrachés. On le mit, dès lors, à part ; il demanda tout d'abord du savon, des brosses, etc., et s'exprima avec un tel choix d'expressions qu'on pensa qu'il n'était qu'un faux ouvrier, et un espion Prussien. Quant à M. Henri Rochefort, qui avait grand'peur d'être fusillé, il fit appeler M. de ***, inspecteur général des prisons, et lui demanda les moyens de faire passer à son fils (naturel) *son nom, son titre et ses armes,* n'oubliant pas, dit-il, qu'il était le comte de Rochefort-Luçay, et désirant que ces titres fussent transmis à son fils, qui en retirerait peut-être avantage, et « à qui il souhaitait d'autres opinions et une autre carrière que la sienne ». M. de *** lui répondit que, s'il vivait, il pourrait obtenir, comme une grâce, du Souverain qui régnerait alors, la faveur qu'il souhaitait, avec cette exception, pourtant, que son écusson porterait la *barre* de bâtardise. Voilà quelles étaient les préoccupations de cet homme, qui avait poussé à la guerre civile.

D'ailleurs, tous n'étaient pas ce que l'on croit : « Combien pensez-vous qu'il y ait eu de communards condamnés à mort qui aient reçu les secours de la religion ? me dit le même inspecteur général des prisons, il y a eu 19 fusillés. — D'abord, répondis-je, Ferré, on le sait, a refusé les secours religieux. — Vous vous trompez, Ferré les a reçus, *sur sa demande*, s'est confessé, et a communié ; seulement, il pria l'aumônier de ne pas l'embrasser sur le lieu de l'exécution, afin de ne pas l'exposer aux vengeances de son parti. Quant aux autres, sur 19, il y en eut 18 qui reçurent — et ils l'avaient désiré — les visites du prêtre, se confessèrent et communièrent ; le dix-neuvième était celui qui mit le feu aux Gobelins. » On voit quelle était la conviction de ces chefs de la révolte; nul fanatisme, nul enthousiasme sombre, rien des Montagnards de 93 : c'étaient des copistes et des fanfarons.

Tout se traîne : les députés, ils l'avouent, ne veulent pas s'en aller, ou s'en iront le plus tard possible ; ils mettent en avant divers prétextes, les uns redoutant, disent-ils, de mauvaises élections, les autres, les complications extérieures, les dispositions malveillantes de l'Allemagne toujours menaçante, et en tirent des raisons de demeurer là, dans l'intérêt de la patrie, sur laquelle il faut veiller ! Personne n'est dupe de ce prétendu patriotisme. Cependant, comme, un jour ou l'autre, il faudra bien quitter son siège et l'argent qu'il rapporte, on commence à s'inquiéter des suites. La province n'est pas rassurée, elle entrevoit le triomphe des radicaux. Quelques honnêtes gens, ardents au moins en paroles, affirment que, « cette fois, ils ne se laisseront pas faire, qu'ils se défendront ». Ils s'abusent : on ne se défendra pas, les modérés se défendent rarement ; le radicalisme, d'ailleurs, s'établira peu à peu, légalement, sans qu'on s'en aperçoive, pour ainsi dire. On peut voir ce que ce sera, par le Conseil municipal de Paris, qui, sans bruit, se conduit comme la Commune, toutes les fois qu'il en a l'occasion. En voici encore un trait : une partie de l'emprunt a été faite pour exécuter des travaux de Paris nécessaires, urgents, réclamés, l'achèvement du boulevard Saint-Germain notamment. L'argent est prêt, les travaux ont été votés, on les a mis en adjudication ; mais il s'est trouvé que l'entrepreneur, qui a offert la soumission la plus avantageuse pour la Ville, est un des anciens entrepreneurs de grands travaux sous l'Empire. Le Conseil municipal a refusé sa soumission, ajourné les travaux, déclarant qu'il attendrait qu'un autre se présentât ; et toute la population d'un grand quartier va souffrir du fanatisme et de la mauvaise volonté de ses conseillers élus.

M. Marmier, qui vient de faire un voyage à Strasbourg et dans l'Alsace, m'en a fait un tableau navrant. Strasbourg lui a semblé désert ; aucune animation, les habitants ont un air de tristesse qui saisit, jamais ils ne parlent aux Prussiens ; où un Prussien entre, on s'éloigne, ils sont laissés seuls dans les cafés et cabarets qu'ils ont choisis. Les officiers en sont exaspérés et désolés; ils trouvent cette vie intolérable ; on en a vu en pleurer. Ces Prussiens, d'ailleurs, affectent beaucoup de politesse, mais en réalité, ils sont impitoyables, et font tout ce qui dépend d'eux pour défranciser le pays : tous les noms Français des rues et des villages sont changés, on n'enseigne que l'allemand dans les écoles, etc. La population résiste avec un admirable patriotisme, et ceux qui ont l'âge d'homme ne changeront pas ; mais si cela dure vingt-cinq à trente ans, qu'arrivera-t-il ? La nouvelle génération aura-t-elle la même foi, la même religion de la patrie ? Oh ! quand reviendra l'Empire, pour que, avec des alliés, impossibles à espérer sous la République, nous ayons la force d'exiger le retour de ces malheureuses provinces à la mère-patrie !

A propos des radicaux, qui vont revenir, on raconte cette anecdote sur M. Bonjean : Il était fort passionné et plein de préjugés contre les Jésuites, — qui devaient le confesser, avant de mourir, et mourir avec lui. Quelques années auparavant, il dînait aux Tuileries ; l'Impératrice, après dîner, le prit à part, et lui dit : « M. Bonjean, j'ai un service à vous demander. — A moi, ma Souveraine, dit M. Bonjean, c'est trop d'honneur ! Il est accordé. — Ne vous pressez pas tant, vous ne savez pas ce que c'est. — Quoi que ce soit, je ferai ce que vous me demanderez. — Je n'en suis pas sûre ! — Quoi ! c'est donc bien difficile ? — Non, mais quand je vous l'aurai expliqué, vous me refuserez. — C'est impossible. — Je le crains, car c'est un grand sacrifice. — Veuillez parler, et vous verrez que Votre Majesté se trompe. — Eh bien, demain, doit avoir lieu au Sénat une discussion, où il sera question des Jésuites ; vous devez y prendre la parole ? — Oui, Majesté. — Je vous demande de renoncer au discours que vous devez faire ! » M. Bonjean fut un peu interloqué ; il ne s'attendait pas à cette demande, mais il avait promis. Il assura à l'Impératrice qu'il ne parlerait pas et, en effet, il se tut. Dieu l'a récompensé ; il est bien mort, réconcilié avec ses anciens ennemis.

Juillet-Octobre. — J'ai appris, à mon retour, le 30 octobre, la maladie très grave du général Pajol, et celle plus grave encore de M. Georges Seigneur. Pour celui-ci, j'ai jugé tout de suite le cas désespéré : il était si faible, à mon départ, qu'il ne devait pas supporter une rude attaque. Je suis allé le voir, il avait été transporté chez sa mère : c'était quatre jours avant sa mort. Je le trouvai presque sans forces, ne se doutant pas de son état, quoique ayant demandé les derniers sacrements ; le cardinal de Bonnechose sortait de chez lui. Il était, du reste, visité par tous ses amis politiques, qui savaient apprécier le caractère généreux, désintéressé, de ce noble écrivain. « Vous me voyez mieux, me dit-il ; hier, vous auriez été étonné de mon aspect. — Qu'avez-vous ? lui dis-je. — Une hydropisie. » Je crus qu'il délirait, en voyant cette maigreur, qu'il était difficile de surpasser. « On m'a fait une ponction hier, j'avais le ventre tout ballonné ; on m'a tiré cinq cuvettes et demie d'eau. » (On me dit plus tard : vingt et un litres d'eau.) Je compris alors : tout le sang de ce malheureux s'était tourné en eau, et cet effroyable état avait été causé par la *misère*, par la *faim* et le *froid !* Oui, je le savais gêné, mais je n'aurais pu croire à une telle misère. Son père était plus qu'à l'aise ; on lui attribuait, outre sa place de commissaire-priseur, 6 à 700,000 francs : il est mort, il y a cinq mois, laissant plus de 300,000 francs à chacun de ses enfants. Mais il était trop tard ; son fils Georges Seigneur, était épuisé par les privations. L'avarice prodigieuse de son père ; le mécontentement qu'il avait de la carrière suivie par son fils, qu'il aurait voulu voir adopter une position, à son avis, plus sûre ; des dettes successives qu'avait été obligé de contracter Georges Seigneur, avaient rendu sa vie de plus en plus anxieuse. Il avait long-temps demeuré dans ma maison : je voyais bien qu'il n'était pas à l'aise, mal meublé, ses habits mal tenus, etc., mais comment se douter d'un dénuement pareil ! Après sa mort, la concierge de ma maison m'a dévoilé une misère, dont elle seule pouvait connaître la profondeur. Elle *faisait* son ménage, — ce n'était pas difficile. Il n'avait pu la payer depuis longtemps, mais elle continuait à le servir, tant il était bon, et tant elle le voyait misérable. Il n'avait jamais de feu, il couchait sur un simple matelas de varech, et il n'avait qu'une couverture ! Et je me rappelai alors, qu'un jour où il faisait très froid, ma femme lui ayant demandé s'il était assez couvert la nuit

et s'il n'avait pas froid, il répondit : « Je n'ai
pas trop chaud. » Ma femme lui offrit d'emporter un édredon, il l'accepta et, au moins
ce pauvre malheureux dut avoir un peu plus
chaud quelque temps. « Il était bien mal
nourri, me dit la concierge, et j'étais contente,
quand il me disait qu'il dînait chez Monsieur,
parce qu'alors il mangera, au moins ! pensais-
je. » Quelquefois, en rentrant le soir, nous le
trouvions dans la loge, et nous nous étonnions
de ce goût de causer avec des gens communs.
Hélas ! c'était pour se chauffer, au lieu de
rentrer dans son appartement glacé. Il ne se
plaignait jamais ; il ne refusait, non plus,
jamais à de plus pauvres que lui, et souvent il
demanda à la concierge de lui prêter vingt
sous, qu'il donnait à un mendiant. De temps
en temps, pressé par le besoin, et se trouvant
avec des personnes qu'il savait riches, il leur
fit part de sa détresse, et il en trouva quelques-uns, qui généreusement lui prêtèrent
une petite somme qui le soutint un peu plus
longtemps. En deux fois, M. Alexandre Dumas
lui a donné 1,800 francs ; M. Saige, des Ar-
chives, l'a nourri quelque temps, à peu près.
Pendant dix-huit mois, le Comité impérialiste
l'avait compris parmi les écrivains qu'il devait
soutenir, et lui accordait une subvention de
250 ou 300 francs par mois ; mais les créanciers
qui le savaient, tombaient sur lui, et lui enle-

vaient presque tout. Depuis le mois d'avril 1874, il n'avait plus reçu un centime du Comité, qui avait supprimé toutes les subventions. Pendant quelques mois, l'*Ordre* l'avait accepté comme rédacteur, mais la faiblesse de sa santé le rendait inexact, et il y gagnait à peine 100 à 150 francs par mois.

A ses funérailles, où tous les écrivains impérialistes se trouvaient, et aussi des écrivains religieux, etc., on racontait comment il était mort, de privations causées par l'abandon de sa famille. Tout le monde l'estimait et l'aimait : il était, avant tout , l'homme conciliant, mais aussi l'homme énergique et fidèle. C'est lui qui, au ministère, *au milieu de journalistes hostiles*, le soir du 4 septembre 1870, quand le ministre de l'intérieur, M. Chevreau, vint annoncer la défaite de l'armée Française et la captivité de l'Empereur, se leva, seul, et cria : *Vive l'Empereur!* cri auquel M. Chevreau répondit par un geste de la main, comme pour apaiser cette ardeur de zèle, et ajouta : « Contentons-nous de crier : *Vive la France!* » C'est Georges Seigneur qui, le lendemain, fit tous ses efforts pour empêcher que les grilles du Corps législatif fussent ouvertes à la populace et, à l'interpellation de l'avocat républicain Hérisson : « De quoi vous mêlez-vous? » répliqua par ce mot sublime : « *Je tiens le serment du général Trochu!* » C'est lui, enfin, qui dès le mois d'*avril* 1871, publia la première brochure où l'Empire était défendu publiquement, intitulée « *Le 4 Septembre* ». L'Empereur, qui le vit à la fin de 1871, l'avait apprécié, et les chefs du parti impérialiste n'auraient jamais dû oublier de tels traits et de tels services. Mais, que dis-je? il n'y a pas de reconnaissance à attendre des partis! Il ne faut agir que par le sentiment de son devoir, sans rien attendre que l'ingratitude.

Voilà de rudes pertes que fait le parti de l'Empire depuis quelques mois : cinq de ses écrivains, et les plus honnêtes, les plus dévoués, les plus estimables : Mansard, Francis Aubert, Alexandre Gresse, Fr. Villa, et le meilleur enfin de tous, Georges Seigneur! Qui pensera à eux dans peu de temps?

Novembre-Décembre. — M. le baron Tristan Lambert m'a donné des renseignements sur le Prince Impérial, avec qui il a passé quinze jours à Arenenberg. Le Prince a pris, de plus en plus, l'apparence d'un homme, au physique, mais bien plus au moral. La preuve en est dans les jugements qu'il porte sur les hommes et les événements; il est évident que ces jugements sont de lui, et non de ceux qui l'entourent. Ainsi, il a récemment manifesté la plus véhémente indignation de ce qu'on avait entraîné sa mère, le 4 septembre, à quitter non seulement Paris, mais la France, et en cela, il voit combien on a fait juste le contraire de ce qui devait sauver l'Empire et la France. A Bourges, à Blois, ou à Tours, l'Impératrice, entourée du Corps législatif, du Sénat, du Conseil d'Etat, faisant appel à la France, qui, six mois auparavant, avait donné sept millions et demi de voix à l'Empire, eût flétri la trahison des quinze ou vingt membres de la gauche, méprisés, haïs, redoutés de tous les honnêtes gens, la révolte de la canaille Parisienne; eût conclu la paix avec la Prusse, et n'aurait eu qu'à soutenir une courte guerre civile qui, au lieu d'avilir la France, l'eût relevée. Le Prince est obligé de faire bonne mine à plusieurs personnages, qu'il juge très bien à leur juste valeur. Il n'est pas désireux, dit-il, de régner, pour le plaisir de jouir du pouvoir; mais, profondément religieux, il est persuadé qu'il a une mission à remplir : celle de refaire cette nation moralement : Dieu le veuille!

Une fois de retour, il ne voudrait punir personne, trop d'événements s'étant passés, sur lesquels on ne peut revenir. Je crois qu'il y a excès dans cette indulgence : les chefs de la révolte et de la trahison doivent être punis, et même très sévèrement, pour l'exemple, le reste dédaigné; et, dans l'avenir, jamais d'amnistie : l'amnistie, en révolution, ne sert qu'à armer de nouveau des ennemis désarmés.

M. de *** m'a rapporté ce qui s'était passé à Constantinople, à l'arrivée de notre ambassadeur, M. le marquis de Vogué, après la guerre. Les diplomates Allemands avaient fait entendre au Sultan que la France était à bas, qu'elle avait été obligée de céder plusieurs de ses provinces, qu'elle était devenue absolument impuissante. Le Sultan, ignorant comme un vieux Turc, avait compris que la France était devenue une dépendance de la Prusse; de sorte que, lorsque M. de Vogué se présenta pour sa première audience, le Sultan le reçut assis, et lui debout, comme quelqu'un qui ne compte pas, et à qui il n'est rien dû. M. de Vogué, voyant qu'on ne lui offrait pas un siège, prit un fauteuil et s'assit. Le Sultan, stupéfait ou indigné, interrogea sur-le-champ le drogman, et apprit, non sans étonnement, que la France était encore quelque chose, et que son ambassadeur ne pouvait être traité aussi lestement. Dès le lendemain, cependant, arrivait à Paris un télégramme qui demandait le rappel de M. de Vogué, comme s'étant comporté avec insolence vis-à-vis du Sultan. M. Thiers, qui avait connu enfant l'ambassadeur Turc (il a été élevé à Paris) et qui avait conservé avec lui des habitudes familières, rit à cette dépêche, et lui dit : « Mon enfant, ce que vous me dites est impossible ; M. de Vogué ne peut avoir été impertinent, il est trop bien élevé. Demandez des détails, et vous verrez que les affaires n'ont pas cette gravité. » Quelques jours après, en effet, arrivèrent les lettres de M. Vogué, expliquant ce qui s'était passé. Il resta à Constantinople, et bientôt son attitude, ses paroles, et la présence de quelques vaisseaux, ainsi que celle de nos missionnaires, convainquirent le Sultan que la France était encore digne d'être considérée et respectée.

M⁰ R., de Nantes, est une petite-nièce de Fouché, duc d'Otrante, et j'ai vu chèz elle le comte d'Otrante, son cousin, qui habite le plus souvent en Suède. Elle m'a raconté ce qui se passa à la mort de Fouché, et qui a un intérêt historique. Fouché mourut à Trieste, en 1820; il y avait près de lui trois de ses enfants, déjà hommes faits : ceux-ci, aussitôt leur père mort, firent sortir tous les domestiques, s'emparèrent de tous les papiers, les placèrent dans les interstices d'une caisse double, et les apportèrent au château de Ferrières, où ces papiers furent cachés avec les mêmes précautions, dans les boiseries d'une chambre. Cela fait, deux des fils partirent pour la Suède, où ils furent attachés à la cour du roi. Six ans après, le troisième se mariant, ses deux frères vinrent en France. Ferrières allait être vendu à M. de Rothschild; ils voulurent retirer auparavant les papiers du lieu où ils les avaient cachés, et en parlèrent à leur frère, qui avait plusieurs fois habité Ferrières. Mais, à leur grand étonnement, celui-ci déclara à ses frères qu'il ne savait ce qu'ils voulaient dire, que jamais des papiers n'avaient été cachés là par eux, etc. Il fallut se contenter de cette déclaration. Évidemment, ce troisième fils avait cédé à l'influence d'hommes politiques compromis par ces papiers, et les papiers avaient été brûlés.

M⁰ R. a ajouté qu'il reste une certaine quantité de lettres de Fouché; elle en possède quelques-unes, qui sont intéressantes pour l'histoire. M. Paul Lacroix lui a proposé de les publier, en y ajoutant une préface; et il semble qu'elles pourraient, en effet, jeter du jour sur quelques événements. Sa nièce m'affirme que ces lettres donnent une bonne idée du caractère de Fouché; mais le caractère ici importe peu : les scélérats politiques souvent ne sont pas méchants dans leur intérieur, et il est probable que Robespierre était très doux avec les Duploix; cela ne prouve rien.

On a appris tout à coup la mort de M. le vicomte Arthur de La Guéronnière, par une attaque d'apoplexie, à table. Cette mort a causé une vive émotion, à cause du rôle qu'a joué M. de La Guéronnière et des grands emplois qu'il a occupés sous l'Empire. A cette occasion, on a rappelé plusieurs traits de sa vie; mais personne n'a raconté comment il est sorti de la petite position qu'il avait encore en 1851. M. de La Guéronnière, qui avait été journaliste dès sa jeunesse, tour à tour rédacteur de la *Presse*, de l'*Ère nouvelle* (après la deuxième période qui suivit celle du P. Lacordaire), du *Bien public*, journal fondé par M. de Lamartine, était, en 1851, rédacteur en chef du *Pays*. Je rappelle, en passant, que le *Pays* avait été fondé par M. le comte de Bouville, qui s'entendit avec le Prince Louis-Napoléon et fut, après le 2 Décembre, nommé préfet, dans les Basses-Alpes, d'où il parvint, après trois ou quatre autres préfectures, à l'une des premières de France, celle de Bordeaux. Le *Pays*, qui avait si bien servi d'échelle à M. de Bouville, ne devait pas être moins utile à M. de La Guéronnière.

On était à l'été de 1851, et le Président, qui savait juger les mouvements politiques, voyait le moment approcher où la nation devrait se prononcer entre lui et l'Assemblée. Il ne doutait pas que, s'il prenait les devants, il ne fût appuyé par l'assentiment public. Seulement, il jugeait utile que l'opinion fût préparée, et surtout qu'on

le connût mieux en France, où l'on avait de lui
plutôt une idée vague qu'une notion précise.
Dans le conseil qui fut tenu avec ses intimes,
l'idée fut émise de faire rédiger et publier avec
retentissement une suite d'articles sur le Prince-
Président. La difficulté était de trouver un
écrivain capable de bien traiter ce sujet. C'est
alors que M. Le Fèvre-Deumier (le poète,
l'ancien Jules Le Fèvre, de la pléiade roman-
tique), devenu bibliothécaire et ami du Prince
Louis-Napoléon, indiqua M. de La Guéronnière
comme propre, par la flexibilité, l'ampleur et
la solennité de son talent, à écrire la biogra-
phie projetée. On se récria d'abord, sachant
quels liens attachaient M. de Lamartine à M. de
La Guéronnière. M. de Lamartine était le
chef intellectuel de M. de La Guéronnière et
l'inspirateur du *Pays;* on ne comprenait pas
comment M. de La Guéronnière pourrait ou
oserait se séparer de M. de Lamartine. M. Le
Fèvre-Deumier pensa, cependant, que ce
n'était pas impossible, et se chargea de la
négociation. Il avait eu quelques relations avec
M. de La Guéronnière, à l'occasion d'articles
signés de son nom dans le *Pays :* il le pria de
venir le trouver à la bibliothèque de l'Élysée.
Là, il lui exposa le plan que l'on avait conçu,
et lui proposa d'aider à l'exécuter, en se char-
geant de composer un *portrait* du Prince, et de
le publier dans le *Pays.* M. de La Guéronnière,

21..

accepta ; les conditions furent aussitôt posées et accueillies, et M. de La Guéronnière, ayant ensuite exprimé le désir de voir le Prince, avec qui il était, disait-il, indispensable d'avoir un entretien, pour le bien juger et s'éclairer sur quelques points : « Le Prince est prévenu, lui dit en souriant M. Le Fèvre-Deumier, vous n'avez qu'à monter ce petit escalier qui, d'ici, aboutit dans son cabinet; vous frapperez à la porte : il vous attend. » Une heure après, M. de La Guéronnière redescendait dans la bibliothèque : « Êtes-vous content ? lui demanda M. Le Fèvre-Deumier. — Je ne saurais l'être davantage : tout est entendu. » Peu de semaines après, paraissait dans le *Pays* un *portrait* de M. le comte de Chambord, le premier d'une série, disait-on, mais qui n'était publié que pour motiver celui du Prince Louis-Napoléon. Celui-ci parut pendant les vacances, et on peut juger de l'étonnement qu'éprouvèrent, en lisant cet éloge dans le journal de M. de Lamartine, les légitimistes, républicains *honnêtes*, etc. Le moins étonné ne fut pas M. de Lamartine : il écrivit à M. de La Guéronnière, qui avait profité de son absence pour publier le *portrait*, une ou deux lettres aussi sévères que le lui permettait sa nature indulgente. Mais le fait était irréparable, le coup porté, et M. de La Guéronnière ne tarda pas à en recevoir la récompense. Il fut, après le coup d'Etat, candidat officiel et député, puis successivement et rapidement conseiller d'Etat, sénateur, ambassadeur, etc.

Ce récit me fut fait, en 1853, par M. Le Fèvre-Deumier, avec qui j'étais lié, et dont j'ai été l'ami jusqu'à sa mort, en 1857.

M. de La Guéronnière, du reste, était un gentilhomme de bonnes manières, bienveillant, aimable, n'ayant jamais fait de mal à personne, mais viveur, avec de grands besoins d'argent.

Voici un petit *menu*, qu'on a fait courir dans l'Assemblée, sous le titre de *Banquet de la dissolution*, griffonné par un de nos honorables et qui a fait sourire une dernière fois la Chambre agonisante :

Potage. — Purée Septennat.
Entrée. — De S. M. Napoléon IV à l'Elysée.
Salmis de radicaux à la Nouméa.
Suprême de bécasses à la Casimir Périer.
Dindonneaux de Versailles.
Salade de communards au poivre de Cayenne.

Dessert.
Crème tournée à la Chantilly.
Quatre-mendiants d'Orléans.
Des confitures du Centre droit.
Petits-fours assortis de la Maison de France.

Le mois de décembre est la fin de l'année et de l'Assemblée. Cette Assemblée finit mal : elle n'a pas dégénéré ; son début fut abominable : elle décréta la déchéance de l'Empire, parce que l'Empereur avait été vaincu, sans réfléchir, sans examen, par haine. Elle était composée de médiocrités, que l'Empire n'avait pas employées ; ces médiocrités se vengeaient, en le frappant. Aujourd'hui, elles montrent plus clairement encore ce qu'elles sont : elles n'étaient animées que par une basse ambition et leur intérêt personnel. Tous se ruent avec impudeur, voracité, sur le Sénat, surtout ceux qui savent qu'ils ne seront pas réélus ; il leur faut un siège dans une assemblée. L'opinion publique ne s'y trompe pas : à cette curée de ses soi-disant représentants, qui prétendent devenir sénateurs à vie, avec un bon traitement, le public s'indigne et manifeste hautement son mépris et son dégoût. Je n'insiste pas : les Mémoires seront assez remplis des détails de ces intrigues et de marchés honteux. Les impérialistes ont voté avec les légitimistes et les radicaux, pour arrêter leurs plus acharnés ennemis, les orléanistes; mais, du moins, ils ont refusé tout profit, et déclaré ne pas vouloir un seul siège au Sénat donné par l'Assemblée.

TABLE DES MATIÈRES

AVRIL-JUIN 1872

JUILLET-OCTOBRE 1872

NOVEMBRE-DÉCEMBRE 1872

JANVIER 1873

FÉVRIER 1873

MARS-AVRIL 1873

MAI 1873

JUILLET-AOUT 1873

SEPTEMBRE-OCTOBRE 1873

NOVEMBRE-DÉCEMBRE 1873

JANVIER-FÉVRIER 1874

MAI-DÉCEMBRE 1875

ÉVREUX, IMPRIMERIE DE CHARLES HÉRISSEY